Circularités urbaines

EcoPolis

Dirigé par Xavier Arnauld de Sartre et Olivier Petit

VOL. 42

Laurence Rocher

Circularités urbaines

Déchets, énergie, CO_2 : enquête sur le bouclage des flux résiduels

PETER LANG
Bruxelles · Berlin · Chennai · Lausanne · New York · Oxford

Informations bibliographiques publiées par la Deutsche Nationalbibliothek
La Deutsche Nationalbibliothek répertorie cette publication dans la Deutsche Nationalbibliografie ; des données bibliographiques détaillées sont disponibles en ligne à l'adresse suivante : http://dnb.d-nb.de.

Image de couverture : Laurence Rocher

Publié avec le soutien de l'UMR CNRS Environnement, Ville, Société et de l'Agence Nationale de la Recherche/France 2030 (ANR-22-PERE-0011)

ISSN 1377-7238
ISBN 978-3-0343-4856-0 (Print)
ISBN 978-3-0343-4857-7 (E-PDF)
ISBN 978-3-0343-4858-4 (E-PUB)
DOI 10.3726/b21627
Dépôt légal D/2025/5678/01

publié par P.I.E. Peter Lang s.a., Bruxelles (Belgique)

info@peterlang.com

Cette publication a été évaluée par des pairs.

www.peterlang.com

Contenu

Résumé

Les systèmes urbains contemporains génèrent des résidus dont la requalification en ressources et la réintroduction au sein de métabolismes dits circulaires sont devenues un horizon consensuel. La récupération, la réutilisation et la valorisation des matières solides, liquides ou gazeuses qui constituent des flux résiduels, sont de plus en plus intégrées dans les politiques urbaines ainsi que dans la conception et la gestion des infrastructures. A partir d'une investigation sur les déchets et l'énergie, cet ouvrage cherche à comprendre les dynamiques complexes et multi-échelles qui gouvernent les résidus urbains et autorisent ou non un bouclage des flux dans une perspective d'économie circulaire. L'enquête, qui adopte différents angles d'analyse, repose sur un double parti-pris. Le premier est d'analyser des situations de (tentatives de) valorisation des déchets et de l'énergie dans des contextes urbains particuliers (Lille, Dunkerque, Lyon et Rotterdam) tout en menant une enquête a-territoriale qui met au jour les effets de cadrage, de réorientation et même de redéfinition dont ces flux sont l'objet. En effet, déterminés par des infrastructures constitutives des tissus urbains existants, ces flux sont très fortement cadrés et définis par un ensemble de normes, d'instruments de politiques publiques, plus ou moins stables, et qui relèvent pour une large part de l'action publique discrète. Le deuxième parti-pris consiste à rendre compte des interdépendances entre des flux correspondant à des politiques sectorielles et à des ontologies distinctes. Partant d'un intérêt pour le lien entre déchets et énergie, l'enquête dévoile des imbrications qui se jouent souvent à trois, entre déchets, énergie et carbone. Elle montre que la production d'énergie tend à devenir un moyen d'absorption de déchets dont on ne sait que faire, tandis que la déperdition énergétique des systèmes industriels n'est que très faiblement et très récemment encadrée, et que les objectifs et outils de décarbonation s'imposent à tous niveaux mais parfois de manière contradictoire. Les quatre chapitres de l'ouvrage permettent de naviguer au sein de différents domaines et échelles de l'action publique environnementale contemporaine, de soulever les limites de différentes notions-phare telles que celles de circularité, de sobriété, ou de proximité, et de saisir leur portée au sein de plusieurs territoires urbains et industriels.

Promesses et dilemmes de l'économie circulaire

Envisager les déchets comme une ressource énergétique est devenu un lieu commun. La production énergétique est un mode établi de valorisation des déchets ; l'alimentation de réseaux collectifs de chauffage par des unités d'incinération en est la forme la plus répandue. Envisager l'énergie comme un déchet est en revanche moins courant. Pourtant, des quantités importantes d'énergie sont quotidiennement rejetées : par les systèmes de traitement des déchets, mais aussi par de multiples procédés industriels, y compris ceux liés à l'économie numérique, ainsi que par la production énergétique elle-même, si l'on pense à la production électrique nucléaire. Si ces réalités de la déperdition énergétique sont peu connues, la terminologie est très évocatrice – « chaleur fatale » en français, « waste heat » en anglais, renvoie à la lexicologie du déchet. Les déchets, par définition, tout comme la déperdition énergétique, sont des manifestations de l'excès et de la perte. Les tentatives de récupération – matérielle ou énergétique – de ces flux en excès sont anciennes, elles trouvent leur origine dans la lutte contre le gaspillage. La réintroduction des résidus de production ou la captation des fumées remontent aux premières phases du développement industriel, dans un souci de maximisation des profits et de limitation des nuisances incommodant les riverains des usines, signant ainsi l'invention du recyclage (Jarrige et Le Roux, 2020). Aujourd'hui associées à des objectifs de décarbonation imposés par la crise climatique, les motivations à la récupération ont sensiblement évolué. L'économie circulaire tient maintenant lieu de nouveau référentiel mobilisateur, faisant suite à une série d'alarmes répétées depuis les années 1970 concernant la pression sur les ressources, le dérèglement du climat, la dégradation des écosystèmes, et leurs cortèges de conséquences sociales. La transformation des déchets en ressource, c'est à dire leur intégration dans les circuits de production et de consommation, qui permettrait se départir d'une économie linéaire caractérisée par la surconsommation des ressources et la non-maîtrise des rejets, se présente comme un horizon désiré, compatible avec celui de transition énergétique. De même qu'une approche historique des symbioses énergétiques et matérielles conduit à prendre de la distance avec la notion de transition (Fressoz, 2021), l'examen des rapprochements entre énergie et déchet est utile pour démêler les symbioses contemporaines.

Associée à celle de transition écologique, l'ambition de circularité a envahi les agendas politiques, économiques et scientifiques[1]. La popularité de l'idée d'économie circulaire ne saurait toutefois cacher son caractère faussement consensuel. Arnsperger et Bourg dénoncent la « confusion, savamment entretenue, [qui] permet à certains acteurs de focaliser le gros de leurs mesures quantitatives de circularité sur les niveaux les plus micro (entreprises, secteurs), tout en évitant de regarder de trop près les multiples effets rebond et reports de consommation de ressources qui se propagent au sein du système dans son ensemble, à la faveur même d'innovations technologiques éventuellement porteuses d'une meilleure circularité ponctuelle ou locale. » (Arnsperger et Bourg, 2016). Le bouclage circulaire peut être effectif à l'échelle d'un site industriel par exemple, et répondre en cela aux préceptes de l'écologie industrielle, tout en s'inscrivant plus globalement dans une économie non vertueuse, aveugle à ses externalités négatives. Aussi, il s'agit de se doter d'indicateurs à la « bonne altitude systémique » (Arnsperger et Bourg, 2016) pour appréhender et mesurer la circularité. En effet, en dépit des progrès et inflexions sectorielles ou locales, l'économie mondiale demeure massivement extractive et linéaire (Haas et al., 2015) : le niveau de circularité global estimé à 9,1 % en 2018, n'est plus que de 8,6 % en 2020 puis de 7,2 en 2023[2]. C'est donc avec un œil critique qu'il faut regarder les politiques et les pratiques visant le bouclage des flux et la transformation des déchets en ressource, qui revêtent avec parfois trop de facilité les atours vertueux de la circularité

---

1 Par exemple, adoption en France en 2020 de la Loi anti-gaspillage pour une économie circulaire.

2 Circle Economy (2020), *The Circularity Gap Report 2020*, 69 p., Circle Economy (2023), *The Circularity Gap Report 2023*, 39 p.

(Desvaux, 2017). Etudier l'économie circulaire nécessite de dépasser une approche idéelle et de se confronter au « messy world of circular economies » (Gregson et al., 2015).

La valorisation des déchets sous forme d'énergie fait partie de ce *messy world* de l'économie circulaire. Pratique emblématique de l'écologie industrielle, objet d'études et d'innovations technologiques, l'incinération des déchets s'inscrit dans des imbrications métaboliques, politiques et sociales complexes, que des études de cas fouillées permettent de démêler. A Delhi, la privatisation et la modernisation des services de déchets se sont heurtées à une organisation établie reposant sur la récupération informelle. Les *wastepickers* qui se voyaient retirer leur gagne-pain ont fait front commun avec les classes moyennes soucieuses de leur qualité de vie contre l'ouverture d'unités d'incinération dont la valorisation énergétique s'avérait inadaptée à la composition-même des déchets, elle-même dépendante du contexte économique et social (de Bercegol et Gowda, 2018 ; Demaria et Schindler, 2016). Les déchets de Naples, associés localement à une situation de crise sanitaire et politique, sont envoyés pour être incinérés à Zwentendorf, petite ville autrichienne à laquelle ils procurent revenus et dont ils renforcent l'identité industrielle. La chaleur générée est transportée jusqu'à St Pölten, localité distante de 31 km, où le nouveau réseau de chauffage urbain est un pilier de la politique d'excellence écologique et du développement immobilier (Behrsin et Rosa, 2020). C'est un ensemble de circulations spatiales, socio-politiques et symboliques qui permet la transformation de déchets en énergie, et appelle à des analyses qui s'attachent à mettre en évidence la complexité des circuits métaboliques et les processus de territorialisation desquels ils participent.

Déchet et énergie ont plus que jamais destin lié, à l'heure ou des espoirs sans précédent sont placés dans le bouclage des flux et dans la transformation des résidus et rejets en ressource, au nom de l'économie circulaire. La proposition centrale du présent ouvrage est d'examiner le rapport entre énergie et déchet à partir de deux entrées – la *constitution des déchets comme source d'énergie* et la *chaleur perdue comme résidu énergétique* – qui représentent chacune à leur manière un cas-limite eu égard à la circularité et au bouclage des flux. En effet, elles ont en commun d'être porteuses de profonds dilemmes. S'il est louable et souhaitable de récupérer des excès d'énergie et de limiter le gaspillage, quels sont la durabilité et le bien-fondé d'un tel bouclage ? Le recours à une énergie issue d'une production de déchets non maîtrisée ou de systèmes industriels ni durables ni vertueux, présente le risque de pérenniser des solutions non satisfaisantes mais devenues indispensables sur les plans infrastructurel et économique. Inversement, doit-on renoncer à des sources énergétiques disponibles au moins à court terme, au motif du risque de créer des dépendances à long terme ? La dépendance à des technologies intensives en carbone – *carbon lock-in* – décrite dans les domaines de la production énergétique ou du transport, procède d'ensembles technico-institutionnels au niveau micro-local mais aussi et surtout macro-économique qui rendent les changements ou l'émergence d'alternatives très difficiles, formant des logiques *end-of-pipe* desquelles il est difficile de s'extraire en dépit d'innovations de niche (Unruh, 2000, 2002). De tels effets de *lock-in* entre l'incinération des déchets et le chauffage urbain ont précisément été observés en Suède (Corvellec et al., 2013) où dans l'Est de l'Allemagne (Florentin, 2017). La temporalité et la réversibilité des solutions technologiques et économiques apparaissent donc comme une dimension essentielle du bouclage des flux, soulignant ainsi l'instabilité intrinsèque de l'économie circulaire.

Les déchets, comme l'énergie, sont des entités relatives et relationnelles. Ce qu'est un déchet, ce qu'est une énergie, n'est jamais donné en soi, mais procède de constructions qui sont toujours contextuelles, propres à une société, un lieu ou à une époque. La constitution des déchets en ressource énergétique revient à brouiller les frontières entre ces deux entités (Rocher, 2020), et à opérer un *déplacement ontologique* (Hawkins, 2006a). La forme la plus aboutie en est sans doute la catégorie de « combustible solide de récupération » selon laquelle des matières plus ou moins homogènes, le plus souvent des refus de tri, sont instituées en ressources énergétiques destinées à produire de la chaleur ou de l'électricité. Ainsi, l'énergie devenant une dimension incontournable et structurante de la gestion des déchets, c'est l'ensemble du *régime énergétique des déchets* qu'il s'agit d'examiner attentivement (Gille, 2010)[3]. Par ailleurs, la récupération de chaleur fatale brouille les registres habituels des politiques de l'énergie, dans la mesure où elle contrevient aux cadrages habituels calqués sur des logiques de filière ou de technologie et où l'attention

[3] Le concept de *waste regime* se démarque des approches existantes qui ont tendance à isoler le déchet des logiques qui le génèrent : « (…) whereas they conceptualize how waste are regulated (modes of governance), accessed (waste citizenship), or distributed (waste networks and flow) once they are produced, the concept of waste regime extends attention to the very production of waste and allows us to understand the economic, social, and cultural origins of specific wastes as well as the logic of their generation. » (Gille, 2010).

est majoritairement portée à l'électricité renouvelable. Déjà là, présente selon des formes multiples (eau, vapeur, air) issues de procédés très variés (de l'incinération des déchets à la production électrique nucléaire en passant par une multitude de procédés industriels), cette ressource énergétique ne peut s'apparenter à une technologie ni à un secteur circonscrit. Mais surtout, définie par la perte et le surplus, elle apparaît de prime abord antinomique des registres de la maîtrise de l'efficacité, ainsi que de la durabilité, qui sont les orientations structurantes des politiques de la transition énergétique. Aussi, désigner la chaleur fatale comme ressource énergétique à part entière (Labussière and Nadaï, 2018) implique de reconnaître cette part excessive, résiduelle de l'énergie. Cela pose en somme la question d'un statut de *résidu énergétique*, ce qui représente là aussi un déplacement ontologique. La mise en rapport entre les déchets et l'énergie convoque un troisième intervenant : le carbone, qui orchestre un rapprochement par l'entremise de la métrologie et des instruments de politique publique. En tant qu'unité de mesure, l'équivalent CO_2 s'impose comme étalon dominant des politiques publiques de l'énergie ainsi que des déchets, mais aussi en tant que flux matériel partie prenante des métabolismes territoriaux. C'est donc un triptyque déchet/énergie/carbone, en tant qu'ils constituent des *flux résiduels*, qui est étudié à travers une enquête qui adopte différents angles.

La particularité de l'enquête restituée dans cet ouvrage[4] est de porter le regard à la fois dans le huis clos de la conception et de l'outillage des politiques publiques, et dans leurs manifestations territoriales. Alors que les questionnements trouvent leur origine dans la littérature sur l'écologie industrielle territoriale, les infrastructures et les métabolismes urbains, ou encore les *nexus* urbains, la proposition est ici de *désurbaniser* le regard, c'est-à-dire de s'attacher aux normes, conventions, et instruments sectoriels qui gouvernent les flux urbains, pour mieux comprendre, à l'appui d'études de terrain, comment ces flux résiduels font métabolisme. Le premier chapitre expose la construction méthodologique et analytique.

Si le domaine de la gestion des déchets n'est que très indirectement concerné par les instruments de la régulation climatique internationale, il n'est en pas

[4] Cet ouvrage est issu d'une habilitation à diriger les recherches (Rocher, 2023). Les données et analyses sur la chaleur fatale ont été recueillies de 2019 à 2022 dans le cadre du projet ANR RECUPERTE (ANR-18-CE05-0009).

moins travaillé en profondeur, et de manière durable, par la question du climat. Le second chapitre aborde l'application au secteur des déchets d'un système de référence et de cadrage issu de la gouvernance climatique, en particulier la comptabilité-carbone et les instruments de marché du carbone. Les différentes conventions destinées à quantifier et à représenter l'impact carbone des déchets, avec toutes les limites que comporte l'application d'une métrique unifiée, participent d'un processus de *climatisation* (Aykut, 2020) à l'œuvre depuis les années 1990 et en proie à des évolutions constantes.

La *climatisation* des déchets, sans s'y réduire, est au fondement d'un *cadrage énergétique des déchets*, selon lequel les choix relatifs à la prise en charge des déchets sont de plus en plus déterminés par des considérations énergétiques. En témoignent la norme de « performance énergétique », la qualification d'« énergie renouvelable et de récupération » et l'accès de cette dernière aux tarifs de rachats de l'électricité, ou encore la création de la catégorie de « combustibles solides de récupération ». Chacune de ces dispositions techniques a aussi une portée politique, repérable à travers les prises de positions critiques ou les entreprises de lobbying qu'elles ont pu susciter. De plus, ces dispositions énergétiques mettent en tension les principes généraux de la gestion des déchets tels que celui de hiérarchie ou encore de proximité. Le troisième chapitre, qui porte un regard nouveau sur la notion usitée de valorisation énergétique des déchets, montre comment in fine, au-delà d'un effet de cadrage, c'est un brouillage entre les catégories de déchet et d'énergie qui est à l'œuvre.

Le quatrième chapitre examine la mise en politique de la « chaleur fatale » ou « chaleur de récupération », qui se présente comme un objet énergétique singulier, non rattaché à un secteur établi des politiques énergétiques calquées sur des filières technologiques. L'intérêt de transformer la déperdition de chaleur en ressource énergétique est progressivement identifié et mis à l'agenda à la faveur d'une politique de chaleur renouvelable européenne et nationale. Relativement descendante, et très sélective quant aux secteurs industriels qu'elle cible, cette politique se traduit par plusieurs instruments. L'un est de nature cognitive, il vise à désigner la chaleur perdue comme ressource marchande. L'autre, économique, repose sur des incitations financières destinées à faciliter les opérations concrètes de récupération. La valorisation de chaleur fatale, issue majoritairement des déchets, est ballotée dans une conjoncture énergie-climat très incertaine.

La dernière partie de l'ouvrage est consacrée à des études de terrain conduites dans quatre territoires : Lyon, Lille, Dunkerque et Rotterdam (chapitre 5). Dans ces métropoles fortement industrialisées, concernées par des transformations profondes tant sur le plan de leur gouvernance que sur celui de leur devenir industriel, comment l'énergie issue des déchets et les excédents de chaleur d'origine industrielle sont-ils utilisés ? Chacune de ces situations a comme point de départ des tentatives, qui ont abouti ou non, d'utilisation de chaleur fatale issue des déchets et/ou de l'industrie à des fins collectives, généralement du chauffage urbain. L'analyse associe une approche sociotechnique des opérations de mise en circulation de ces flux – en particulier à travers des choix infrastructurels – à leur mise en politique, c'est-à-dire la manière dont ces décisions participent de stratégies énergétiques et métaboliques territoriales en cours de structuration ou de transformation. Il s'avère que dans des territoires très industrialisés, le périmètre métropolitain est rapidement dépassé tant les volumes disponibles excèdent les besoins. Aussi, en dépit de tentatives de valorisation territoriales inédites, ces flux résiduels, résultat d'économies excédentaires et linéaires non régulées selon des principes de circularité, peinent à trouver des formes de bouclage pérennes. Ces quatre cas montrent que les flux de déchets, d'énergie, mais aussi de carbone, interfèrent et composent des *métabolismes résiduels territoriaux très imbriqués mais très peu circulaires*.

Le gouvernement des flux au-delà de l'urbain

L'analyse proposée dans cet ouvrage repose sur trois formes de décalage, ou trois partis-pris qui peuvent apparaître comme contre-intuitifs de prime abord. Le premier consiste à appréhender des transformations intrinsèquement urbaines et territoriales en regardant ce qui se joue en dehors des cadres de l'action urbaine. C'est bien la recherche urbaine qui s'est saisie de ces objets, en s'intéressant au rôle des infrastructures en réseau et plus récemment aux flux qu'elles véhiculent, aux interdépendances entre des flux, et aux métabolismes territoriaux qu'ils forment (Barles, 2010, Florentin, 2019, Lorrain et al., 2018, Monstadt, 2009). Mais pour saisir pleinement les ressorts territoriaux des *flux résiduels* le parti-pris est de *désurbaniser* le regard. Si l'existence matérielle, économique, politique de ces flux urbains est éminemment territoriale, leur gouvernement est en grande partie extra-local, il se joue dans les arcanes réglementaires et normatifs aux échelles nationale, européenne, et internationale (en particulier pour ce qui est de la régulation du CO_2). Il s'agit alors de débusquer *qui* et *ce qui* gouverne ces flux, précisément ce qui orchestre les interférences entre déchets, énergie et carbone. Or, si les questions climatiques, énergétiques, et de manière croissante celle des déchets sont fortement médiatisées et présentes dans l'espace public, les règles, conventions, mais aussi les tensions et controverses qui les traversent, se jouent souvent en huis clos. Cela nous conduit au second parti-pris de l'enquête, qui consiste à porter l'attention sur les « arènes discrètes » de l'action publique (Gilbert et Henry, 2012) : celles des normes juridiques et métrologiques, des débats d'experts et rapports de force qui ont souvent peu de retentissement public. Enfin, il convient de positionner l'enquête à la bonne échelle temporelle qui prenne en compte le temps des infrastructures, celui des politiques et des multiples réformes et renouvellements normatifs. Alors que l'agenda de la *transition* appelle à des transformations, souvent au moyen d'innovations techniques, vers des modes de production et de consommation plus durables, l'ouvrage propose un regard rétrospectif plutôt que prospectif. La période considérée remonte au début de la décennie 1990, qui correspond à l'arrivée des enjeux climatiques dans les agendas internationaux, nationaux puis locaux, aux premières politiques dites de transition énergétique, et aux réformes des déchets en Europe et en France.

1 Infrastructures, flux et métabolismes au cœur de la recherche urbaine

L'intérêt porté aux infrastructures, dans une moindre mesure aux flux qu'elles font circuler, et plus marginalement à la caractérisation des métabolismes urbains, a rencontré ces dernières années un intérêt qui n'a eu de cesse de se confirmer. Le rôle des flux matériels tend à être reconnu comme étant déterminant non seulement sur le plan fonctionnel mais aussi socio-politique, finalement constitutif du fait urbain. La recherche urbaine s'est trouvée enrichie de propositions théoriques et conceptuelles renouvelées, débattues, nourries d'études empiriques mettant en évidence des dynamiques imbriquées de circulations matérielles, politiques et sociales. A l'occasion des vingt ans de la parution de *Splintering urbanism*, ouvrage qui marque un « tournant infrastructurel » dans les études urbaines (Graham et Marvin, 2001, 2022), c'est à un « tournant métabolique » qu'invitent Coutard et Florentin (2022). Selon eux, une attention plus affirmée doit être accordée aux ressources et aux considérations métaboliques, qui ont été laissées de côté dans les travaux sur les infrastructures urbaines. L'intérêt métabolique pour les flux résiduels développé dans cet ouvrage est en dialogue constant avec les enjeux de transformation de plusieurs infrastructures qualifiées d'essentielles pour les systèmes urbains (en particulier celles relatives à la gestion des déchets et à la desserte énergétique).

Récupération énergétique et grands réseaux urbains

Le développement d'infrastructures majeures – *large technical systems (LTS)* – offrant des services tels que l'approvisionnement en eau, en énergie, la mobilité des hommes et des marchandises ou l'évacuation des déchets joue un rôle non seulement structurant mais constitutif de l'organisation urbaine, y compris sur les plans institutionnel et politique (Dupuy, 1984 ; Tarr et Dupuy, 1988). Elles ont été planifiées et développées selon une logique de croissance, de desserte ubiquitaire et d'uniformisation (en termes de service et de tarif notamment), selon une puissante idéologie apparentée au modèle de « ville-réseau ». Le modèle des grands réseaux techniques centralisés a été remis en cause par des formes alternatives et décentralisées répondant à des impératifs de durabilité (Coutard et Rutherford, 2009a), laissant place à une ville *post-réseau* (Coutard et Rutherford, 2011). L'image de *splintering urbanism* (Graham and Marvin, 2001), désigne une remise en cause de ce modèle de réseau dominant, traversé par des forces de désintégration fonctionnelle et capitalistique – *unbundling* – et de desserte socio-territoriale inégalitaire (Graham, 2000). Nombre de recherches ont documenté les mouvements de privatisation, d'ouverture d'anciens monopoles à la concurrence, ou encore de restructurations entre différentes composantes d'un service. Souvent ignorées et pourtant essentielles, les infrastructures qui sous-tendent le fonctionnement urbain sont attentivement observées au regard des pressions et des bouleversements qui les traversent, par exemple ceux de la décroissance ou de la numérisation (Florentin, 2019). Les modalités de fonctionnement, de financement, de pilotage de ces systèmes socio-techniques constituent des « boîtes noires » dont l'analyse, y compris des considérants matériels symboliques et politiques, est un chantier sans cesse renouvelé. Leur capacité à répondre aux transformations socio-écologiques, qu'elles soient souhaitées ou subies, est l'objet d'une unanime attention (Bulkeley et al., 2014 ; Hodson et al., 2012 ; Hodson et Marvin, 2010a).

Les objets ici étudiés présentent des profils infrastructurels particuliers qui, bien qu'ils ne correspondent pas strictement aux traits distinctifs des LTS, questionnent les modèles des villes (post)-réseaux. Contrairement aux réseaux d'eau, d'énergie ou de transport, qui sont la plupart du temps enterrés et très étroitement imbriqués dans le tissu urbain, les services d'enlèvement des ordures, davantage malléables, s'apparentent à un « réseau mou » (Debout, 2012). Pour autant, les infrastructures de traitement des déchets (incinérateurs, décharges, méthaniseurs, centres de tri ...), bien que non connectées physiquement, correspondent aux caractéristiques des LTS. Hautement capitalistiques, pensées sur le long terme et dans une perspective d'économie d'échelle, elles répondent aux logiques de centralisation et d'uniformisation territoriale, souvent d'ailleurs à l'origine de regroupements intercommunaux. Elles sont en outre souvent connectées à des réseaux de chauffage urbains, qui eux présentent à la fois des similarités et des différences notoires par rapport à des formes plus conventionnelles des grands réseaux techniques. Fortement capitalistiques également, très imbriqués dans le tissu urbain, peu réversibles, ces réseaux relèvent d'un pilotage local et offrent la plupart du temps une desserte partielle (logement sociaux, bâtiments publics) (Rocher, 2013b), en décalage avec la logique de desserte ubiquitaire propre aux grands réseaux urbains. La récupération de chaleur fatale questionne la configuration des réseaux de chauffage urbain, dont l'alimentation ne dépend plus d'une unité de production ad hoc (quelle que soit son alimentation), mais de sources diffuses réparties sur le territoire au gré des implantations industrielles, mais aussi d'autres services et équipements urbains (gestion des eaux usées, métro, hôpitaux…). Ainsi, la récupération des flux énergétiques, qu'ils soient issus des déchets ou non, nécessite une interconnexion des réseaux et doit composer de manière plus fine avec les impératifs propres à la production et à la distribution. Tout en relevant des infrastructures urbaines traditionnelles, ce pilotage par les flux questionne les principes des grands réseaux et les modèles urbains qu'ils sous-tendent.

Les interfaces qui se développent entre des infrastructures essentielles et les multiples reconfigurations que ces interconnexions induisent sont désignées par la notion d'*urban nexus*. Déchets/énergie, eau (usées)/énergie, eau/énergie/alimentation (Artioli et al., 2017) sont les exemples d'interfaces les plus courants, donnant lieu à des expérimentations voire à des transformations structurelles, qui sont aussi les plus fréquemment étudiées. L'étude de ces interfaces et interconnexions, l'hybridation et les interdépendances entre ces services, qui sont profondément transformés par la numérisation, intéresse la recherche urbaine qui endosse un rôle de documentation des pratiques mais aussi de prise de distance avec les promesses et impensés qu'elles véhiculent (Monstadt et Coutard, 2019). Par exemple, les pratiques émergentes relevant de la *smart city*, qui adoptent de premier abord les idéaux d'intégration métropolitaine, notamment en appréhendant la ville comme un système, peuvent se développer selon des formes d'intégration verticale, renforçant des tendances à la sélectivité et à la fragmentation socio-spatiale (Macrorie et Marvin, 2019). Cette approche est aussi critiquée en raison du manque de distance avec les catégories managériales – en l'occurrence celle d'intégration – et de leur caractère dépolitisant (Williams et al., 2019). L'approche locale induite par le focus sur les *nexus* urbains peut laisser dans l'ombre les dimensions institutionnelles et politiques qui se jouent à différentes échelles (Scott et al., 2011). L'analyse de ces interfaces et leur gouvernance à l'échelle urbaine reste un chantier de recherche ouvert, au sein duquel l'interface énergie-déchet a toute sa place moyennant un certain nombre de précaution parmi lesquelles un effort de « dézoomage ». Les critiques et discussions autour des concepts d'*urban nexus* ou d'intégration mettent en garde contre une tendance à mettre en exergue des faits à caractère anecdotiques, ponctuels, en somme des micro-réalités, ignorant les tendances à grande échelle, de long cours, dans leur dimension structurelle et systémique. Ces constats rejoignent en cela les critiques adressées par Arnsperger et Bourg à l'économie circulaire, et leur alerte sur les questions d'échelle et de focale.

L'urbain saisi par son métabolisme

Les villes, espaces par excellence de concentration des flux, sont aussi les lieux de la mise en pratique et en politique de leur maîtrise et de leur optimisation, souvent exprimées en termes de *bouclage*. Les objectifs de mutualisation, d'intégration, de symbiose, ou encore de synergie sont devenues communes du côté des politiques urbaines comme de la recherche. *L'écologie industrielle* a une antériorité dans l'intérêt porté à la mutualisation des flux issus des activités industrielles dans une perspective d'économie de matières premières et d'énergie, mais aussi d'échange de services ou de biens immatériels à l'échelle d'un même site. Les conditions réelles de ces échanges localisés ont été abordées selon des approches dites *d'écologie industrielle territoriale*, attentives notamment à l'importance de la proximité, à la fois géographique et organisationnelle (Beaurain, Maillefert, et al., 2017). Circonscrites à des sites ou à des secteurs particuliers, ces approches peinent toutefois à aborder les flux de manière plus globale, à saisir les liens d'interdépendance et à en mesurer les impacts écologiques et sociaux de manière complète. L'écologie territoriale, en mobilisant des bilans de flux de matière et d'énergie, offre une lecture métabolique à une échelle non réduite à des logiques de site, de produit ou de filière, permettant de penser la dématérialisation et la transition socio-écologique (Barles, 2010, 2014).

Les villes, en tant qu'elles concentrent des flux et des stocks de toutes sortes, sont des « métaboliseurs » de premier ordre (Monstadt, 2009). Les approches métaboliques ont enrichi la recherche urbaine en prenant en compte non seulement les infrastructures et réseaux mais également les flux et matières dans la compréhension des dynamiques urbaines. La littérature sur le métabolisme urbain est vaste, elle comprend des courants distincts selon notamment qu'ils mobilisent des analyses quantitatives, telles que les *material flow analysis*, ou portent sur les dynamiques socio-politiques et les rapports de pouvoir co-constitutives des flux matériels et naturels. Ces derniers intéressent en particulier l'écologie politique urbaine – *Urban political ecology*, dans le sillage de Swyngedouw[5]. Bien qu'elles ne soient pas inconciliables[6], il existe d'importantes barrières disciplinaires et méthodologiques entre les études quantitatives de l'écologie industrielle et celles relevant de l'écologie politique urbaine (Newell and Cousins, 2015). Reprochant à la première son caractère apolitique et à la seconde sa propension métaphorique et une focalisation sur les espaces urbains, Newels et Cousins proposent une approche hybride – *political industrial ecology* – qui a pour ambition de dépasser les frontières artificielles entre l'urbain et le reste.

L'entrée métabolique a assurément gagné la recherche urbaine, à travers la multiplication d'approches matérielles renseignant de manière quantitative et qualitative des flux spécifiques tels que les matériaux de construction,

---

5 « *The city's growth, and the process of nature's urbanization are closely associated with successive waves of ecological transformation, socio-ecological organization of metabolic processes as defined above and the extension of urban socio-ecological frontiers. Local, regional, and national socio-natures are combined with engineering narratives, economic discourses and practices, land speculation, geo-political tensions, and global money flows. This metabolic circulation process is deeply entrenched in the political-ecology of the local and national state, the international divisions of labour and power, and local, regional and global socio-natural networks and processes. (…) Processes of socio-environmental change and the reconfiguration of metabolic circulatory arrangements are, therefore, never socially or ecologically neutral. (…) It is this nexus of power and the social actors deploying or mobilizing these power relations that ultimately decide who will have access to or control over, and who will be excluded from access to or control over, resources or other components of the environment.*» (Swyngedouw, 2006)

6 Hodson et al. (2012) invitent à raisonner en termes de flux urbains en mobilisant ensemble les approches quantitatives issues de l'écologie industrielle telles que les *material flow analysis* et celles des urbanistes davantage centrées sur les infrastructures et leurs transformations. « *Urban flows are introduced here as an integrative concept for identifying areas of potential intervention for decoupling at a city level, and the need for investment and capacity to reshape urban resource flow function. In order to understand how cities might provide a context where various catalysts for decoupling emerge and thrive, it is important to view them in terms of the flows of resources that pass through them.* » (Hodson et al., 2012)

les déchets électroniques, le plastique ou les biodéchets[7]. Notons que ces approches métaboliques n'intéressent pas que les chercheurs. Des collectivités ou organismes territoriaux investissent des démarches de connaissance et de représentation des flux et de leurs interdépendances à l'échelle d'un territoire. La *Toile Industrielle* développée par l'Agence d'urbanisme de Dunkerque (voir chapitre 5) est particulièrement innovante à cet égard[8]. De tels outils entendent favoriser la prise de conscience de la dépendance à des flux essentiels ainsi qu'à faciliter des pratiques plus vertueuses que ce soit en termes de mutualisation, de relocalisation ou de réduction des consommations. Il s'agit en somme de donner à voir les flux matériels pour mieux les gouverner, ou du moins à les identifier comme objet et enjeu de gouvernement (Garcier, Martinais, et al., 2017).

Du gouvernement local des flux urbains

La recherche urbaine est traversée par des débats intenses qui portent une attention sans précédent aux flux, aux infrastructures sur lesquelles ils reposent et aux circuits métaboliques qu'ils dessinent. Les villes, qui accueillent dorénavant la majorité de la population mondiale, sont indéniablement des concentrateurs massifs de flux. Si plusieurs auteurs ont à juste titre souligné le risque à recourir à des approches globalisantes conduisant à responsabiliser voire à culpabiliser les villes notamment du point de vue de leur contributions aux émissions de gaz à effet de serre (Dodman, 2009 ; Satterthwaite, 2008), il ne fait pas de doute que les espaces urbains sont en première ligne de la décarbonation des économies et des sociétés. Ce qui justifie une observation

---

7 Voir par exemple plusieurs numéros spéciaux de la revue *Flux* sur les circulations des matières (Garcier, Rocher, et al., 2017), la proximité (Bahers and Durand, 2017), ou les mutations des métabolismes urbains dans un contexte de transition (Barles and Bahers, 2019).

8 « Conçu sous la forme d'un schéma de flux, cet outil ne porte pas son nom par hasard : tels les fils d'une toile d'araignée, les liens se tissent entre les établissements implantés dans la région Flandre-Dunkerque et ceux qui sont hors du territoire. La Toile Industrielle® décrit les entreprises en démontrant leur interdépendance et l'ampleur de leur ancrage local. Cette démarche comporte un double intérêt : comprendre et identifier les potentiels du développement territorial, et anticiper les impacts des changements sur les marchés économiques. » <http://www.agur-dunkerque.org/etudes-projets/article13> [consulté le 30/10/2020].

attentive des transformations qui s'y jouent, notamment, mais pas uniquement, sur le plan infrastructurel.

Sur le plan politique et géopolitique, les villes ont montré depuis au moins trois décennies une volonté de peser sur les décisions climatiques et énergétiques, alors que ces dernières sont très largement dévolues aux Etats. De nombreux écrits ont rendu compte de cette mobilisation reposant sur réseaux régionaux et internationaux et porteurs de nouveaux cadres d'action tels que les plans climat (Betsill et Bulkeley, 2007 ; Bulkeley, 2013 ; Bulkeley et Betsill, 2013 ; Emelianoff, 2014). Positionnement stratégique de premier ordre pour les villes globales (représentées par exemple par le C40) qui œuvrent à sécuriser leurs intérêts (Hodson et Marvin, 2010b), la mobilisation des gouvernements locaux ne s'est pas démentie, imposant l'idée que les villes sont les espaces de solution à la crise climatique et environnementale. Les autorités locales, en prise avec la gestion concrète des infrastructures, sont en capacité d'imprimer des transformations notoires. La mise à l'agenda local de l'urgence climatique, dont on peut regretter qu'elle ait été tardive ou qu'elle soit inconséquente, est un fait établi dans de nombreux pays. Ces transformations, qui concernent un large pan des politiques urbaines, ont conduit plusieurs auteurs à mettre en garde contre une tendance à surestimer la capacité d'action des gouvernements locaux face aux Etats sur le pilotage du développement durable (Béal et Pinson, 2014) ou accorder trop de place à une lecture décentralisatrice en matière d'énergie (Poupeau, 2014).

Au-delà de ces évolutions contextuelles largement décrites et analysées, un certain rattrapage concernant des domaines longtemps délaissés par la recherche urbaine s'est avéré nécessaire. C'est en particulier le cas des questions énergétiques dont les dimensions urbaines (Coutard et Rutherford, 2009b ; Rutherford et Coutard, 2014) et plus généralement spatiales et géographique (Bridge et al., 2013) ont longtemps été laissées de côté. La nécessité de « ré-énergiser » les études urbaines semble engagée, comme en témoignent de nombreux choix éditoriaux[9]. Toutes ces (bonnes) raisons ont comme corollaire une focalisation sur le caractère urbain de ces transformations.

---

[9] Voir notamment le numéro spécial de *Urban Studies* consacré aux questions énergétiques – *Urban energy transitions: Places, processes and politics of socio-technical change* (2014) – ou, du côté francophone, les numéros spéciaux de *Géographie, économie, société – Villes, territoires et énergies : enjeux et défis actuels* (2017) –, de la *Revue Internationale d'Urbanisme – Transition énergétique* (2018) –, ou encore d'*Espace et Société – Les nouveaux territoires de l'énergie* (2021)

Observer, documenter et analyser ce qui se joue à l'échelle urbaine est justifié et nécessaire… mais au risque de susciter un effet de focale sur le « moment urbain » qui s'entend à la fois sur le plan spatial et temporel. Spatial en ce que d'autres échelles d'intervention et de cadrage pourtant déterminantes se trouvent laissées dans l'ombre des analyses attachées à renseigner ce qui se joue à l'échelle urbaine et notamment métropolitaine. Or, comme le soulignent Coutard et Rutherford en conclusion de leur dernier ouvrage, « tracking urban infrastructure means going beyond 'the city'. Infrastructure is so much bigger than the city, enveloping resource flows, material circulations and political agencies which cut across scales and distances. » (Coutard et Rutherford, 2015). Le « moment urbain » est aussi temporel, il vise à désigner une focalisation sur la temporalité de la transition telle qu'elle est annoncée, planifiée ou décrétée. La rhétorique de la transition énergétique, ou de la transition écologique, s'est très largement imposée, du côté de l'action publique et privée comme de la recherche. Avec là aussi le risque d'être attracteur d'attention sur le moment du changement (effectif ou annoncé) au détriment de temporalités plus longues ou moins évidentes.

Dans leur ouvrage *Villes sobres*, Lorrain, Halpern et Chevauché s'intéressent à des tentatives de mise en synergie des flux, exprimée par l'idée de symbiose urbaine. Ils attribuent aux villes non seulement un rôle essentiel sur le plan métabolique mais aussi une capacité à maîtriser le gouvernement de ces flux, en partant du postulat suivant : « Comme elles correspondent à des collectifs de petite taille en regard des Etats ou des institutions internationales, elles fonctionnent sur des circuits décisionnels plus directs. Ce cycle court du problème, de la décision et du résultat permet à des gouvernements volontaires de coordonner des acteurs distincts et de planifier la proximité physique d'équipements permettant une économie circulaire. » (Lorrain et al., 2018). De leur analyse centrée sur les flux d'eau, d'énergie et de déchets, ces auteurs retiendront les difficultés inhérentes au « décalage entre métropole fonctionnelle et frontières politico-administratives, [à la] fragmentation et l'imbrication des niveaux de décision et de compétences ». Ils soulignent ainsi que les villes, en l'occurrence les métropoles, bien que de plus en plus proactives dans la régulation matérielle et politique des flux, et reconnues comme telles, ne sauraient toutefois contenir l'ensemble des tenants et aboutissants de la circulation de ces flux.

2 Désurbaniser l'analyse

En décalant la focale, il ne s'agit pas de contester ou de minimiser le caractère intrinsèquement urbain de ces transformations métaboliques, ni de discuter la pertinence d'analyses urbano-centrées, mais simplement de proposer un pas de côté, à partir du postulat suivant : les flux urbains et les infrastructures qui les véhiculent, pour matériels, physiques et situés qu'ils soient, ne sont pas gouvernés – que – à l'échelle urbaine. L'eau, les déchets, l'énergie, les transports de matières ou de personnes... chacun de ces domaines est l'objet d'un gouvernement et d'une institutionnalisation à plusieurs niveaux. Les niveaux national et européen ont pris une importance normative et programmative croissante en même temps que les entités locales se saisissaient de ces questions. Cela invite à ne pas considérer les différents niveaux de gouvernement selon un jeu de vase communicant : une mobilisation locale avérée sur tel ou tel sujet n'est pas la cause ou le résultat d'un délaissement des entités nationales ou régionales, et vice versa. Il s'agit donc de s'extraire du « moment urbain » non pour nier la dimension indiscutablement urbaine des questions étudiées, mais au contraire pour mieux les comprendre et saisir avec plus de justesse les réalités urbaines, présentées en dernière partie de l'ouvrage.

Dépasser ou repenser la question sectorielle ?

Dans les milieux opérationnels comme scientifiques, on s'entend assez unanimement pour porter un jugement critique de la pensée et de l'action sectorielles. En témoignent la nécessité affirmée de raisonner en termes de transversalité, la méfiance exprimée envers la logique « de silo », la valorisation des interfaces, ou *nexus,* entre tel et tel domaine. Par exemple, les auteurs de *Villes sobres* attribuent le manque d'ampleur des *symbioses* qu'ils ont observées en partie aux « résistances sectorielles », qui se manifestent par le peu de coopération entre les services d'une même collectivité tout en appelant à une analyse qui prenne en compte les dimensions sectorielles des politiques publiques, notamment dans leur rapport au territoire (Lorrain et al., 2018). Bien que la tendance soit à la pensée et à l'action inter- ou trans-sectorielles, les transformations infrastructurelles et les phénomènes de redirection des flux urbains, en particulier ceux qui concernent les déchets et l'énergie ne peuvent s'appréhender correctement sans prendre en compte le poids des secteurs institués. Il s'agit donc de comprendre comment chacun de ces secteurs est travaillé par des transformations, comment ces dernières sont absorbées ou au contraire font l'objet de résistance, comment les contours et découpages sectoriels se redessinent. Les domaines de l'énergie et des déchets en tant que champs d'action publique, comportent plusieurs traits caractéristiques, que ce soit en termes de contours et de découpages (ce qui renvoie à la question des secteurs), ou en termes d'espaces et d'arènes de traitement de ces enjeux (ce qui conduit à s'interroger sur leur degré de publicisation).

Les domaines des services urbains relèvent de politiques publiques distinctes qui au fil du temps se sont sédimentées autour d'institutions, d'acteurs, de règles et de normes, d'instruments, de cultures propres, formant des mondes sectoriels à part entière. Mais la spécialisation sectorielle se heurte au caractère complexe ou systémique de nombreux problèmes. Deux types de réponses sont avancées en réponse à ce dilemme : des stratégies intersectorielles d'une part, et le recours au territoire d'autre part, dans l'idée qu'une appréhension « au plus près » des problèmes, ou décentralisée, permettait de contourner les effets de fragmentation sectorielle (Muller, 2006). Dans le domaine de la planification des déchets, il s'avère que les processus de sectorisation et de territorialisation ne sont pas exclusifs l'un de l'autre (Rocher, 2015). Le défi qui se présente ici est d'appréhender des objets par essence trans-sectoriels mais qui dépendent de cadrages sectoriels puissants. L'énergie comme les déchets relèvent de deux mondes distincts, que ce soit sur le plan des techniques du génie urbain, de la conduite de l'action publique, ou de la recherche scientifique. Ils procèdent d'une forte logique de spécialisation : par les acteurs publics (administrations centrales et locales) et privés (opérateurs de réseaux), tant du point de vue de la gestion opérationnelle que des exercices de planification et de projection territoriale. Il faut donc repérer ces constructions sectorielles, en mesurer la portée, en même temps qu'identifier les tentatives de dépassement ou de rapprochement, dans un contexte intellectuel où la logique sectorielle est considérée comme limitante, et la trans-sectorialité valorisée.

Dans le même temps, les domaines des déchets comme de l'énergie sont caractérisés par une structuration en *filières* (relatives à des matières ou des technologies spécifiques) qui semble se renforcer autour du recyclage (avec le développement « filières à Responsabilité élargie du producteur ») ou de l'énergie renouvelable (« filières » de l'éolien, du solaire photovoltaïque, etc.). Autour de ces technologies se cristallisent des modèles économiques et financiers, des savoir-faire, des cultures professionnelles. Doit-on y voir les signes d'une fragmentation intra-sectorielle ? Pas nécessairement, tant les mécanismes de gouvernement sectoriel demeurent : les déchets comme l'énergie continuent de faire l'objet d'une programmation, d'objectifs, de planification, de mesures… en somme de politiques publiques à part entière. Mais ces dernières, et les changements qu'elles promeuvent au titre de la réduction des impacts environnementaux, comme le recyclage des matières, ou la production renouvelable de l'énergie, produisent une tendance certaine à la « filiarisation ».

Il s'agit d'adopter une posture de précaution vis-à-vis de l'injonction à la *trans-sectorialité*, et de prendre la mesure des mécanismes de *sédimentation* mais aussi de *fragmentation* sectorielle possiblement à l'œuvre, et ce à différents niveaux. Si dans des contextes de décision et de gestion locales on observe une prédominance de la pensée en silo en fonction de champs professionnels, de services, d'infrastructures spécifiques, cela n'empêche pas qu'au niveau du cadrage des politiques publiques, on puisse constater des formes de perméabilité, de rapprochement ou de convergence. Il s'avère que la question du climat, en imposant une re-problématisation et une redistribution des priorités, agit comme un puissant vecteur de convergence entre énergie et déchets. Dans quelle mesure, par quels biais et avec quelles conséquences le secteur des déchets est-il l'objet d'un cadrage énergique, sous l'effet d'impératifs climatiques ? Dans quelle mesure la chaleur de récupération, qui ne relève pas d'une organisation sectorielle ou d'une filière à part entière, est-elle en capacité de s'imposer à l'agenda énergétique ? Comment saisir les formes de (re)problématisation, c'est-à-dire une mise à l'agenda d'enjeux re-problématisés, dans un paysage de secteurs établis ?

Comprendre ces effets de cadrage sectoriels et de rapprochement intersectoriels dans toute leur épaisseur, et pas uniquement à partir de situations locales, nécessite d'orienter l'observation vers les faits, les dispositifs, les temporalités adéquats. La littérature sur l'instrumentation de l'action publique a pu mettre en évidence combien le choix, la conception des instruments et leur articulation sont porteurs de problématisations propres (Halpern et Le Galès, 2011 ; Lascoumes, Pierre et Le Galès, Patrick, 2004 ; Lascoumes et Simard, 2011). A côté des mesures réglementaires, des dispositions fiscales et autres incitations financières qui les accompagnent, les outils cognitifs jouent un rôle déterminant dans les dynamiques de problématisation propres à la valorisation énergétique des déchets et à la récupération de chaleur fatale.

Par exemple, la comptabilité carbone joue un rôle très important dans l'affirmation de la valeur énergétique des déchets. Autre exemple, la quantification des « gisements » de chaleur fatale ainsi que leur représentation spatiale, sont déterminantes dans l'identification de la disponibilité de cette ressource. Le recours aux outils de nature cognitive s'explique en partie par le besoin de faire exister des objets largement invisibilisés.

Saisir des transformations discrètes

A l'heure où les notions de transition énergétique et d'économie circulaire ont un fort pouvoir de mobilisation qui renouvellent les questions environnementales, et où la crise climatique s'est imposée comme horizon des sociétés contemporaines, parler d'invisibilité peut surprendre. Pourtant, l'énergie de récupération est largement méconnue, tandis que les déchets, même si les choses ont changé tant dans les sphères médiatiques que scientifiques, ont longtemps constitué des sujets de l'ombre par excellence. Chacun à leur manière, les déchets et l'énergie fatale se présentent comme des problèmes dont l'existence est limitée aux coulisses des arènes de politiques publiques, tandis que leur publicisation reste marginale et associée à certaines technologies telles que l'incinération, le plus souvent sur le registre de la controverse. Ce sont donc des *transformations discrètes* qu'il nous revient de saisir, et pour cela de faire un pas de côté par rapport au « mode d'analyse devenu habituel : celui qui relie étroitement la reconnaissance des problèmes publics à leur publicisation » (Gilbert et Henry, 2012)[10].

---

[10] Gilbert et Henry proposent de s'attacher aux *processus définitionnels* afin de dépasser une appréhension binaire considérant l'existence/la non existence des problèmes, et surtout en donnant une place importante aux moments et aux arènes les moins visibles : « *Les processus définitionnels qui donnent aux problèmes leurs caractéristiques tout en déterminant leurs conditions d'existence résultent donc en premier lieu de logiques sociales ne prenant pas toujours comme référence les arènes de débat public. Bien au contraire, ils sont souvent régis par des logiques de compromis ou de confinement, logiques qui caractérisent les modalités routinières d'appropriation des problèmes par les acteurs qui en ont la charge. L'instruction des problèmes, leur mise en forme s'opèrent donc habituellement au sein de groupes de spécialistes, dans des espaces recevant une faible attention publique, les débordements dans l'espace public étant souvent (bien que pas exclusivement) la marque de ruptures de compromis, d'effritements des alliances réalisées autour de la définition d'un problème.* » (Gilbert et Henry, 2012)

Si l'on constate un intérêt médiatique et scientifique certain pour les déchets, celui-ci est relativement récent. Objets du quotidien qui suscitent le déni et l'occultation comme l'ont montré les anthropologues (Douglas, 2005) ou les philosophes (Harpet, 1999), les déchets sont dominés par de puissantes tendances à l'invisibilisation. Cela vaut pour les matières elles-mêmes que l'on s'évertue à faire disparaître, mais aussi pour l'action publique et politique (Hird et al., 2014), et dans une certaine mesure pour la recherche scientifique. Il est communément admis que les déchets constitueraient un enjeu « technique » et « non politique », appelant des solutions rationnelles et pragmatiques. Cette vision se traduit par une certaine « mise en coulisse », un « confinement » (Gilbert et Henry, 2012) des choix et des débats ayant trait aux déchets. De fait, la présence des déchets dans l'espace public a pendant longtemps relevé de situations de « débordement », que ce soit sous forme de pollution (Letté et Le Roux, 2019), ou de conflits relatifs à l'implantation d'infrastructures (Bobbio et al., 2016 ; Davies, 2003 ; Watson et Bulkeley, 2005). Ce constat, qui vaut pour la période étudiée ici, est toutefois de moins en moins vrai. Des mouvements sociaux tels que *Zéro déchets*, mais aussi une évolution culturelle du personnel technique et politique, tend à reconnaitre les déchets comme un enjeu sociétal de premier ordre, dont la place dans le débat public est considérée comme légitime. Quant à la chaleur fatale, il s'agit d'un objet quasi inexistant dans l'espace politique et médiatique. L'idée de déperdition énergétique est le plus souvent associée au logement et à l'espace privé, rarement aux systèmes industriels ou collectifs, y compris ceux de production énergétique. Plus surprenant, c'est aussi dans une certaine mesure un non-sujet au sein des arènes techniques de l'action publique et de l'expertise énergétique. L'énergie de récupération semble n'avoir qu'une place très marginale au sein d'un monde politique et technique de l'énergie qui s'est structuré sur la base de filières déterminées en fonction de technologies données.

La nature discrète des objets étudiés entraîne plusieurs implications méthodologiques. La première est de travailler à partir de sources – réglementation technique, production d'expertise, discours d'experts administratifs et techniques – qui permettent de saisir la fabrique à huis clos de l'action publique. Pour discrètes qu'elles soient, ces questions ne sont pas entièrement absentes d'arènes publiques ni exemptes de formes de publicisation ou de conflit ; les controverses concernant l'incinération des déchets en constituent les formes les plus évidentes. D'autre part, s'intéresser à des processus de définition de sujets non identifiés comme des problèmes publics de premier ordre soulève un enjeu de périodisation, puisqu'il s'agit bien de « situer les principaux enjeux de la 'construction des problèmes' non dans le processus de mise sur agenda, tel qu'il est habituellement réduit aux phases de publicisation et d'émergence, mais dans l'ensemble du cours de l'action publique en intégrant les phases 'discrètes' de définition et de mise en œuvre dans des espaces peu visibles. » (Gilbert et Henry, 2012). Quand faire débuter l'analyse de problèmes discrets, invisibles voire inexistants, de surcroît lorsqu'ils renvoient à des technologies ou à des infrastructures non liées à des temporalités d'innovation ? Cette question nous amène au troisième défi relatif à la construction du cadre d'analyse : celui de la temporalité.

3 Transitions et permanences

Les infrastructures et les politiques relèvent de temporalités distinctes et néanmoins très imbriquées. Les infrastructures considérées dans cet ouvrage sont relativement anciennes, elles s'inscrivent sur une temporalité longue, et se trouvent réinvesties à l'aune de nouvelles pratiques et politiques. Saisir des transformations discrètes concernant des politiques publiques plus ou moins fortement instituées et des infrastructures en très grande partie existantes (et qui ont un rôle structurant de l'espace urbain) revient à appréhender à leur juste valeur des situations de changement qui interviennent au sein de systèmes infrastructurels, institutionnels, spatiaux et sociaux établis. Il s'agit d'une part de tenir compte des temporalités de long cours qui travaillent ces objets infrastructurels sans les réduire aux mécanismes de *path dependance* qui les caractérisent pourtant, et d'autre part de faire place aux signes de transformation et de changement sans les assimiler nécessairement à une phase de *transition* qui serait à l'œuvre.

Le temps long des infrastructures

Systèmes de traitement de déchets, réseaux de chauffage urbain, installations industrielles génératrices de chaleur : l'ensemble des infrastructures considérées ici relèvent de techniques éprouvées dont l'implantation locale s'inscrit généralement sur le long terme. Elles traversent les époques, et se transforment au gré de changements sociopolitiques. La question se pose alors du rapport des infrastructures à des changements structurels[11]. Dans quelle mesure sont-elles imprégnées de ces changements, dont elles seraient alors des révélateurs ? En sont-elles un élément moteur ? L'étude menée par Moss sur l'apparition, la disparition puis la ré-émergence de la valorisation énergétique des résidus à Berlin des années 1930 à 2010 est illustrative du lien étroit entre les trajectoires des infrastructures et le contexte social et politique (Moss, 2019, 2020). La récupération du méthane, ainsi que des huiles et graisses présents dans les eaux usées, encouragée dans l'entre-deux guerres, a disparu après la seconde guerre mondiale avant de revenir à l'agenda local en 2008 sous l'effet des politiques de transition énergétique contemporaines. Or, la disparition des pratiques de valorisation des déchets urbains n'est pas liée à des défaillances techniques mais au fait qu'elles ont été délibérément abandonnées car associées au régime nazi[12].

La récupération d'énergie issue des déchets naît avec les premières techniques de traitement à la fin du 19ème siècle, moment fondateur dans l'histoire des déchets que Barles désigne comme étant celui de « l'invention des déchets urbains » (Barles, 2005). Face au délitement du lien métabolique entre villes et campagne qui était caractérisé par une valorisation agricole et industrielle des résidus urbains, la mise au point de technologies de destruction des matières résiduelles marque l'invention de la notion de déchets. Le recours à ces techniques, notamment celles de l'incinération, se développe initialement avec une volonté de récupération énergétique, apparentée à une « résistance au déchet » (Barles, 2005). La récupération de vapeur, la production électrique à destination de systèmes de transport urbain alors en pleine expansion, l'utilisation des mâchefers comme matériau de construction, sont motivés tant par une hantise du gaspillage que par un souci de bénéfice économique. Pourtant, l'ambition de financer les services d'enlèvement des ordures par les sous-produits, notamment

---

11 « *À travers la question des infrastructures, il s'agit donc bien de penser comment des agencements que l'on peut qualifier de technopolitiques induisent et produisent des structures sociales. En tant qu'agencements techniques pérennes – ou du moins conçus pour l'être – non soumis au changement et à l'appropriation immédiats, les infrastructures façonnent les usages sociaux et matérialisent par là même des programmes politiques.* » (Jarrige et al., 2018).

12 « *these processes of emergence, disappearance and re-emergence were not predetermined by some inherent qualities or deficiencies of the technologies themselves, but by human agency* » (Moss, 2019)

énergétiques, du traitement va faire long feu. L'autorisation donnée aux collectivités françaises en 1926 de prélever après de leurs administrés une taxe pour l'enlèvement des ordures ménagères signale que le « renoncement » a eu raison de la « résistance» (Barles, 2005). Lors de leur phase de mise au point, puis de diffusion internationale, les techniques d'incinération sont envisagées comme des réponses à plusieurs problèmes. Le développement du « destructor » britannique entre 1865 et 1910 a évolué selon une recherche d'équilibre entre trois impératifs : la destruction des déchets, la production énergétique, la limitation du recours à un apport de combustible (le charbon), tout en contrôlant les fumées toxiques qui se dégagent des premiers incinérateurs (Melosi and Loyer, 1984). Les techniques de récupération énergétique ont ainsi une origine commune avec les mesures relatives à la qualité de l'air (Brunner et Rechberger, 2015). Loin d'être une invention récente à rapporter à des préoccupations et acceptions contemporaines, la récupération énergétique est consubstantielle à la naissance des techniques de destruction des déchets et à la notion-même de déchet. Si le souci de valorisation est inhérent aux premières formes industrialisées de prise en charge des déchets, ce sont toutefois des pratiques et des technologies linéaires qui vont s'imposer[13]. L'incinération à la fin du 19ème siècle, puis la mise en décharge contrôlée au début du 20ème, vont s'imposer comme les deux modalités dominantes. Les collectivités urbaines n'auront de cesse de chercher une amélioration sanitaire et environnementale par le recours à des technologies qui consistent non pas à éliminer mais à déplacer les résidus vers des espaces éloignés et des milieux peu considérés que sont l'eau, l'air et le sol (Tarr, 1984)[14]. La mise en décharge ne va pas pour autant faire disparaître l'incinération des déchets ; l'une et l'autre de ces solutions ne cesseront d'être mises en balance au gré des problèmes qu'elles suscitent (Frioux, 2013).

Les infrastructures de distribution collective de chaleur, apparues au Nord-Est des Etats-Unis (à New-York et à Chicago) à la fin du 19e siècle, ont

---

[13] Avec toutefois des phases de retrait puis de réémergence, comme l'a montré Etienne Dufour (2024) à propos de la région parisienne.

[14] Joël Tarr explique le recours à la décharge par le fait que, contrairement à l'air et à l'eau, le sol a été plus tardivement considéré comme un milieu fragile à protéger : « *concern for the land as a sink for pollutants did not yet have the urgency associated with it that was beginning to characterize the air and the water media in the 1960s* » (Tarr, 1984).

été installées massivement dans les années 1920 et 1930, concomitamment au développement des gratte-ciels (Gallo, 2003). La réduction du risque d'incendie et de la pollution atmosphérique due aux systèmes individuels alimentés au charbon, le gain d'espace dans les nouveaux immeubles qui pouvaient de surcroît se passer de cheminées, le confort thermique pour les occupants, sont autant de facteurs qui ont favorisé le recours à ce mode de chauffage qui, comme l'explique Emmanuelle Gallo, est très étroitement lié à ces nouvelles formes architecturales et urbaines. Le développement des systèmes de chauffage urbain a été plus tardif en Europe, d'abord en Allemagne et au Danemark. En France, les deux premiers systèmes de chauffage urbain ont été installés dans les années 1930 à Paris autour de la gare de Lyon (par la Compagnie Parisienne de Chauffage urbain, qui existe toujours) et à Villeurbanne dans le quartier des Gratte-ciel (le réseau était alimenté par l'incinération des déchets)[15] (Gallo, 2003). C'est avec les quartiers dits de « grands ensembles » de l'après-guerre, encouragés par la politique des Zones à urbaniser par priorité (ZUP) que vont se développer les réseaux de chaleur. Le taux d'équipement reste toutefois bien moins important que dans d'autres pays de l'Est de l'Europe, où ils ont été installés en masse par les régimes communistes dans le cadre d'un urbanisme et d'une économie planifiés.

Associés à des techniques et à des formes urbaines dépassées, à des pratiques de gaspillage énergétique, les systèmes de desserte collective de chauffage ont été relativement délaissés. C'est dans le contexte de crise climatique et de renouvellement des préoccupations énergétiques, qu'ils vont être l'objet d'un regain d'intérêt qui se traduit par de nouvelles installations, l'extension de réseaux existants, ou le remplacement de chaudières et par là-même de combustible (Rocher, 2014). La montée en puissance des collectivités locales sur les questions d'énergie, la volonté de décarbonation des mix énergétiques locaux, l'augmentation de la précarité énergétique des ménages, sont autant de facteurs qui convergent vers une prise en main de la livraison de chaleur par les exécutifs locaux et la formalisation d'une politique de la chaleur au niveau national.

---

15 À l'exception de Chaudes-Aigues dans le Cantal, où des sources naturelles d'eau chaude ont alimenté un réseau de chauffage desservant une quarantaine de maisons de 1332 à 2009.

Le temps des politiques

Bien qu'originellement conçus dans une optique de valorisation, notamment énergétique, et de bouclage des flux, les systèmes techniques de prise en charge des déchets qui vont se développer tout le long du 20ème siècle ont vocation à absorber des volumes croissants de matières résiduelles dans une préoccupation sanitaire. C'est à l'occasion de la formalisation de politiques publiques dédiées aux déchets, dans le contexte d'institutionnalisation des questions environnementales dans les années 1970 (Charvolin, 2003 ; Lacroix and Zaccaï, 2010), que la question de la valorisation va ré-émerger. Avec l'adoption en 1975 d'une Directive-cadre européenne et d'une loi-cadre en France la même année, la gestion des déchets est l'objet d'une régulation sans précédent, motivée par des impératifs de rationalisation territoriale, de salubrité publique, et de protection de l'environnement (Rocher, 2013a). Le début de la décennie 1970 est aussi marqué par un choc pétrolier planétaire, avec des retentissements importants dans une France inquiète de sa dépendance énergétique. La question énergétique, pourtant en toile de fond de la naissance de la politique déchets, ne s'impose pas fermement à l'agenda des déchets. Le principe d'une valorisation sous forme de matériaux ou d'énergie, inscrit dans la loi de 1975, n'est assorti d'aucune disposition coercitive ou même incitative. La priorité est alors aux enjeux sanitaires : il s'agit d'assurer l'enlèvement des ordures sur l'ensemble du territoire et d'éradiquer les dépôts sauvages, dans un contexte de transformation de la consommation et d'explosion des volumes de résidus. Les préoccupations sanitaires et la course derrière la production-consommation ne laisseront que peu de place à la valorisation des déchets, que ce soit sous forme de recyclage-matière ou de récupération énergétique. Il faudra attendre les réformes du début des années 1990 qui introduisent le recyclage et programment la fin de la mise en décharge pour voir réapparaître la question de la valorisation énergétique. Cette décennie est celle de la montée en puissance de la question climatique et de la structuration d'une action publique en la matière. La question des déchets va alors inévitablement rencontrer celle du climat, et poser de nouvelles bases quant à la valorisation énergétique et plus largement à la mise en rapport entre déchets et énergie. C'est donc à cette période charnière du début des années 1990, où se rejoignent la réforme des politiques de déchets et le début des politiques climatiques que se rapprochent à nouveau les agendas déchets et énergie.

L'analyse rétrospective de l'énergie de récupération est moins évidente à baliser, dans la mesure où cet enjeu mal identifié n'a jamais été une priorité des stratégies énergétiques européenne et nationale. Le processus timide de mise à l'agenda s'opère en France à la faveur de mesures européennes, des démarches initiées par les collectivités locales, et du rôle de quelques entrepreneurs de cause (ADEME, associations de collectivités, syndicats représentant les opérateurs de réseaux…) qui constituent le milieu expert de la chaleur fatale. Les politiques de soutien aux énergies renouvelables développées en Europe et en France à partir du début des années 2000 ignorent dans un premier temps la récupération énergétique, avant de la reconnaître comme un enjeu pour la transition énergétique recherchée (Fontaine et Rocher, 2020). Cette périodisation ne doit pas occulter une explication de plus long cours, celui notamment de de la production électrique nucléaire.

La climatisation des déchets

Dans son ouvrage « climatiser le monde », Aykut fait la démonstration d'un processus de « climatisation du monde », c'est-à-dire de « l'extension du problème climatique vers d'autres arènes politiques » (Aykut, 2020). A partir des exemples de l'énergie et des sols, il montre les effets de structuration, de cadrage, d'omissions, et l'importance prise par certaines notions-clé[16] qui, portées par des acteurs et institutions non dénués d'intérêts, tendent à s'imposer sur le plan de l'action publique comme de la production scientifique. D'évidence, le domaine des déchets ne compte pas parmi les secteurs d'activité qui ont tenu une place centrale dans les négociations et les débats relatifs à la gouvernance climatique. Pour autant, il est comme d'autres concerné par l'intégration d'un système de référence fondé sur des critères issus de la gouvernance climatique, au premier titre desquels la comptabilité carbone. Ce chapitre pose l'hypothèse d'une *climatisation* des déchets : le processus de climatisation constituerait un soubassement essentiel à la montée en puissance des enjeux énergétiques propres au secteur des déchets.

Le choix d'une régulation climatique par le biais du marché, formalisé avec la signature en 1997 du protocole de Kyoto, s'est accompagné de dispositifs sophistiqués de comptabilisation et d'une série de conventions de calcul,

---

16 Telles que « zéro émissions nettes », ou encore le ratio 4 pour 1000 selon lequel il suffirait d'accroître de 0,4 % les capacités de séquestration de carbone des sols à travers des pratiques agricoles et forestières adaptées, pour y stocker autant de CO_2 que l'humanité émet chaque année (Aykut, 2020).

dont l'équivalent CO_2 est le plus emblématique[17]. Dans la suite des analyses de Callon sur les liens entre quantification et marchandisation (Callon, 2009), ou de ceux de Castree sur la *commodification* de la nature, plusieurs auteurs ont œuvré à déconstruire ces dispositifs et instruments de la régulation climatique et de sa forme la plus manifeste : la marchandisation – *commodification* – du climat. Les instruments d'échange marchand, mais aussi les dispositifs de certification – *certified emission reduction* (CER) – sur lesquels repose le *mécanisme de développement propre* destiné aux pays en développement, ou encore la compensation carbone, nécessitent d'établir des règles de commensurabilité et de mise en équivalence (MacKenzie, 2009). Or, cette mise en équivalence entre différents gaz à effet de serre, rapportés à un équivalent CO_2 par le biais du *pouvoir de réchauffement global*, mais aussi entre activités de natures très différentes, est sujette à des approximations et à des arbitrages, et surtout à des phénomènes de mise en *boîte noire* (MacKenzie, 2009)[18]. D'où l'intérêt d'une métrologie critique, qui permette de dévoiler les soubassements politiques des dispositifs de mesure et de quantification (Cooper, 2015). Le système de marchés d'émission de carbone comporte plusieurs prérequis : que les activités à l'origine des émissions soient de même nature, qu'il existe un système unifié de mesure, et que le volume émis par chaque unité de production soit connu. Chacun de ces présupposés implique des mécanismes métrologiques qui ne sont pas neutres ; ils découlent de choix, d'arbitrages, de sélections plus ou moins ouvertement débattus. Contrairement à Callon pour qui les conventions métrologiques procèdent d'un « refroidissement » de situations sujettes à contestation, pour Cooper, parce qu'elles impliquent une distribution inégale d'intérêts, de bénéfices ou de pertes, elles sont objet de contestation politique (Cooper, 2015).

---

[17] L'établissement de conventions de calcul des émissions de gaz à effet de serre est constitutif de la mise en place des systèmes de permis carbone sur la base de quotas ouverts lors de la première période d'engagement du protocole de Kyoto (2008-2012) et quelques années auparavant (2005-2007) par le marché européen – *European Union Emissions trading scheme* (EU-ETS).

[18] Voir aussi les travaux de Bumpus. A partir de l'exemple d'unités hydroélectriques et de cuisinières à bois au Honduras il explique que l'établissement d'une tonne équivalent CO_2 repose sur des abstractions matérielles et spatiales construites a priori, alors que le carbone se prête inégalement à de telles abstractions. En cela, il est « plus ou moins coopératif » – « *carbon is unproblematically commodified: some projects and technologies allow a more cooperative commodification than others* » (Bumpus, 2011).

La standardisation et la métrologie carbone appliquées aux déchets ont été abordées par des études à visée technologique comparant l'impact carbone des différents procédés de gestion, mais rarement sous l'angle d'une déconstruction critique. De son côté, la littérature critique mentionnée précédemment n'a pas porté spécifiquement son attention au domaine des déchets, pourtant directement concerné par les exercices de mesure et d'inventaire, et indirectement, par la mise en marché. Il faut, pour décrypter l'appareillage métrologique spécifique aux déchets, se tourner vers l'expertise qui met en rapport la gestion des déchets et la question climatique, selon un double abord. Il s'agit en effet de comprendre la manière dont le secteur des déchets est appréhendé du point de vue du climat, à la fois par l'outillage méthodologique établi par le GIEC pour réaliser les inventaires d'émissions de GES, et par l'expertise technique et scientifique propre aux déchets. Ce qui ressort d'emblée est l'arbitraire des conventions de calcul qui accumulent des estimations relatives à la production des déchets, à leur composition matérielle, aux choix de gestion, comme au niveau de maîtrise et de contrôle de leur traitement… chacun de ces aspects fait varier considérablement la nature des gaz à effet de serre émis, la temporalité de leur séquestration ou au contraire de leur relargage dans l'atmosphère. La multitude des réalités auxquelles renvoient les opérations de prise en charge des déchets, mais aussi l'indétermination intrinsèque de ces derniers (Hird, 2012a), rendent a priori problématiques la mise en équivalence et la standardisation carbone. L'autre particularité est le caractère ambivalent des déchets, annoncés comme étant à la fois un problème et une solution quant au dérèglement du climat. En effet, lorsque la combustion ou la dégradation des déchets donne lieu à de la valorisation énergétique, les gaz à effet de serre sont comptabilisés comme autant d'émissions évitées.

Ce chapitre retrace l'émergence d'une expertise visant à considérer les déchets à l'aune du climat ; il décrit les conventions de la comptabilité carbone appliquées aux déchets en s'attachant à mettre en avant les incertitudes ou débats qui les traversent et les critiques dont elles sont l'objet. Il traite également des implications concernant la gestion des déchets de deux instruments centraux de la gouvernance climatique : le mécanisme de développement propre et les crédits carbone, dont les limites respectives ont été mise en évidence par la littérature. C'est le cas en particulier de projets de traitement des déchets soutenus par ces instruments de la finance carbone au titre du mécanisme de développement propre (de Bercegol and Gowda, 2018 ; Silver, 2017). Autre exemple, plus récent, d'interférence entre mesures climatiques et gestion des déchets, l'assujettissement des technologies de traitement des déchets aux quotas carbone prévu dans le cadre du *Green Deal* européen, est vivement contesté par les lobbys de l'incinération.

1 Les déchets, un (petit ?) problème climatique

La *climatisation* des déchets procède avant tout de l'effort d'objectivation des émissions de gaz à effet de serre prévu par la politique climatique internationale. Ces exercices de quantification, qui adoptent une désignation des déchets limitée à certaines activités de traitement final, assoient le constat d'un secteur relativement peu contributeur aux émissions de gaz à effet de serre. Présente dès les premières activités du GIEC et de l'action internationale sur le climat au début des années 1990, l'entrée « déchets » dans le cadre des successifs cycles d'évaluation du GIEC, en l'occurrence des travaux du groupe 3, est l'objet de rattachements thématiques et sectoriels non stabilisés. Tantôt rattachés aux chapitres traitant de l'industrie ou à celui des questions urbaines, on constate un moment particulier de cristallisation lors du quatrième cycle d'évaluation du GIEC dans la seconde moitié de la décennie 2000. De nombreuses études et travaux qui circulent alors dans les sphères scientifiques et institutionnelles, fondent une expertise spécifique articulant les enjeux relatifs aux déchets et au climat. Ces travaux permettront, dans les développements ultérieurs de ce chapitre, de comprendre les ressorts de la problématisation climatique des déchets, et de saisir les controverses qui la traversent. L'idée générale qui en ressort est celle d'un domaine faiblement contributeur mais porteur d'un potentiel important de réduction des émissions, en même temps que s'expriment des incertitudes quant à la solidité des modèles en vigueur.

Si l'on considère les successifs rapports du GIEC à partir de la fin des années 1980, on constate que la place des déchets n'y est pas stabilisée. Dans les premiers rapports du groupe 3 du GIEC[19], les déchets ne font pas l'objet

[19] L'expertise au sein du GIEC est assurée par trois groupes de travail : le groupe 1 s'intéresse aux sciences physiques relatives au changement du climat, le groupe 2 aux impacts, vulnérabilités et à l'adaptation, le groupe 3 à la réduction des émissions de GES.

d'une entrée à part entière, ils sont abordés dans le chapitre consacré à l'industrie. Il faut attendre le quatrième cycle d'évaluation et la publication du quatrième rapport en 2007 pour qu'un chapitre soit explicitement consacré aux déchets et aux eaux usées – « *post-consumer waste and wastewater* ». Mais lors du cinquième cycle d'évaluation, la partie dédiée aux déchets est à nouveau indexée au chapitre consacré à l'industrie. Puis,lors du sixième cycle d'évaluation, les déchets et les eaux usées sont rattachés au chapitre « *Urban systems and other settlements* ».

En dépit de cette position incertaine au sein du GIEC, on observe, à travers une multiplication des publications scientifiques et institutionnelles, une intensification du rapprochement déchets et climat au milieu des années 2000. A cette période, qui correspond au quatrième cycle d'évaluation du GIEC, la revue *Waste Management & Research* publie plusieurs travaux portant sur l'estimation des émissions de gaz à effet de serre générées par les déchets et la contribution de ces derniers au changement climatique (Bogner et al., 2008 ; Gentil, Christensen, et al., 2009 ; Gentil, Clavreul, et al., 2009 ; Scheutz et al., 2009). Jean Bogner, microbiologiste à l'Université d'Illinois à Chicago, coordonne la rédaction du premier chapitre du rapport du GIEC consacré spécifiquement aux déchets (IPCC AR4, 2007). En parallèle, plusieurs documents de synthèse sur la question sont publiés par des instances internationales telles que le Programme des Nations Unies pour l'environnement (PNUE) ou l'Agence Européenne de l'Environnement (AEA), et en France par des organismes tels que Record[20], l'ADEME[21] ou la FNADE[22]. Ces travaux sont le reflet d'une problématisation climatique des déchets qui se cristallise dans la seconde moitié de la décennie 2000. Ils représentent un corpus à partir duquel analyser comment s'opère cette problématisation, et les débats qui la traversent.

La constitution d'une expertise sur les impacts climatiques des déchets trouve son origine dans les exercices d'inventaires d'émissions de gaz à effet de serre qui doivent être produits par chacun des 197 Etats signataires de la Convention cadre des Nations-Unies sur le changement climatique (CCNUCC)

---

[20] Consortium de recherche coopérative sur les déchets rassemblant des organismes publics, des chercheurs et des industriels, créé en 1989.

[21] Agence de l'environnement et de la maîtrise de l'énergie.

[22] Fédération nationale des activités du traitement des déchets et de l'environnement.

adoptée en 1992 à Rio. Ces inventaires nationaux doivent être réalisés selon des méthodologies sectorielles établies par le GIEC. Dès 1995, les déchets, associés aux eaux usées, font l'objet d'une méthodologie de comptabilité à part entière. Ce cadrage méthodologique a connu plusieurs révisions : en 1996 (cette révision est en réalité une stabilisation des premiers guides), en 2006 (IPCC, 2006) puis en 2019 (il s'agit d'un raffinement du guide 2006) (IPCC, 2019). L'examen de chacune de ces éditions montre que le découpage consistant à déterminer ce qui relève du *secteur des déchets* procède de choix effectués dès 1995 et qui dès lors resteront en vigueur. Or, ces choix de périmètre reviennent à une segmentation et à un éparpillement des activités et des matières liées aux déchets. En effet, les émissions résultant du transport des déchets sont rapportées au secteur des transports ; elles liées à l'incinération avec valorisation énergétique sont rapportées au secteur de la production d'énergie ; quant à aux émissions d'origine biogénique, correspondant à la « fraction biomasse » des déchets, elles relèvent du secteur de *l'utilisation des terres, changement d'affectation des terres et foresterie*. La part des émissions ramenée au secteur des déchets est donc celle liée aux activités d'élimination *stricto sensu*, tandis qu'une part importante est attribuée aux secteurs de l'industrie, des transports, de l'énergie, de l'agriculture et de la forêt. Ces conventions calculatoires ne sont pas sans soulever des interrogations et des débats, sur lesquels nous nous arrêterons ultérieurement. A ce stade, soulignons une conséquence majeure de ces choix conventionnels : le secteur des déchets est réputé faiblement contributeur aux émissions de GES, puisqu'il est considéré représenter 3 % à 5 % des émissions totales d'origine anthropique[23]. Le méthane (dont celui issu des eaux usées) est le contributeur le plus important, suivi par le protoxyde d'azote et le dioxyde de carbone (IPCC AR4, 2007 - executive summary). Ainsi définis et « sectorisés », les déchets n'apparaissent pas comme un enjeu prioritaire eu égard au dérèglement climatique.

D'autre part, les déchets sont présentés comme ayant un potentiel important d'absorption de GES. Cette idée d'un secteur à la fois peu émetteur et potentiellement réducteur d'émissions est présente dans la littérature

---

23 moins de 5 % en 2005 (soit 1300 MtCO2-eq) selon le quatrième rapport du GIEC.

scientifique (Bogner et al., 2008) et institutionnelle (UNEP, 2010)[24]. La transformation des processus de production et de prise en charge des déchets est envisagée comme un vecteur de réduction d'émissions. Cette vision est corroborée par les estimations quantitatives qui montrent une tendance au découplage entre la production de déchets et les GES émis. En effet, depuis les années 1970 la production de déchets est en augmentation, tandis que les émissions de GES attribuées aux déchets se stabilisent à partir du début des années 1990 (voir graphique ci-dessous).

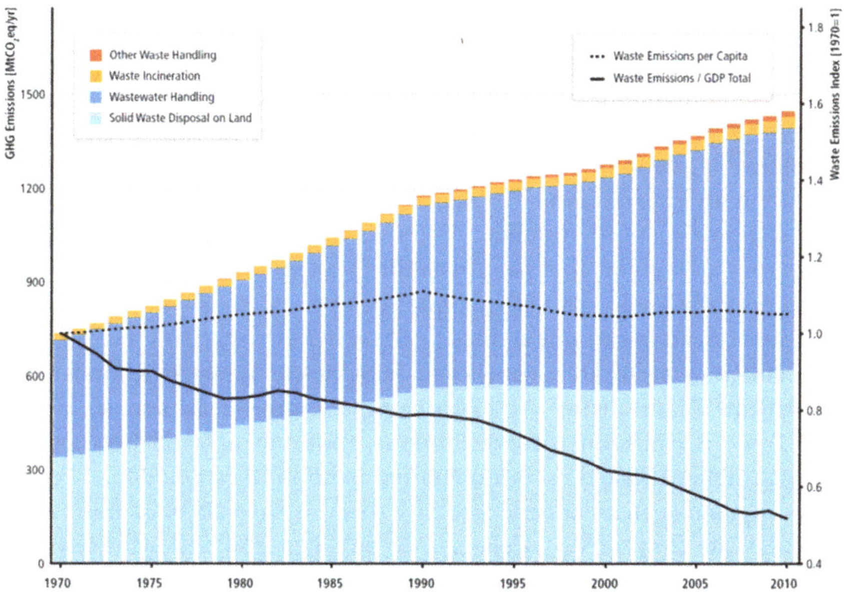

Figure 1: Evolution de la production de déchets et des émissions de GES mondiales 1970-2013 (IPCC AR5, 2014).

24 « *At a global scale, the waste management sector makes a relatively minor contribution to greenhouse gas (GHG) emissions, estimated at approximately 3-5 % of total anthropogenic emissions in 2005. However, the waste sector is in a unique position to move from being a minor source of global emissions to becoming a major saver of emissions. Although minor levels of emissions are released through waste treatment and disposal, the prevention and recovery of wastes (i.e. as secondary materials or energy) avoids emissions in all other sectors of the economy. A holistic approach to waste management has positive consequences for GHG emissions from the energy, forestry, agriculture, mining, transport, and manufacturing sectors.* » (UNEP, 2010)

Enfin, l'ensemble de ces études expriment un fort niveau d'incertitude quant à l'estimation des émissions relatives aux déchets. Les premières lignes du résumé technique du quatrième rapport du groupe 3 du GIEC évoquent une comptabilité lacunaire en raison des capacités statistiques nationales inégales, non stabilisée techniquement, concernant certains gaz en particulier[25].

2 La comptabilité carbone des déchets : ouvrir la boîte noire

Les principes et conventions qui président à la comptabilité carbone des déchets donne lieu à un arsenal méthodologique, qui concourt à une situation de *mise en boîte noire*. Estimation des volumes de déchets, de leur composition, de leur comportement sur le moyen ou long terme... on est face à un impressionnant système de standardisation en cascade, porteur d'approximations cumulées. Emetteurs de méthane, les déchets sont concernés au premier chef par l'instabilité de l'équivalence méthane-CO_2. La comptabilité de la « part biogénique » du carbone, consistant à ramener à une quantification carbone artificielle des activités et matières très diverses, particulièrement instables concernant la biomasse, se heurte frontalement au principe d'équivalence – « making things the same » (MacKenzie, 2009) – et, si l'on suis le raisonnement de Bumpus, positionnent les déchets comme un cas emblématique de « uncooperative carbon » (Bumpus, 2011). Ce que nous apprend également cette tentative d'ouverture de la boîte noire de la comptabilité carbone des déchets, c'est qu'à l'instabilité des conventions d'équivalence et à l'insaisissabilité matérielle s'ajoute – ou plutôt précède – une méconnaissance-même des volumes de déchets, qui a engendré une série de grilles et de seuils « par défaut » censés pallier l'absence de données ou de mesures réelles. Etablies pour tenir une comptabilité mondialisée des GES dans une optique de surveillance du dérèglement climatique, ces conventions et arbitrages métrologiques ne sont pas sans incidence quant à la conduite des politiques de gestion des déchets.

---

25 C'est le cas des gaz fluorés issus des déchets, qui ne sont pas inclus dans les méthodologies des inventaires nationaux (IPCC AR4, 2007 - executive summary)

Connaître les déchets, une gageure

A l'échelle mondiale la connaissance des volumes de déchets produits est très imparfaite, en raison d'appareillages statistiques nationaux hétérogènes, parfois défaillants. Les chiffres sur lesquels se fonde le calcul des émissions de GES sont presque toujours des estimations plutôt que des mesures effectives. Dans beaucoup de pays la production de déchets et leur composition est estimée sur la base de données démographiques et socio-économiques, le PIB étant l'indicateur le plus communément utilisé. Il en découle que l'évaluation des émissions carbone est entachée d'une forte incertitude, de l'ordre de 10 à 30 % selon le guide méthodologique de 2006 du GIEC (Bogner et al., 2008). Deux situations se présentent concernant la quantification des déchets : soit les données existent et sont répertoriées dans les inventaires nationaux, soit ces derniers sont produits à partir de grilles estimatives.

Des modèles « par défaut » régionalisés, élaborés à partir des données nationales existantes, ont été mis à disposition par le GIEC pour l'établissement des inventaires. C'est d'abord l'estimation des volumes générés par habitant et de leur destination, que les modes de traitement (le stockage, l'incinération, le compostage) soient identifiés ou non, qui fait l'objet de seuils régionaux. Une autre grille « par défaut » établit des standards concernant la composition des déchets selon les contextes géographiques et économiques. Or, la connaissance de la composition des déchets est une donnée cruciale pour l'établissement des inventaires car il conditionne le relargage de GES selon les modes de dégradation des matières. L'évaluation de l'impact climatique des déchets résulte donc d'une standardisation en cascade qui a trait aux volumes de déchets produits et à leur destination, à leur composition matérielle, enfin à leur potentiel émissif.

Le méthane à l'index

Le dioxyde de carbone (CO_2), le méthane (CH_4) et le protoxyde d'azote (N_2O) sont les principaux de gaz à effet de serre générés par le traitement des déchets, mais selon des ordres de grandeur très différents. En vertu des modes de calcul établis, 90 % des émissions du secteur des déchets proviennent du méthane issu des décharges et des systèmes de traitement des eaux, ce qui représente une part significative (18 % en 2004) des émissions mondiales de méthane tous secteurs confondus (Bogner et al., 2008). L'incinération émet principalement du CO_2, ainsi que du N_2O. Le compostage, ainsi que l'épandage du compost, génèrent de manière diffuse du méthane et du protoxyde d'azote. La méthanisation anaérobie produit du méthane qui est capté, à l'exception des fuites. Enfin, le relargage d'hydrofluorocarbures (CFC, HFC et HCFC) provient des déchets spécifiques contenant notamment des fluides frigorigènes, dont les volumes sont mal connus (Gentil, Christensen, et al., 2009).

La première convention métrologique qui fait débat concerne l'équivalence entre le méthane et le dioxyde de carbone. L'estimation de la contribution des différents GES au changement climatique repose sur deux métriques : le forçage radiatif et le pouvoir de réchauffement global (PRG) – *global warming potential* (GWP) – déterminé et exprimé en termes d'équivalent-CO_2. Le calcul du PRG du méthane est un premier point problématique, symptomatique des limites de la mise en équivalence (MacKenzie, 2009). En effet, l'équivalent CO_2 du méthane a fait l'objet de réévaluations constantes à l'occasion des publications des rapports du GIEC. Initialement estimé à 21 eqCO_2[26] lors de la publication du second rapport du GIEC (1995), c'est cette valeur qui a été retenue pour la première période d'engagement du protocole Kyoto (2008-2012). L'équivalent CO_2 du méthane a ensuite été réévalué à 23 (IPCC AR3, 2001) puis à 25 (IPCC AR4, 2007), enfin à 28 (IPCC AR5, 2014). De fait, les émissions liées aux déchets ont été mécaniquement sous-estimées (Scheutz et al., 2009).

Autre difficulté, l'estimation des émissions de méthane doit tenir compte de la temporalité inhérente à la dégradation des déchets stockés en décharge. Il s'agit de connaître les tonnages et la nature des matériaux enfouis non seulement au moment de la réalisation de l'inventaire, mais aussi dans le passé. En effet, les émissions à un instant t résultent pour une grande partie de déchets entreposés parfois depuis longtemps, dont il s'agit d'estimer la part de *degradable organic carbon* (DOC), qui détermine l'émission de méthane. La méthode de *First order decay* permet de représenter la dégradation des déchets stockés. La méthodologie du GIEC de 2006 fournit une grille par défaut régionalisée pour onze fractions de déchets, indiquant le taux de matière sèche, le carbone organique dégradable, le carbone fossile et biogénique. Il s'agit également de prendre en compte l'évolution technologique, en particulier des techniques de stockage qui permettent plus de compactage

---

[26] Cela veut dire que sur une échelle de temps de 100 ans, une unité de méthane a un pouvoir de réchauffement équivalent à 21 unités de CO_2.

et la contention des déchets dans des casiers hermétiques. A l'occasion de la révision du guide en 2019, des facteurs de correction – *methane correction factors* – ont été introduits dans les méthodologies d'inventaire afin d'inclure une part de dégradation aérobie indexée sur la plus ou moins grande maîtrise ses opérations de stockage (techniques de gestion aérobie contrôlée où à l'opposé stockage incontrôlé). Bien que partiellement maîtrisée, la modélisation des émissions de méthane désigne ce gaz comme le principal dommage climatique causé par les déchets, et par là-même la mise en décharge comme solution problématique. A partir de la fin des années 1990 en Europe ce mode de traitement, y compris l'enfouissement contrôlé, est jugé obsolète, à mobiliser en dernier recours. En 1999 une directive européenne interdit la mise en décharge des déchets fermentescibles, limite le stockage des déchets en mélange, et impose le captage du méthane de sites d'enfouissement.

Biogénique ou fossile… l'insaisissable nature du carbone des déchets

Dès la parution des premières méthodologies officielles des années 1990, une catégorisation des GES s'est imposée qui consiste à distinguer les émissions d'origine biogéniques (qui correspondent à un cycle court de dégradation du carbone) des émissions fossiles (qui correspondent à un cycle long). Les matériaux biodégradables (déchets putrescibles, bois, papier), dont le CO_2 a été piégé lors de la croissance végétale et est restitué à l'atmosphère lors de la dégradation des matières devenues déchets, dans le cadre d'un cycle court, relèvent des émissions biogéniques. Les matériaux comprenant du carbone d'origine fossile (principalement le plastique), dont le cycle de piégeage/restitution relève d'une échelle de temps géologique, sont des émissions fossiles. Ce sont ces dernières qui sont considérées contribuer au mécanisme d'effet de serre, et dont le GIEC recommande la comptabilisation (Scheutz et al., 2009), tandis que les émissions d'origine biogénique sont rapportées aux secteurs des sols et de la foresterie. En revanche, le méthane biogénique d'origine humaine est comptabilisé, en raison de sa durée de vie et de son pourvoir de réchauffement important. Ainsi établies, ces distinctions impliquent de connaître la composition matérielle des déchets.

Les matières résiduelles se présentant le plus souvent en mélange, on applique de manière arbitraire un taux de 50 % pour la part biogénique et

50 % pour la part fossile. Or cette répartition est reconnue comme étant doublement problématique. D'abord parce que la composition d'une masse donnée de déchets est tout sauf uniforme, mais au contraire tributaire de variations régionales, de variations saisonnières, et de multiples autres facteurs. Ensuite parce que la teneur en carbone biogénique de matériaux tels que les restes alimentaires, le papier ou le bois, est extrêmement variable[27]. En somme, la distinction artificielle entre les parts biogénique et fossile du carbone contenu dans les déchets éloigne les estimations des émissions de GES de la réalité matérielle et conjoncturelle des déchets. Mais surtout, l'exclusion de la part biogénique est fortement critiquée, y compris par des organismes tels que le Programme des Nations-Unies pour l'environnement (PNUE). Si l'annulation de la part biogénique peut avoir du sens en termes de bilans globaux, elle fausse la représentation de la contribution des déchets aux émissions de GES (PNUE, 2010). Le principe d'une distinction entre la part biogénique et fossile des émissions de gaz à effet de serre issue des déchets, est finalement critiqué de toute part : par les experts scientifiques et institutionnels pour son caractère approximatif, par les ONG pour les représentations qu'elles véhiculent[28], mais également par les acteurs concernés

---

[27] « The issue of biogenic carbon is critical to the waste industry, since food, paper, cardboard and wood, contain between 49 and 90 % of biogenic carbon, depending on the world region (Eggleston et al. 2006). » (Gentil, Christensen, et al., 2009)

[28] « *Les lignes directrices du GIEC sur la manière de développer des inventaires ont été interprétées de manière erronée, pour laisser entendre que dans les comparaisons entre différentes options de traitement des déchets, les émissions de CO_2 d'origine non fossile pouvaient être ignorées. (…) Quels que soient les mérites de l'approche consistant à assembler les inventaires selon les recommandations du GIEC, c'est une erreur de croire que "les émissions de CO_2 issues de sources non fossiles ne comptent pas" dans une évaluation comparative des installations de traitement des déchets. L'argument selon lequel le CO_2 émis par ces sources [CO_2 biogénique, NdT] s'inscrit dans un cycle court et donc peut être ignoré, revient à considérer d'une part que l'on peut distinguer les bassins de carbone d'origine fossile de ceux d'origine non-fossile, et d'autre part que le climat ne change que si les émissions de CO_2 proviennent de sources fossiles. Cela est bien évidemment faux et il est étonnant que cet argument ait jamais pu être considéré comme acceptable. Dans une évaluation comparative de la contribution de différents modes de gestion des déchets, la seule méthode correcte consiste à comptabiliser les émissions (et les puits de carbone, le cas échéant) de tous les gaz à effet de serre puisqu'ils auront tous un "potentiel réchauffant", quelle que soit leur origine.* » (Hogg et Ballinger, 2015).

par l'application d'instruments d'action publique qui reposent sur ces conventions de comptabilisation. En effet, seule la part biogénique ouvre droit à la qualification d'énergie renouvelable et aux avantages financiers au titre du soutien à la valorisation énergétique des déchets (voir chapitre 3).

Application des standards métrologiques : la comptabilité GES du stockage des déchets en France

En France, c'est le Centre Interprofessionnel Technique d'Étude de la Pollution Atmosphérique (CITEPA) qui est chargé de produire les inventaires annuels d'émissions de GES. La méthodologie d'inventaire national[29] nous renseigne sur les données utilisées pour le secteur des déchets. Les volumes de déchets traités sont renseignés par les enquêtes biannuelles sur les installations de traitement des ordures ménagères (ITOM) réalisées par l'ADEME[30]. Concernant le stockage, les données sont reconstituées jusqu'aux années 1950 en prenant en compte l'évolution des techniques (en termes de compactage notamment) et en appliquant des facteurs de correction du méthane pour les trois types d'installations présents en France (géré-compacté, géré non-compacté, non géré)[31].

Les méthodologies GIEC de dégradation du carbone sont appliquées, en prenant en compte la nature des déchets fournies par l'outil MODECOM[32]

---

[29] CITEPA (2021), Organisation et méthodes des inventaires nationaux des émissions atmosphériques en France. OMINEA 18ème édition, mars 2021, 1044 p. [<https://www.citepa.org/fr/ominea/>].

[30] De 1975 à 1995, un inventaire des installations de traitement des déchets était assuré par l'Association Technique pour l'eau et l'Environnement (ASTEE).

[31] « *En métropole et dans les territoires d'outre-mer inclus dans l'UE, les ISDND [installations de stockage de déchets non dangereux] sont de type géré compacté et géré non compacté. Dans les territoires d'outre-mer non inclus dans l'UE, des sites de stockage non gérés sont également considérés. Au début des années 90, la France (métropole et territoires d'outre-mer inclus dans l'UE) comptait près de 500 ISDND de plus de 3000 tonnes/an en exploitation, dont environ 315 de type compacté (recevant plus de 80 % des déchets stockés). L'ADEME comptabilisait en 2016, 218 installations en exploitation, toutes de type compacté. Les sites de stockage gérés non-compactés ont peu à peu été fermés au profit des ISDND anaérobies, cependant les sites fermés continuent à émettre du fait de la cinétique de la réaction de dégradation de la matière organique.* » (CITEPA, 2021)

[32] L'outil MODECOM est un référentiel de caractérisation des ordures ménagères.

(pour la caractérisation des ordures ménagères collectées en mélange) et les données INSEE (pour la caractérisation des déchets de l'industrie) : « *Une loi cinétique d'ordre 1 est utilisée pour calculer les quantités de* CH_4 *et de* CO_2 *générées par le massif de déchets sur la base des quantités de chaque type de déchets stockés chacune des années précédentes, de leur composition et du mode d'exploitation des ISDND (niveau d'anaérobiose du massif, récupération du biogaz ou non).* » (CITEPA, 2021). Ensuite, il s'agit de soustraire à ces émissions le biogaz qui est capté. Pour cela, la France utilise la base de données GEREP constituée par les données des exploitants d'établissements soumis à une déclaration annuelle des émissions de polluants et de déchets[33]. Là encore, l'estimation des volumes captés est sujette à approximations, comme l'explique cet ingénieur : « *On a nos données d'estimation des quantités de méthane générées par massifs de déchets, à laquelle on soustrait les quantités de méthane récupérées par décharges, déclarées dans GEREP. Ce n'est pas si simple car il y a différentes étapes de validation, il peut y avoir des erreurs. Il peut y avoir des biais à la méthode, parce qu'on utilise des modèles pour la génération de méthane. C'est ce qui se fait de mieux mais il peut y avoir des paramètres par défaut, et quand on a des échanges avec la FNADE, ils sont étonnés de voir que le taux de captage apparent est assez faible (40-45 %) alors qu'eux s'attendent plus à 70 ou 80 %. Cela vient de notre calcul entre modèle de génération de méthane et ce que les professionnels déclarent capter.* » (Entretien, ingénieur CITEPA).

3 Une métrologie technique et politique

La comptabilité des émissions de GES produite dans le cadre onusien se prolonge et se territorialise au fur et à mesure que les collectivités, entités industrielles et autres acteurs sont encouragés puis enjoints à évaluer les GES à leur échelle. Que ce soit la littérature scientifique qui s'est attachée à comparer et à discuter les différentes méthodologies, la littérature grise qui relaye et synthétise cette dernière, ou les prises de position des ONG, chacune à leur manière ont fait état du caractère périlleux des exercices de bilan carbone

---

33 <https://www.georisques.gouv.fr/risques/registre-des-emissions-polluantes>

des déchets[34]. On voit s'affirmer des intérêts distincts des acteurs impliqués dans les exercices de quantification, et dans la distribution des responsabilités relatives aux déchets. En cela, il s'agit d'une métrologie politique, qui suscite des débats davantage qu'elle ne les refroidit. Les débats sont ouverts sur deux fronts en particulier. D'abord sur la difficulté à circonscrire les déchets en tant que secteur. Les cadres et conventions de la métrologie carbone peinent à refléter les réalités matérielles, économiques et géographiques des déchets, qui leur échappent. Cette difficulté est de plus en plus criante à la mesure que se développent des politiques de recyclage ou de prévention, mais aussi de production d'énergie, et que la prise en charge des déchets est de moins en moins balisée autour d'activités identifiées et spécifiques. D'autre part, la quantification carbone des déchets fait intervenir un autre monde métrologique, celui de l'énergie. Les efforts de représentation de l'énergie produite par les déchets, avec toutes les limites qu'ils présentent, relèvent de ce que l'on pourrait appeler des « conventions relationnelles », consistant à établir des équivalences entre le monde des déchets et celui de l'énergie.

Exercices de comptabilité territorialisée

Alors que se mettent en place des exercices de comptabilité carbone à l'échelle d'un territoire ou d'un site industriel, plusieurs méthodologies spécifiques au secteur des déchets sont élaborées. En France, on compte trois organismes engagés sur cette question qui publient des protocoles de comptabilisation au début des années 2000. Le plus connu d'entre eux est le Bilan Carbone® de l'ADEME, proposé à l'échelle d'une activité donnée puis à partir de 2005 à l'échelle d'une collectivité. Par ailleurs, les acteurs du secteur du traitement des déchets, sous l'égide de Entreprises pour l'Environnement (EpE)[35],

---

[34] Ce constat est à replacer dans le contexte de déploiement des données environnementales : « *Malgré tout ça l'effet de serre c'étaient des indicateurs environnementaux les mieux documentés et les plus faciles à comptabiliser. Quand on parlait de toxicité, de biodiversité, c'était très difficile à comptabiliser. Et puis finalement que les émissions de GES soient attribuées d'un côté ou de l'autre ce n'était pas grave car c'était un phénomène global. C'est aussi sans doute pour ça que cet indicateur a pris le dessus car relativement c'était un des plus facile à appréhender.* » (Entretien, ingénieur ADEME).

[35] EpE, qui regroupe une cinquantaine d'entreprises, est une émanation française de World Business Council on Sustainable Development (WBCSD).

publient à partir de 2006 un protocole spécifique aux activités de traitement de déchets. La cinquième et dernière version identifiée de ce protocole a été réalisée en 2013 par Séché Environnement, Véolia et Suez, les leaders français du traitement des déchets (EpE, 2013). En 2008, l'association Record mandate le bureau d'étude Bio Intelligence Service[36] pour réaliser une étude très détaillée qui permette une « appropriation de la méthode Bilan Carbone® par les industriels du traitement des déchets », étant donné que « La section déchets de la méthode Bilan Carbone® ne s'applique pas spécifiquement à des activités de traitement de déchets, mais plutôt à la gestion des déchets d'autres activités » (Record, 2008). En 2009, l'ADEME publie un rapport de synthèse qui évoque les similitudes et différences entre les méthodes Bilan Carbone® et le protocole EpE (ADEME, 2009). Ces méthodologies présentent beaucoup de points communs – par exemple le fait de ne pas inclure les émissions liées à la fabrication des produits et à leur transport avant qu'ils ne soient devenus déchets – et quelques différences – concernant par exemple les conventions relatives au stockage des déchets, en l'occurrence celles ayant trait à la séquestration du CO_2 et à l'horizon temporel sur lequel baser le comptage. Ces travaux incluent également des méthodes de prise en compte des « émissions évitées ».

Ce qui frappe à la lecture de ces différents rapports, c'est l'augmentation des critères et indicateurs mobilisés, afin de couvrir de manière détaillée et circonstanciée les activités de traitement des déchets. Or, chacun de ces indicateurs soulève une série de questions quant à la disponibilité des données, aux « effets de frontière », ainsi qu'aux choix en termes de seuils et d'équivalence. Ces efforts de modélisation, parce qu'ils convoquent des conventions métrologiques qui reposent sur des estimations, font croître le niveau d'incertitude. Pourtant, le recours aux mesures réelles n'est pas privilégié, parfois au motif que la prise en compte de la composition effective des déchets, variable dans le temps, relativiserait le fonctionnement

36 qui avait déjà réalisé une étude similaire pour le compte de la FNADE en 2007.

de l'équipement, ce que ne souhaitent pas les gestionnaires de ces équipements[37]. Pour remédier à cette occultation de la composition des déchets, il est proposé… d'intégrer un nouveau standard, cette fois basé sur des catégories géographiques, en mobilisant l'outil de statistique des déchets de l'ADEME : « Une possibilité serait par exemple de proposer quatre jeux de données différenciés par milieu (national, urbain, semi-urbain, rural), en utilisant les dernières données MODECOM actuellement en cours de compilation » (Record, 2008). A travers ces différentes positions quant aux techniques de la comptabilité se joue une distribution des responsabilités des différents acteurs : les professionnels du traitement des déchets ne sauraient endosser la responsabilité de la nature des déchets qui leur sont envoyés par les collectivités et autres producteurs.

La représentation des émissions de GES est donc fonction de la finalité de l'exercice : selon que l'on s'intéresse à un procédé technique, au fonctionnement d'une installation en particulier, à la production de déchets sur un territoire donné et à l'efficacité de telle ou telle politique publique – de tri notamment. Au milieu des années 2000, les représentations territorialisées se sont développées en parallèle des inventaires nationaux et dans un contexte de connaissances scientifiques qui évoluaient rapidement. Les implications des modalités et conventions de calcul sur la représentation des impacts et l'attribution des responsabilités intersectorielles n'étaient pas ignorées des acteurs pionniers des estimations carbone, qui y voyaient au contraire un effet levier d'une décarbonation plus générale, comme l'indique cet ancien ingénieur de l'ADEME : « Souvent la difficulté était de comprendre la question posée et d'expliquer la comparaison entre ce que faisait les uns et les autres. Et cela se complexifiait petit à petit avec la prise en compte ou pas des

---

[37] « Lorsqu'une entité de traitement des déchets effectue son Bilan Carbone®, la composition des déchets a une influence certaine sur les émissions de GES de l'installation, et une modification de la composition d'une année à l'autre peut améliorer ou détériorer le Bilan Carbone® de l'entreprise sans que de réelles améliorations/détériorations intrinsèques aient eu lieu. En utilisant des compositions/caractéristiques des déchets différentes d'une année sur l'autre, on renforce le caractère exogène de ce paramètre. Afin de limiter les variations non liées à une amélioration intrinsèque de l'exploitation et dans une perspective d'uniformisation de l'application de la méthode Bilan Carbone®, il apparait souhaitable de proposer par défaut des compositions/caractéristiques pour les déchets afin de guider la réalisation de Bilan Carbone® » (Record, 2008).

séquestrations de carbone. Est-ce que bruler du bois ou la décomposition dans une décharge c'était pareil ? est-ce que la décharge était un puits de carbone ou pas ? … Avec des sujets dont la connaissance scientifique n'était pas complètement établie, et on se rendait compte que l'hypothèse ou la méthode que l'on prenait pouvait avoir de gros impacts sur les résultats. Typiquement sur le choix entre incinération et décharge, avec le CO_2 biogénique ou pas. Et les connaissances sur les émissions diffuses des décharges n'étaient pas suffisamment précises. (…) On essayait de faire passer l'idée que en agissant sur les déchets on agissait aussi sur les autres secteurs : en agissant sur la collecte cela avait des impacts sur le transport, le recyclage sur la diminution des émissions des entreprises. On réalisait un travail pédagogique en expliquant aux décideurs dans le domaine des déchets que en agissant sur les déchets on s'attaquait à bien plus qu'aux 2 % du secteur ; les leviers dans le domaine du déchet vont au-delà du secteur des déchets. Ce sont des choses que l'on essayait de porter. » (Entretien, ingénieur ADEME, en poste au sein de la direction déchets de 1998 à 2010).

Les émissions « évitées » par la valorisation énergétique

Selon les méthodologies d'inventaire du GIEC, du fait de la partition entre émissions fossiles et biogéniques, seule la partie fossile des GES émis lors de l'incinération (principalement du CO_2) est comptabilisée comme relevant du secteur des déchets. Lorsqu'il y a valorisation énergétique (sous forme de chaleur ou de génération d'électricité), ces émissions sont reportées dans le secteur de l'énergie dans la rubrique de la combustion stationnaire. La comptabilisation de ces émissions au titre de l'énergie relève d'un autre parti-pris conventionnel, qui consiste à considérer la part valorisée comme une consommation d'énergie (fossile) *évitée*. Cela revient à exprimer la part effectivement valorisée (c'est-à-dire vendue à l'extérieur de l'unité, sous forme d'électricité ou de chaleur) comme autant d'émissions qui n'ont pas été générées par le système conventionnel de production énergétique. Ce dernier étant très contextuel, le calcul de la part évitée suppose une équivalence avec un profil énergétique de référence, c'est-à-dire d'être rapportée à un contexte spatial et temporel donné. C'est généralement le mix énergétique national qui est pris en compte. Cette relativisation des émissions évitées au regard des profils énergétiques nationaux, qui présente des inconvénients en termes de comparaisons internationale (Gentil, Clavreul, et al., 2009), mais aussi de transparence (Fruergaard et al., 2009), n'est pas consensuel.

Outre leur grande variabilité, les profils énergétiques nationaux sont évolutifs, de surcroît dans un contexte de politiques de décarbonation (UNEP, 2010). En effet, « lorsque le mix énergétique d'un pays se "décarbone", les procédés dont l'impact est déterminé principalement par la quantité d'énergie générée voient leur bénéfice relatif diminuer. » (Hogg et Ballinger, 2015).

Ramenée au mix électrique national dominé par l'énergie nucléaire peu carbonée, l'énergie produite par les déchets en France ne présente pas un bilan carbone différentiel avantageux[38]. La méthode Bilan Carbone® recommande d'utiliser « par défaut le facteur d'émission moyen de l'électricité en France, soit 23g éq C/kWh » (ADEME, 2009). Ce chiffre est issu de la base de données 2004 de l'IEA à partir de la méthode des contenus saisonnalisés par usage. Lorsque l'énergie est valorisée sous forme de chaleur, « il est nécessaire de prendre en compte le contexte local pour déterminer à quelle source cette énergie se substitue. Par défaut, on utilisera le facteur d'émission moyen de production de chaleur en Europe, soit 76g éq C/kWh. » (ADEME, 2009). Il est surprenant de faire référence au mix européen et non national pour la chaleur. Selon l'étude de Record, les technologies de production de chaleur sont relativement semblables d'un pays à l'autre, et la référence utilisée est l'étude de l'Agence Européenne de l'environnement[39]. Si aucun des acteurs interrogés ne connaissent la raison du choix du mix référentiel, certains évoquent des débats et questionnements qui émergeaient dans le cadre de

---

[38] Gentil, Clavreul et al. ont comparé les bilans carbone des systèmes de gestion des déchets dans six pays européens en les ramenant à un mix fictif de 100 % charbon. Ils font l'observation suivante à propos de la France : « *The GWF* [global warming factor] *performance of the French municipal waste management has a small GWF impact (environmental load and environmental benefits are almost outbalancing each other), if the substituted energy is based on the average mix (FR relies mainly on nuclear energy). If it is assumed that the energy produced displaces the marginal energy, based on 100 % coal, a relatively small benefit of –123 kg CO2-eq. tonne–1 is observed. This benefit originates from the energy production from incinerators and landfill gas utilization, in addition to the benefits of recycling.* » (Gentil, Clavreul, et al., 2009).

[39] AEE (2001) Waste management options and climate change.

certains exercices tels que l'ACV[40], sans que le principe de rattachement au secteur de l'énergie n'ait été particulièrement controversé.

La notion d'émission évitée ne se limite pas à la valorisation sous forme d'énergie, elle s'applique également à la valorisation matérielle, en particulier le recyclage. La méthode Bilan Carbone® et le protocole EpE permettent de comparer un matériau recyclé avec son équivalent neuf, et ainsi d'exprimer une part évitée de gaz à effet de serre. Les sous-produits de l'incinération valorisés (mâchefers et ferrailles) sont également pris en compte par le protocole EpE (voir tableau ci-après). Au final, l'intégration des émissions évitées peut être assez extensive : carbone biogénique séquestré en stockage, utilisation des composts (et évitement de fertilisants chimiques), production énergétique, valorisation matérielle du recyclage, ainsi que des sous-produits de l'incinération (Record, 2008)… au point de donner une représentation vertueuse des déchets. D'où l'invitation de l'ADEME à manier les exercices de quantification carbone avec prudence[41].

---

40 « *(…) pour certaines études de type ACV on se posait la question du type de chaleur que l'on venait substituer, selon que l'on substituait à du charbon, gaz, fioul ou même biomasse, par rapport à des situations locales réelles ou fictives. De façon générique il y a eu des débats dans certaines études autour de l'électricité où la question se posait de l'électricité que l'on venait substituer. L'argument avancé par certains était qu'étant donné qu'une usine d'incinération ne s'arrête pas, on venait substituer de la production électrique en base donc du nucléaire, puisque que le charbon ou le gaz étaient utilisés en pointe. D'autres disaient de manière aussi valable qu'étant donné que le réseau électrique est interconnecté il faut prendre le mix européen. Mais en vertu des règles les plus courantes en ACV on appliquait le mix français.* » (Entretien, ingénieur ADEME)

41 « *Dans la mesure où, dans un bilan carbone ® d'une activité de gestion des déchets :*
- *n'est pas pris en compte le « contenu carbone » des déchets (émissions associées à la fabrication voire à l'utilisation des produits avant qu'ils ne soient destinés à l'abandon)*
- *sont comptabilisées les émissions générées directes des procédés de traitement ainsi que celles des processus amont qui ont rendu possible ce traitement des déchets (collecte, matériaux entrants, …)*
- *sont également comptabilisées les émissions évitées ou séquestrées,*
- *Il est possible parfois d'obtenir des résultats où les émissions évitées et séquestrées seraient, en valeur absolue, supérieures aux émissions générées.*
- *Un tel résultat ne doit en aucune manière être interprété comme incitant à la production de davantage de déchets.* ***En effet, au-delà du bilan apparemment favorable de la gestion des déchets, toute augmentation de la production de déchets se traduirait forcément en amont par des augmentations des émissions associées à la production accrue des biens et matériaux****, non prises en compte dans le bilan carbone de l'activité de gestion des déchets mais bien réelles.* » (ADEME, 2009)

Tableau 1: Le calcul des émissions de GES évitées selon le protocole EpE (Record, 2008)

	Emissions directes	
Activité	**Emissions brutes (carbone biogénique inclus)**	**Emissions nettes (carbone biogénique inclus)**
Transport lié à la collecte, au nettoyage, à l'assainissement[i]	- CO_2 des carburants	- CO_2 des carburants
Centre de stockage des déchets (centre d'enfouissement) en activité	- CH_4 du biogaz - CO_2 du biogaz	- CH_4 non capté (basé sur l'utilisation de modèles de calcul) - CO_2 de la consommation des engins
Incinération	- CO_2 (provenant des déchets et de l'appoint en énergie fossile) - CO_2 provenant de la décarbonatation lors du traitement des fumées - N_2O	- CO_2 provenant des déchets (hors fraction provenant de la biomasse) et des énergies fossiles d'appoint - Le CO_2 de la décarbonatation est considéré comme négligeable - N_2O
Valorisation biologique[ii]	- CO_2 d'origine biomasse - CH_4 considéré comme négligeable pour des pratiques normales	- CH_4 considéré comme négligeable pour des pratiques normales - CO_2 de la combustion des engins
Incinération des déchets dangereux	- CO_2 de la combustion - CO_2 issu de l'incinération des COV considéré comme négligeable	- CO_2 de la combustion
Tri et recyclage et valorisation	- CO_2 provenant des combustibles	- CO_2 provenant des combustibles
Activité	**Emissions indirectes**	**Emissions évitées**
Transport lié à la collecte, au nettoyage, à l'assainissement	- CO_2 lié aux véhicules électriques - CO_2 lié au transport sous-traité	
Centre de stockage des déchets (centre d'enfouissement) en activité	- CO_2 lié à la consommation d'électricité achetée	- CO_2 évité lié à la production d'énergie
Incinération	- CO_2 lié à la consommation d'électricité achetée - CH_4	- CO_2 évité lié à la production d'énergie - CO_2 évité lié au recyclage des mâchefers et ferrailles
Valorisation biologique	- CO_2 lié à la consommation d'électricité achetée	- CO_2 évité lié à la production d'énergie
Incinération des déchets dangereux	- CO_2 lié à la consommation d'électricité achetée	- CO_2 évité lié à la production d'énergie
Tri et recyclage et valorisation	- CO_2 lié à la consommation d'électricité achetée	- GES évités associés à la production d'une quantité de matériaux équivalents CO_2 évité lié à la production éventuelle de combustibles de récupération

i Cette catégorie inclut les moteurs auxiliaires et les véhicules légers de service et de fonction.

ii Les émissions éventuelles de N_2O ne sont pas prises en compte à l'heure actuelle, en l'absence de méthode fiable de quantification et en l'absence d'études montrant que leurs présences sont significatives. Le protocole sera mis à jour si les émissions sont significatives et si une méthode fiable et reconnue existe.

Les déchets, un secteur difficile à circonscrire

La difficulté à établir une frontière délimitant le secteur des déchets est particulièrement prégnante concernant les activités et produits du recyclage qui ont vocation à être introduits dans des nouveaux cycles de production. Selon la méthodologie du GIEC, les émissions liées au recyclage ne sont pas répertoriées dans le secteur des déchets mais dans le secteur IPPU [processus industriels et utilisation des produits], ce avec des lacunes : la réintroduction de matériaux recyclés tels que l'aluminium ou l'acier, n'est prise en compte ni du côté de la gestion des déchets ni de l'industrie, ce qui constituerait des émissions de GES non comptabilisées (Gentil, Christensen, et al., 2009). Les pratiques de comptabilisation sont insatisfaisantes concernant ces matières et ces activités qui par définition circulent d'un secteur à un autre, mais aussi géographiquement ; les matières résiduelles, tout comme les biens de consommation circulent mondialement. C'est particulièrement vrai de certains résidus destinés au recyclage, tels que les déchets électroniques ou les plastiques, connus pour être transportés sur des longues distances en fonction d'une géographie du recyclage dessinée par les marchés, légaux ou non, de la transformation des matières secondaires.

L'incohérence de la comptabilisation nationale basée sur la production plutôt que sur la consommation est une vieille question, soulevée notamment par des auteurs qui ont fait état des difficulté à établir des comptabilités à l'échelle urbaine (Dodman, 2009 ; Satterthwaite, 2008). Dans un contexte d'importations et d'exportations massives des biens de consommation, mais aussi des biens en fin de vie et des matières secondaires, les réalités économiques et matérielles des déchets sont très mal représentées à travers les exercices de comptabilité qui reposent sur des données nationales (UNEP, 2010). La comptabilité carbone est confrontée à un défi croissant à la mesure que, avec le développement des pratiques de recyclage, mais aussi de prévention, les déchets sont de moins en moins apparentés à un secteur d'activité aux contours définis. S'ajoute à ce constat d'indétermination, le fait qu'une part non négligeable du traitement et du recyclage à l'échelle mondiale est assurée par du travail informel qui échappe aux exercices de quantification carbone.

Alors que les émissions considérées comme évitées du fait de la valorisation énergie ou matière sont prises en compte, peu d'attention est portée à l'évitement des déchets eux-mêmes. La prévention, dorénavant reconnue objectif prioritaire des politiques de gestion des déchets, représente un fort potentiel de réduction des émissions des GES, pourtant très mal évalué et peu mis en avant. Selon les ONG, cette occultation est délétère car elle fausse tout le système de représentation de l'impact climatique des déchets, et par conséquent freine la mise en place de politiques vertueuses[42]. Selon les représentants actuels de Zéro Waste France, les positions exprimées dans le rapport de 2015 restent d'actualité quant à la manière d'appréhender les déchets : « On parle toujours de 3 % d'émissions par le secteur des déchets. (…) Quand on parle d'impact climatique des déchets on parle en réalité de la fin de vie, on ne prend en compte que les installations de traitement et on ne raisonne pas sur la production de déchets dans sa globalité notamment en termes d'extraction de matière première, d'impact sur la biodiversité, de pollution de ressource… on raisonne en occultant toute une partie du problème. Pour nous la réduction des déchets et le réemploi, cela va avec moins de mise en marché de produits neufs, mais c'est une vision pas du tout entendue. On comptabilise toujours l'impact climatique des déchets en ne comptabilisant que le traitement des déchets. » (Entretien, membre Zéro Waste France). L'impact-carbone, qui procède de conventions d'évaluation et de représentation très techniques, n'en est pas moins un puissant facteur de re-disposition des avantages et inconvénients de tel ou tel procédé ou technologie, à même d'orienter les choix inhérents à la gestion des déchets. Si les déchets sont assurément problématisés au regard du climat, la définition de ce qui fait problème au fond relève de visions très différentes. En l'occurrence, le hiatus réside dans l'acception des déchets comme un problème auquel il faut apporter des solutions de traitement, ou la remise en cause des mécanismes structurels qui en sont à l'origine. La problématisation climatique participe pleinement de cette ligne de tension mise en

---

[42] « *Fondamentalement, le rôle que la prévention et une meilleure gestion des déchets peuvent jouer dans la réduction des émissions de GES risque d'être considérablement sous-évalué. Les recommandations actuelles pour la préparation des inventaires sont utiles à certains objectifs spécifiques, mais elles sont susceptibles de cacher le rôle potentiel que pourrait jouer une meilleure gestion des déchets et des ressources dans l'atténuation des changements climatiques. Plutôt que de se concentrer sur les déchets en tant que potentielle source d'énergie supposément renouvelable, l'accent devrait être mis sur la manière de retenir au mieux l'énergie grise des matériaux et des biens, tout en réduisant la production de déchets en premier lieu.* » (Hogg et Bellinger, 2015, p 13).

évidence par de nombreux travaux en sciences sociales qui s'inscrivant dans le champ des *waste and discard studies* (Gille et Lepawsky, 2022, Liboiron et Lepawsky, 2022).

4 Les instruments de la régulation climatique appliqués aux déchets

Des instruments prévus par le Protocole de Kyoto, le plus connu est l'ouverture de marchés carbone internationaux pour l'échange d'unité carbone (de quotas) qui font l'objet d'attributions quantifiées allouées par les Etats. Jusqu'à très récemment, les activités de traitement de déchets étaient concernées seulement par le « mécanisme de développement propre », destinés aux pays les moins riches. Des projets de captage de méthane de décharges ont largement bénéficié de cet outil, non sans soulever une série de questions et de critiques. Les activités de traitement des déchets des pays les plus riches, sur lesquels reposent la responsabilité des efforts de réduction au titre du Protocole de Kyoto, ont été tenues à l'écart de l'allocation de crédits carbone… jusqu'à ce qu'en 2020, la révision du système européen prévoie leur assujettissement, ce qui a suscité une levée de bouclier par l'industrie de l'incinération.

Le Mécanisme de développement propre : les crédits faciles des gaz de décharge

Le *mécanisme de développement propre* (MDP) – *Clean Development Mechanism* (CDM) – et celui de *mise en œuvre conjointe – Joint implementation* (JI) – prévus par le Protocole de Kyoto, sont opérationnels depuis 2006. Ils consistent à encourager l'investissement dans des projets d'atténuation des émissions de CO_2 dans les pays « non-annexe 1 », c'est-à-dire dont les économies sont en développement ou en transition. Ces projets ouvrent droit à des crédits CER (*Certified emission reductions*) pour les investisseurs, à la condition qu'ils s'inscrivent dans des standards techniques définis par la CCNUCC et répondent à un critère *d'additionnalité*, c'est-à-dire qu'ils puissent apporter la preuve qu'ils n'auraient pas été réalisés dans le cadre de l'aide au développement classique[43]. Durant la première période d'engagement du protocole de Kyoto (2008-2012),

[43] En 2021, on dénombre 24 fiches méthodologiques relevant du secteur du traitement des déchets (*waste handling and disposal*) <https://cdm.unfccc.int/methodologies/index.html>

les projets relevant du domaine du traitement des déchets ont représenté de l'ordre de 20 % de l'ensemble des projets soutenus (Martinez et Bowen, 2012) (Siebel et al., 2013). Bien que reconduits sur la seconde période d'engagement du protocole de Kyoto (2012-2020), les mécanismes de flexibilité ont perdu de leur intérêt en raison de l'effondrement du prix des crédits carbone[44].

Si l'éventail est large des techniques et procédés listés comme éligibles au MDP, les projets de captage de gaz de décharge, le plus souvent avec récupération d'énergie, sont de loin les plus nombreux à bénéficier des crédits CER. Ils présentent l'avantage de réduire des effets néfastes de la mise en décharge et du brûlage à ciel ouvert, pratiques très répandues dans les pays en développement, et d'apporter des bénéfices non seulement en termes de GES mais aussi en termes environnemental et sanitaire (IPCC AR4, 2007). Facilement réalisables, ils représentent jusqu'à 12 % des CER enregistrés au titre du MDP en 2006 (IPCC AR4, 2007), et 18 % en 2009 (UNEP, 2020). Si les projets de captage de décharge, qualifiés de « *low hanging fruit* », offrent des bénéfices à court terme aisément atteignables dans des régions où le traitement des déchets est rudimentaire et les volumes en augmentation, leur multiplication ne résout en rien les problèmes de fond, laissant aux pays hôtes les efforts les plus couteux pour réduire leurs émissions[45]. Les projets de valorisation énergétique par incinération, également éligibles au MDP, sont beaucoup moins répandus, la plupart d'entre eux sont localisés en Chine (Bufoni et al., 2015). La raison souvent invoquée est la composition des déchets : dans les pays hors OCDE la part de déchets organiques est plus importante que dans les pays où sont développées les technologies d'incinération, rendant cette dernière inappropriée et sujette à des dysfonctionnements. Finalement, les projets réalisés dans le domaine des déchets ne font pas exception aux critiques généralement adressées à l'ensemble du MDP : l'investissement le plus massif bénéficie aux pays les plus riches des « non-annexe 1 » (Brésil, Inde,

---

44 Parmi les 1012 projets enregistrés au titre de *waste handling and disposal* en date du 20/04/2021, 25 seulement ont été ouverts sur la période 2014 à 2019.

45 « *Landfill gas management should be promoted in all countries as a required practice ; however, under the current terms of CDM, such regulation would no longer enable landfill gas projects to meet the 'additionality' criteria for CDM approval ; The availability of 'cheap' credits obtained through CDM landfill gas projects might undermine the drivers, which carbon trading schemes hope to provide ; There are difficulties in assessing the portion of methane actually being captured from a site (as discussed previously).* » (UNEP, 2010).

Malaisie, Mexique), tandis que les pays les plus pauvres sont plus rarement hôtes de ces projets.

L'effectivité du transfert de technologie est souvent douteuse, de même que nombre de projets peinent à faire la preuve de leur additionnalité. Ce à quoi s'ajoutent des difficultés techniques à évaluer le méthane émis par les décharges (UNEP, 2010). Des études empiriques ont en outre dénoncé des projets conduits au mépris des conséquences sanitaires pour les populations riveraines (Martinez et Bowen, 2012). Le collectif GAÏA (Global Alliance for Incinerator Alternatives), qui a participé au conseil exécutif du CDM, fait état sur son site Internet des différents griefs contre ces dispositifs, et émet un jugement sévère sur le plan technologique et sur les bilans effectifs de GES émis[46]. Ils dénoncent des crédits fallacieux obtenus grâce à la valorisation énergétique au détriment de politiques de compostage et de recyclage, une sous-estimation des émissions fugitives de méthane dans les décharges, ainsi que des pollutions causées par l'incinération. Considérés comme défaillants sur le plan opérationnel, ces projets sont également critiqués du fait qu'ils participent d'une intervention curative qui aborde les enjeux des déchets de manière superficielle et segmentaire, sans considération des sociétés locales, et au final sans infléchir ni remettre en cause des pratiques non durables. Certains ont appelé à une révision des critères d'éligibilité selon des approches plus durables, qui intègrent les enjeux sociaux et environnementaux dans toute leur étendue et leur complexité (Siebel et al., 2013). L'Accord de Paris prévoit l'adoption de nouveaux mécanismes pour la période post-Kyoto, à partir 2020. Après les échecs des COP24 et 25 à parvenir à un consensus, la COP26 (2021) a abouti à l'adoption d'un double mécanisme, l'un fondé sur un marché global (le « mécanisme de développement durable ») et l'autre sur des échanges bilatéraux, assorti de règles interdisant le double comptage[47].

La mise en œuvre dans les pays non-annexe 1 des outils de la finance carbone dans des secteurs emblématiques tels que celui de la foresterie a été amplement étudiée, discutée et critiquée, mais très peu dans le domaine des déchets. Il est vrai qu'à première vue ce dernier est peu distinctif des constats

---

[46] *What's wrong with the CDM support to waste-to-energy?* <https://www.no-burn.org/clean-development-mechanism-waste/> [consulté le 19/04/2021].

[47] Le transfert dans le mécanisme de Paris de crédits obtenus au titre du protocole de Kyoto est possible.

généraux, qui soulignent une tendance à la réplication de technologies faciles d'accès comprenant peu d'innovation, et à l'absence de prise en compte des sociétés et environnements locaux. Cela étant, des études de cas fouillées ont révélé les conséquences socio-matérielles de ces capitaux du carbone dans des contextes urbains africains[48]. Un programme de compostage des déchets ménagers à Mbale en Ouganda, étudié par Silver, est illustratif d'un processus de *commodification* des déchets et des gaz à effet de serre sous l'effet de nouvelles formes de financiarisation (Silver, 2017). Réalisé au titre du MDP et orchestré par la Banque Mondiale, ce programme repose sur un système de prêt contracté par la municipalité et remboursé par la vente de crédits carbone. Silver décrit l'imposition d'un modèle à la municipalité qui doit faire face à une série de dysfonctionnements techniques, à des grèves des employés, de l'endettement, et qui de surcroît prive les récupérateurs de revenus de subsistance. Il invite à prêter une attention vigilante aux logiques d'exclusion, d'injustice et de dépossession qu'entraînent dans leur sillage ces restructurations « bas-carbone » des flux et des infrastructures (Silver, 2017). Pacheco Cruz aboutit à des conclusions convergentes à propos de trois décharges qu'elle a étudiées à Rio De Janeiro dont les projets menés au titre du MDP n'ont fait qu'accroître les injustices socio-environnementales (Pacheco Cruz, 2021).

Industrie des déchets et quotas carbone : une exemption en sursis

Le mécanisme de marché carbone prévu par le Protocole de Kyoto cible en priorité les gros émetteurs de CO_2, auxquels sont délivrés des quotas d'émissions autorisés par les plans nationaux d'allocation des quotas. L'Union européenne est considérée comme ayant été la plus proactive

[48] Voir notamment les travaux des membres du Situated Urban Political Ecology Collective <http://www.situatedupe.net/tlr/>. L'emblématique projet de décharge de Durban a selon Nate Millington et Mary Lawhon beaucoup intéressé les chercheurs et les activistes. « This project highlights the complex interplay between apartheid spatialities and international financialization and raises important questions regarding who benefits from CDM finance » (Millington and Lawhon, 2019). Une autre étude sur Durban, pas encore publiée, est particulièrement intéressante. Une des analyses des auteurs est ainsi formulée : "The CDM projects offered a road into the global financialization of waste projects, the enclosure of waste, and the insertion of waste into a new resource accumulation nexus." (Ernstson et Swyngedouw, 2018).

dans la mise en œuvre et l'encadrement des marchés carbone, avec la mise en place d'un système européen d'échange de quotas d'émission – *Emission trading scheme* (EU-ETS) – ouvert sur quatre périodes d'engagement (2005-2008, 2008-2012, 2012-2020 et 2021-2030). En Europe, sont réglementées les installations industrielles d'une capacité de combustion supérieure à 20 MW appartenant aux secteurs de la production d'électricité et de chaleur, de la raffinerie, de la production d'acier et de fer, de ciment et chaux, de verre et céramique, et de papier. Les activités de traitement des déchets ne sont pas assujetties à ces seuils d'émission (Gentil, Christensen, et al., 2009), au motif de la faible responsabilité du secteur dans les émissions globales (ASTEE, 2019), et surtout de la fonction première de ces équipements qui est de répondre à des enjeux sanitaires et de salubrité publique. Toujours est-il que « l'outil phare de l'UE pour répondre aux changements climatiques n'exerce donc aucune pression sur les installations de traitement/élimination des déchets pour que celles-ci réduisent leurs émissions de gaz à effet de serre. » (Hogg et Bellinger, 2015).

Le principe d'exemption est étendu aux activités énergétiques ou industrielles assujetties aux quotas carbone qui utilisent des déchets. C'est le cas de la production de d'électricité et du chauffage urbain issus de l'incinération des déchets, ainsi que de la cimenterie qui utilise des déchets comme combustible. En France, ces unités sont exclues du calcul des seuils d'assujettissement à la proportion des déchets qu'elles utilisent. Ainsi, les réseaux de chauffage urbain comprenant une centrale de combustion supérieure ou égale à 20 MW sont soumis aux quotas d'émissions de GES, mais les unités de valorisation thermique des déchets alimentant ces réseaux sont soustraites au calcul du seuil de puissance. Le même principe s'applique aux cimenteries qui incinèrent des déchets : dans le cadre du Plan national d'allocation des quotas 2008-2012 (PNAQ 2), « le taux d'effort de 9 % [appliqué aux cimenteries] n'a pas été appliqué à la combustion des déchets, afin de ne pas pénaliser les industries concernées vis-à-vis des incinérateurs de déchets, non soumis au système d'échange de quotas. ».

Ces choix sont toutefois discutés à l'aune des débats sur les outils économiques de la régulation du climat qui opposent la régulation par le marché ou par la fiscalité. Concernant le cas précis des déchets, on note quelques prises de position exprimant une préférence pour voir appliquer une taxe carbone plutôt qu'une inclusion dans le système EU-ETS. Pour les auteurs du rapport de Zero Waste Europe (Hogg et Bellinger, 2015), le système de marché est incapable de répondre aux logiques de « fuites de carbone »[49]. L'Association Technique pour l'eau et l'Environnement (ASTEE), préfère l'instauration d'une « taxe carbone » à l'assujettissement aux quotas carbone… à condition que ce soit en remplacement de la TGAP (taxe générale sur les activités polluantes), et en appliquant un système de bonus-malus qui intègre les émissions évitées[50]. Cela étant, le débat ne s'est pas cristallisé sur l'opposition entre taxe et marché.

En 2020, l'Union Européenne lance une révision du système d'échange de quotas (mise en consultation de novembre 2020 à janvier 2021), qui prévoit d'assujettir les installations d'incinération des déchets et de les inclure dans le marché carbone en 2026. Cette mesure a suscité une levée de boucliers parmi les industriels de l'incinération, au motif qu'elle conduirait à l'augmentation de la mise en décharge et de l'exportation. Les principaux organismes de lobbying de l'incinération à l'échelle européenne, CEWEP (Confederation of European Waste-to-Energy Plants) et ESWEP (European suppliers of waste-to-energy), invoquent la priorité sanitaire, réactualisée par la crise du COVID, tout en rejetant à d'autres acteurs la responsabilité des déchets qu'ils

---

49 « *En principe, des mesures fiscales seraient préférables à l'approche basée sur l'échange d'émissions, qui présente un risque de fuites de carbone. Une mesure fiscale serait suffisamment souple pour permettre l'application des ajustements aux frontières, tant que les informations nécessaires seront disponibles. Cela aiderait à répondre au problème des fuites de carbone puisque les importations recevraient le même traitement que les productions de l'UE. De plus, le besoin d'indemniser ces secteurs à risque de fuite serait complètement éliminé. Avec cette mesure, les secteurs identifiés comme présentant des risques de fuite seraient toujours incités à privilégier l'utilisation de matériaux secondaires.* » (Hogg et Bellinger, 2015).

50 « *(…) l'assujettissement de l'activité d'incinération soit à une taxe carbone, soit au SEQE-UE ne paraît pas politiquement possible, notamment si la TGAP est maintenue. Il serait envisageable de faire rentrer l'activité d'incinération et d'enfouissement dans un système de fiscalité carbone, à partir du moment où il n'est pas mis en place une double peine avec la TGAP. Dans ce cas, une taxe carbone serait davantage adaptée au secteur public que le SEQE-UE. En effet, il est compliqué pour les collectivités locales de ne pas avoir de visibilité en matière de programmation budgétaire. D'où le choix de la taxe par rapport au marché.* » (ASTEE, 2019).

traitent[51]. Pour ces industriels, l'activité du traitement des déchets, qui est d'utilité sociale, ne saurait être mise sur le même plan que d'autres activités industrielles ou de production d'énergie. En France, l'association AMORCE est sur cette même ligne : elle craint une déstabilisation de l'ensemble de la filière de valorisation énergétique des déchets. L'association Zero Waste Europe en revanche accueille très favorablement cette mesure, précisément au titre de la mauvaise qualité énergétique de l'incinération des déchets comparativement à d'autres sources, y compris fossiles[52]. L'association y voit le signe d'une inflexion significative de la position de l'Union européenne vis-à-vis de l'incinération, corroborée par une autre décision : celle d'exclure l'incinération de la « taxonomie verte », c'est-à-dire des activités autorisées à recevoir des subventions européennes.

Capture et stockage du CO_2 : l'avenir climatique de l'incinération

L'annonce de la révision des marchés carbone semble avoir stimulé l'application à l'incinération des déchets des techniques de capture et de séquestration ou d'utilisation du CO_2. Le CO_2 émis par les fumées d'incinération (jusqu'à présent épurées des polluants atmosphériques), ainsi que celui contenu dans les mâchefers (également gérés et valorisés en fonction de leur toxicité environnementale), pourrait être capté et stocké de manière à réduire l'empreinte carbone (et les éventuelles taxes associées). Afin de pouvoir développer ces

---

51 « *The EU ETS is a market mechanism and should not be applied to the waste sector, whose main goal is reducing as much as possible the impact of waste to the environment and the human health. WtE plants are part of an integrated waste management system and applying measures such as the ETS exclusively to WtE (and not to the entire waste sector) would be counter-productive, as the market will encourage diversion of some waste streams to cheaper, less environmentally sound routes (marine litter, landfills, export to third countries with lower environmental and social standards, reintroduction of polluted materials into the circle, etc.) which will end up generating more GHG emissions. Furthermore, it would make recycling more expensive as WtE plants treat the residues from sorting and recycling plants.* » (CEWEP feedback to the Roadmap on the revision of the EU emissions trading system (ETS) – November 2020).

52 « *European incinerators generate a significant amount of direct CO_2 emissions (580g CO_2eq/kWh), which is twice the current EU28 average electricity grid intensity (298g CO_2eq per kWh) and significantly greater than energy produced through conventional fossil fuel sources such as gas. Since these infrastructures are meant to last for about 20-30 years, they are delaying a much needed and urgent transition to less carbon intensive power generation infrastructure such as wind and solar renewable energy.*» (Zero Waste Europe, 2019).

technologies, les industriels de l'incinération revendiquent un soutien financier et réglementaire de la part des autorités européennes, demandes qui avaient d'ores et déjà été exprimées à l'occasion des consultations relatives au plan européen de l'économie circulaire[53]. L'ESWET envisage le soutien à ces technologies à une contrepartie de l'inclusion de l'incinération dans le système EU-ETS[54]. Au cours d'un webinaire organisé en novembre 2020 par l'ESWET consacré aux techniques de capture et séquestration du carbone dans l'incinération des déchets, une représentante de la Commission Européenne présentait les conditions d'éligibilité de tels projets aux programmes de financement européens[55]. Des subventions sont en effet attendues par les industriels intéressés à la généralisation de ces projets qui sont au stade expérimental et voient des projets se concrétiser comme à Oslo, mais dont la faisabilité économique est conditionnée par la distance des installations d'incinération avec des sites de stockage de CO_2. A travers ces développements technologiques et le lobbying exercé pour leur assurer un soutien économique, c'est une nouvelle forme d'interaction entre déchets et climat qui se dessine. Le CO_2 n'intervient plus uniquement sous la forme d'une comptabilisation abstraite, mais en tant que résidu dont on envisage une prise en charge au moyen de

53 "*(…) looking into carbon capture where feasible and appropriate. For this a market for CO_2 use and sequestration is needed and we are eager to discuss with the decision-makers how this can be realised.*" (CEWEP's Waste-to-Energy Sustainability Roadmap Towards 2035 gives a more detailed overview of WtE's place in the Circular Economy). « *In addition, some WtE plants have already started to invest in further reduction of their direct impacts through Carbon Capture and Use/Storage (CCUS) systems, which would allow them to become carbon negative. As the importance of CCUS in climate change mitigation is increasing, the need for a European mechanism to incentivize negative emissions in the WtE as well as other industrial sectors is clear and evident. As a prerequisite for these emission reductions, more accessible funding opportunities should be also granted to the WtE sector to support new CCUS investigation and applications in the future.* » (CEWEP feedback to the Roadmap on the revision of the EU emissions trading system (ETS) – November 2020)

54 « *(…) If waste incineration were nonetheless included within the scope of the EU ETS, it would require to: (…) Recognise captured and stored biogenic CO_2 emissions as negative emissions ; Consider the negative emissions of energy recovery combined with carbon capture and storage for ETS calculations ; Assess what measures could be taken in order to make* CCUS *economically viable for covered sectors, including Waste-to-Energy, for instance by using the revenues of the EU ETS to better support negative emission technologies. (…)* » (ESWET's comments on the public consultation on the revision of the EU emission trading system).

55 <https://www.youtube.com/watch?v=epHUgMDYSf4> [consulté le 24/04/2021]

nouveaux dispositifs technico-économiques. C'est l'équation du bilan carbone du traitement des déchets qui est ainsi reposée, et le débat sur les coûts et bénéfices climatiques des déchets ré-ouvert. Ces innovations, signalent le prolongement de la *climatisation des déchets* sous un angle davantage matériel et infrastructurel, dont les implications territoriales commencent à se manifester (voir chapitre 5).

Considérée du point de vue des instruments de la régulation climatique, la situation des activités de traitement de déchets est finalement assez paradoxale. D'un côté le principe d'exemption des installations de traitement des mécanismes d'échange de quotas a prévalu jusqu'à présent. Par ailleurs, la génération de crédits carbone dans le cadre du mécanisme de développement propre a été largement utilisée, favorisant la multiplication de projets *low hanging fruit* tels que le captage de gaz de décharge. Aussi au global, toutes pratiques et tous contextes géographiques confondus, le secteur du traitement des déchets a bénéficié des opportunités offertes par les instruments de la régulation climatique sans en avoir supporté les contraintes. Les récentes évolutions de la politique climat européenne, qui remettent en cause le régime d'exemptions des quotas carbone, sont significatives d'un changement. Il faut y voir la conséquence d'un resserrement des mesures climatiques concernant un secteur jusqu'alors épargné, qui, dans un contexte de hausse du prix de la tonne de CO_2, a comme effet de renforcer l'investissement dans des technologies de capture et stockage du carbone, ce qui représente une forme renouvelée de *climatisation des déchets*.

La climatisation des déchets n'a pas dit son dernier mot

Alors que le secteur des déchets, sous l'effet d'une définition restrictive, est réputé comme un faible contributeur au renforcement anthropique de l'effet de serre, il est traversé par un phénomène de *climatisation* similaire à ce que Aykut (2020) a identifié dans d'autres domaines. Bien que des déchets apparaissent comme un non-problème pour le climat global, la montée en puissance de la question climatique s'impose comme un facteur majeur de la re-problématisation progressive des déchets à partir de la seconde moitié des année 2000. L'effort de comptabilisation des émissions de GES donne lieu à la construction d'un système métrologique (Cooper, 2015) complexe qui mobilise des conventions de calcul émanant de la gouvernance climatique (équivalent carbone-méthane, pouvoir de réchauffement...) prolongées par des conventions spécifiques aux déchets (la part biogénique/fossile, la part stockée du carbone, les échelles de temporalités de largage du méthane). Ces conventions procèdent d'arbitrages et d'approximations qui alimentent une mécanique de *boîte noire* singulière. La métrologie climatique des déchets, enjeu technique s'il en est, n'en est pas moins politique, ce que montrent les visions divergentes de différents acteurs. Les organismes représentant les industriels du secteur du traitement des déchets développent des protocoles devançant les autorités publiques, tandis que les ONG œuvrent à la production d'une expertise alternative visant à déconstruire la représentation des déchets comme bénéfiques au climat. Il s'agit d'une politisation qui se manifeste par de l'expertise, des jeux de lobbying et des prises de positions argumentées techniquement. Ces dernières permettent de repérer les points de tension qui se nouent autour de la problématisation climatique des déchets.

De plus en plus complexe et étendue, la comptabilité carbone se heurte à la nature retorse des déchets qui s'avèrent particulièrement « uncooperative » (Bumpus, 2011). D'abord sur le plan matériel, tant la composition des déchets est fondamentalement indéterminée (Hird, 2012a). En découlent des méthodes d'évaluation régionalisée telles que celles produites par le GIEC pour permettre aux Etats de remplir leur obligation d'inventaire des émissions. Les déchets sont aussi indéterminés quant à leur délimitation sectorielle. La métrologie et la régulation climatiques reposent sur une classification catégorielle des activités humaines (transport, industrie, agriculture, énergie...) au sein de laquelle la place des déchets pose question. Au-delà d'une distribution sectorielle arbitraire et de la sous-estimation structurelle de la contribution des activités liées aux déchets aux émissions de GES, les exercices de quantification carbone sont problématiques dans la manière dont ils représentent la réalité des déchets. Cantonnée aux activités de traitement des déchets, incapable de saisir les activités du recyclage et occultant les bénéfices de la prévention des déchets, la représentation carbone des déchets relève d'une approche traditionnelle *end-of-pipe*. Ces exercices métrologiques menés au titre de la politique climatique ont pourtant des conséquences directes sur les choix relatifs aux déchets tels qu'ils se posent dans un contexte infrastructurel ou territorial donné. De surcroît, la représentation territorialisée est éminemment problématique, dans la mesure où les déchets sont l'objet de circulations mondialisées qui génèrent des émissions exportées et importées.

La *climatisation des déchets* n'est pas seulement une affaire métrologique, elle se joue également sur le terrain de la régulation économique à travers les instruments issus du protocole de Kyoto, qui s'appliquent aux déchets de manière très inégale. Le mécanisme de développement propre a été largement sollicité pour des projets de modernisation de décharges dans les pays en développement tandis que les unités de traitement des déchets pourtant émissives de GES ont été jusqu'à très récemment tenues à l'écart des allocations de quotas carbone. La révision du système d'échange carbone européen et les débats qui l'ont précédée indiquent un renforcement des processus de *climatisation* à l'œuvre, mais aussi un tournant quant au rapport des déchets au climat, à plusieurs égards. L'inclusion des activités de traitement des déchets dans les systèmes d'échanges, qui marque la fin d'un régime d'exemption au titre de la vocation sanitaire première et d'intérêt général de ces dernières, est un changement de paradigme. En outre, les déploiements techniques et politiques relatifs à la capture et de stockage du carbone contenus dans les sous-produits des déchets reposent l'équation entre impact et bénéfice carbone. Ces modalités de calcul, dorénavant appréhendées en termes d'économie circulaire, sont le lieu d'intenses luttes d'intérêt. Vertueuse pour les uns, délétère pour d'autres, l'estimation du bilan carbone des déchets est assurément une question politique, controversée, et instable, qui ouvre de nouveaux fronts plus qu'elle n'en clôt.

CHAPITRE 3

L'énergie des déchets

A partir de la décennie 1990, la *climatisation des déchets* se prolonge par un *cadrage énergétique* dans la mesure où les politiques de gestion des déchets s'avèrent de plus en plus déterminées par des considérations énergétiques. Les mesures européennes de réduction de la mise en décharge entraînent un tournant vers l'incinération et par là-même vers la valorisation énergétique. Le risque d'une concurrence entre valorisation-énergie et valorisation-matière devient un sujet de controverse, avant qu'une priorité à la première soit formellement inscrite dans la hiérarchie des déchets par la directive européenne de 2008. Cette priorisation est toutefois accompagnée d'une série d'arbitrages techniques et de dispositifs normatifs qui viennent préciser les conditions de la valorisation énergétique des déchets. Autant de dispositions juridico-technico-économiques qui vont avoir une importance cruciale dans les choix techniques et infrastructurels qui fondent les politiques locales. Or, plusieurs de ces dispositions relèvent de la législation et de la réglementation énergétique. Par exemple la qualification des déchets comme « énergie renouvelable et de récupération » provient de la politique énergétique européenne, elle-même orientée vers des objectifs de transition bas-carbone. Cela revient à catégoriser le déchet selon sa qualité énergétique, sur la base de conventions quantitatives qui sont relayées par les instruments incitatifs, notamment fiscaux. Ces processus de « colonisation énergétique » (Rocher, 2020) se démultiplient au fur et à mesure que les procédés de récupération se diversifient et que les produits énergétiques se multiplient (chaleur, électricité, mais aussi biogaz). Ce faisant, les choix relatifs au traitement des déchets sont de plus en plus conditionnés par les contraintes des marchés énergétiques et marqués par leurs évolutions parfois chaotiques.

En outre, ces différentes dispositions qui encadrent la valorisation énergétique et requalifient les déchets ont des conséquences importantes en termes de circulation des déchets. Elles sont en effet toujours porteuses de conséquences spatiales, qui ne sont pourtant presque jamais pensées comme un préalable.

Au-delà des controverses les plus visibles, en l'occurrence celles relatives à l'incinération, ce chapitre examine les ressorts d'un *cadrage énergétique des déchets* qui se joue dans des arènes relativement discrètes de l'action publique. Les différentes mesures et dispositions qui proviennent souvent du niveau européen et sont traduites dans la réglementation nationale sont généralement peu connues et peu médiatiques. Elles donnent pourtant lieu à des négociations, à des controverses ou à des luttes d'intérêt impliquant des protagonistes tels que les instances européennes, les gouvernements nationaux et des agences environnementales, les représentants des industries du traitement des déchets, des ONG spécialisées, ou encore des représentants des collectivités locales. L'objectif de ce chapitre est de rendre compte des négociations et controverses qui ont accompagné l'adoption des mesures qui encadrent la valorisation énergétique afin de saisir la nature éminemment politique de ces dispositions technico-économiques et de les mettre en perspective avec les principes généraux– tels que la limitation de la mise en décharge ou la hiérarchie, ou encore celui de proximité. Trois dispositifs instrumentaux sont particulièrement significatifs quant au cadrage énergétique des déchets. Le premier est la *performance énergétique*, norme qui garantit l'effectivité de la valorisation énergétique de l'incinération. La discussion autour de l'introduction d'un facteur de « modération climatique » révèle, à travers l'argument des disparités géographiques, différents intérêts en jeu. Le second dispositif étudié est la qualification des déchets en tant qu'« énergie de récupération », qui conditionne l'accès aux marchés de l'électricité renouvelable. Ce faisant, ce sont des instruments relatifs aux énergies renouvelables qui déterminent la valeur des différents produits énergétiques issus des déchets. Enfin, la catégorie de *combustibles solides de récupération* et l'émergence d'une nouvelle filière de gestion des déchets à des fins énergétiques, est symptomatique d'une frontière de plus en plus ténue entre déchets et énergie.

1 De la décharge à l'incinération

Sujets à conflits et à une critique environnementale de plus en plus aigüe, face à des volumes en pleine croissance, les systèmes de prise en charge des déchets saturent et les principes de gestion, fondés sur une évacuation au nom d'un impératif sanitaire, doivent être réformés au tournant des années 1990. Des mesures et objectifs chiffrés concernant la collecte séparative des matériaux et leur valorisation sont progressivement introduits, sous impulsion européenne. La directive européenne de 1999[56] qui limite le recours à l'enfouissement en décharge, est une étape importante visant à réorienter les déchets de l'élimination vers l'évitement (Bulkeley et al., 2007). Motivée par une logique modernisatrice mettant à distance des procédés jugés archaïques, la restriction de la mise en décharge résulte également de la prise de conscience de l'impact climatique du stockage des déchets. Les exercices d'estimation des émissions de gaz à effet de serre qui ont pu mettre en évidence les taux importants d'émanation de méthane, désignent le stockage des matières organiques comme une pratique particulièrement problématique. Aussi, la directive de 1999 vise la réduction de la mise de décharge des déchets organiques de 65 % en 2016 par rapport à 1995, et impose la récupération du biogaz. Ces objectifs seront ultérieurement rendus plus stricts : à l'échéance de 2030, la part des déchets municipaux admis en décharge devra se limiter à 10 %, tandis que le recyclage devra atteindre 65 % (75 % pour les déchets d'emballage). Ces mesures européennes répercutées par les politiques nationales et locales qui réorientent leurs choix de procédés, d'équipements et d'infrastructures, vont avoir des conséquences majeures. Le levier fiscal est couramment utilisé dans les différents pays européens qui instaurent des taxes à la mise en décharge. L'enfouissement connaît une baisse tendancielle durable, tandis que la valorisation (recyclage, compostage) augmente tant en termes de nouvelles unités que de volumes accueillis, de même que l'incinération.

Ainsi formalisée par la directive de 1999, la réduction de la mise en décharge constituait déjà un horizon souhaité dans plusieurs pays d'Europe, par exemple en Suède (Corvellec et Hultman, 2012). En France également, les restrictions sont antérieures à la directive européenne de 1999. Une des dispositions majeures de la loi-cadre de 1992 sur les déchets[57] est l'interdiction de la mise en décharge des « déchets bruts » – c'est-à-dire non triés – à l'échéance de 2002. Bien que laissant une grande marge d'interprétation au

---

[56] Directive n° 1999/31/CE du 26/04/99 concernant la mise en décharge des déchets.

[57] Loi n°92-646 du 13 juillet 1992 relative à l'élimination des déchets ainsi qu'aux installations classées pour la protection de l'environnement.

niveau local[58], cette disposition réoriente profondément la gestion des déchets en France et va notamment encourager le recours à l'incinération. Les enjeux climatiques ne sont alors pas au cœur des préoccupations des décideurs ni de l'opinion publique, ce sont plutôt des raisons d'acceptation sociale, du moins telle qu'elle est perçue par les pouvoirs publics, qui expliquent cette décision. Du fait de la multiplication des conflits concernant les installations de traitement déchets dans les années 1980, l'ouverture de nouvelles installations est rendue très problématique et la crainte d'une pénurie d'exutoires s'installe. Les décideurs attribuent une « crise de confiance » de la population aux « erreurs du passé » caractérisées par la multiplication des décharges sauvages dont les conséquences à retardement nécessiteront de longs et couteux programmes de résorption (Rocher, 2006). L'orientation souhaitée, soutenue par l'instauration d'une taxe à la mise en décharge en 1993[59], est de détourner le maximum de déchets de l'enfouissement. Considérée à tort comme une technologie mieux acceptée, l'incinération va s'imposer comme moyen d'élimination des déchets dont les volumes continuent à croître (Buclet et Godard, 2001). Des pollutions à la dioxine, causées par des dysfonctionnements mettant en cause les opérateurs, les collectivités et les services de l'Etat chargés du contrôle, dont la plus emblématique et médiatique est le scandale de Gilly-sur-Isère, vont pourtant mettre à mal l'acceptation présupposée de l'incinération. Il faudra attendre le début des années 2000 pour que soient fermées les dernières unités d'incinération hors norme en France, tandis que la défiance s'est installée sur fond de crise sanitaire (Bourg et al., 2003, Hajek, 2013). Si les enjeux sanitaires cristallisent dans un premier temps la critique envers l'incinération, l'argument de son incompatibilité avec le recyclage et la prévention va devenir central.

---

58 La mise en décharge est réservée aux seuls « déchets ultimes », dont la définition – « déchet résultant ou non du traitement d'un déchet, qui n'est plus susceptible d'être traité dans les conditions techniques et économiques du moment, notamment par extraction de la part valorisable ou par réduction de son caractère polluant ou dangereux » (Loi n°92-646) – laisse une grande marge d'interprétation au niveau local.

59 La taxe relative à la mise en décharge vient alimenter le Fonds de Modernisation de Gestion des Déchets (FMGD) créé en 1993, avant d'être collectée au titre de la TGAP à partir de 1999.

Tableau 2: Les modes de traitement des déchets en Europe, de 1995 à 2019 (source : Eurostat)

	1995	2000	2005	2010	2015	2019	Evolution 2019/1995 (%)
Enfouissement							
Mt	121	112	88	79	57	53	-56
Kg/hab	286	262	202	176	127	119	-58
Incinération							
Mt	30	36	45	53	57	60	+102
Kg/hab	70	64	103	121	128	134	+ 91
Recyclage matière							
Mt	23	36	46	55	63	66	+195
Kg/hab	54	87	105	125	141	152	+182
Compostage							
Mt	14	23	26	29	33	39	+176
Kg/hab	33	53	59	66	75	87	+162
Autre							
Mt	10	11	16	6	4	4	-59
Kg/hab	24	27	37	13	9	10	-58

Valorisation-matière vs valorisation énergétique

Au cours de la décennie 1990 les collectes séparatives en vue du recyclage se mettent en place en réponse à la réglementation européenne dont les objectifs se précisent et sont déclinés par types de matériaux. L'incinération est alors accusée de compromettre les efforts de recyclage et le risque d'une compétition entre valorisation-matière et valorisation énergétique devient un sujet majeur de controverse (Davies, 2003, 2008). Alors que la révision de la directive-cadre européenne se profile, la hiérarchisation entre recyclage-matière et valorisation énergétique, qui fait débat dès le début des années 2000, est l'objet d'expertises et de positions contradictoires qui se multiplient. Plusieurs mesures, tant au niveau européen que national, avaient pourtant tenté d'apporter des réponses allant dans le sens d'une hiérarchisation, sans jamais clore le débat. En France, la ministre de l'Environnement Dominique Voynet a adressé une circulaire aux préfets en 1998 fixant un objectif national de valorisation-matière[60] de 50 % et

[60] La « valorisation-matière » désigne la production de compost à partir de matière organique, ainsi que de recyclage de tous types de matériaux : papier, verre, plastique, métaux…

affirmant que cette dernière doit être prioritaire par rapport à la valorisation énergétique. Les incitations financières sont infléchies dans ce sens : l'aide à l'incinération est conditionnée à la valorisation énergétique, puis à une valorisation matière préalable (Rocher, 2013). La hiérarchisation est ainsi introduite par le biais d'instruments financiers, mais sa portée juridique est faible.

La qualité intrinsèque de valorisation énergétique est également mise en cause du point de vue de son bilan carbone. Comme vu dans le chapitre précédent, les milieux environnementalistes[61] contestent le prétendu bénéfice carbone de l'incinération et sa qualification comme mode de valorisation (Hogg, 2006). A l'inverse, les défenseurs de l'incinération revendiquent un égal traitement des technologies et la non hiérarchisation (Davies, 2008). L'« approche intégrée » des déchets, promue par des organismes tels que ASSURE (the Association for the sustainable use and recovery of resources in Europe), consiste à ne pas présupposer l'existence d'une meilleure forme de gestion mais à les évaluer de manière contextuelle, en ayant recours à des outils tels que l'analyse des cycles de vie. Une étude commanditée par le CEWEP en 2004 conclut, sans surprise, à la pertinence de l'incinération comme mode de gestion des déchets : le recyclage, le compostage, l'incinération et le traitement biologique sont considérés comme des modes de traitement complémentaires à développer en remplacement de la mise en décharge (Profu, 2004).

La statistique officielle qui met en regard les situations des différents pays européens tend à contrer l'idée que l'incinération mettrait à mal les politiques de valorisation-matière, étant donné que les pays qui incinèrent le plus sont également ceux qui recyclent le plus. Ces arguments sont repris par

---

[61] Y compris en France : « *L'incinération reste un mode d'élimination même s'il y a une récupération énergétique - sous forme d'électricité ou de chaleur - et non un mode de valorisation. Ce procédé réduit la taille des déchets en transformant la plus grande partie du carbone "capturé" sous forme solide en forme gazeuse. Ces dégagements gazeux contribuent grandement à la production de gaz à effet de serre sans rendement énergétique intéressant.* », propos tenus par Léon-Christophe Etile de l'association Les amis de la Terre, aux 8èmes Assises nationales des déchets en 2005 (Assises nationales des déchets, 2007).

l'industrie de l'incinération[62]. Complémentarité de la valorisation-matière et énergétique, bilans avantageux en termes d'émissions de CO_2, sécurité sur le plan des contrôles sanitaires et environnementaux, sont autant d'arguments mis en avant par les représentants du secteur afin de « dissiper les mythes entourant l'incinération »[63].

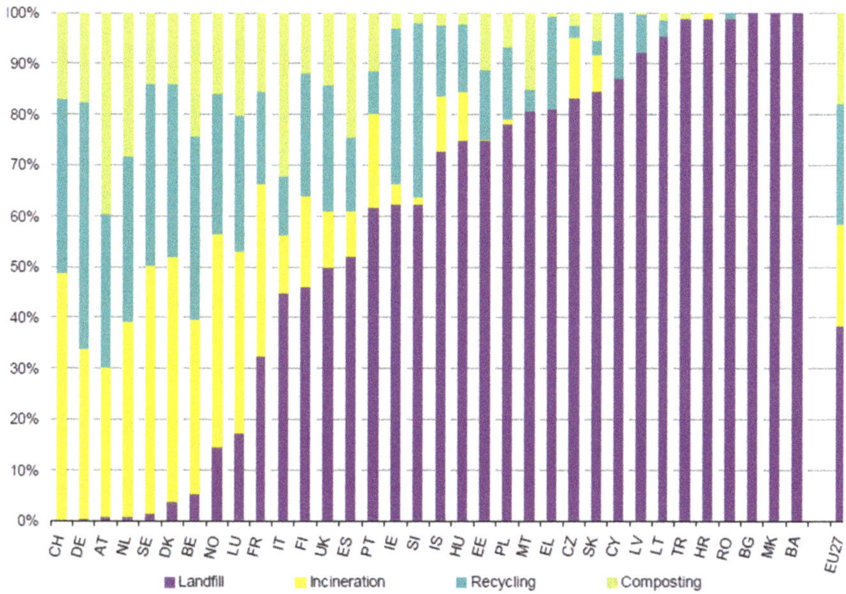

Figure 2: Le traitement des déchets en Europe en 2009 (source : Eurostat, 2011).

D'abord reconnus d'égale valeur selon une première version de la hiérarchie des déchets établie dans les années 1990 (Davoudi, 2009), la révision du

62 « *Eurostat figures show that Member States who have most successfully reduced landfilling, achieve good recycling rates which go hand-in-hand with Waste-to-Energy. They have worked towards a complementary waste management system where both Recycling and Waste-to-Energy play a complementary role in diverting waste from landfills.* » CEWEP (2016) Energising waste, a win-win situation, 6 p. <https://www.cewep.eu/wp-content/uploads/2019/09/Energy-win-win-paper-June-2019.pdf>

63 Communiqué de presse ASSURRE/CEWEP/FEAD/Euroheat & Power/ISWA (2007) « Ne gaspillez pas vos déchets, c'est une ressource » (Archive personnelle)

cadre européen engagée avec la préparation de la directive-cadre de 2008[64] conduit à une nouvelle priorisation qui favorise la valorisation-matière sur la valorisation énergétique. L'ordre de priorité est alors le suivant : 1-prévention de la production de déchets, 2-rémploi, 3-valorisation par recyclage, 4-autres formes de valorisation (notamment énergétique), 5- élimination (décharge et incinération sans valorisation énergétique).

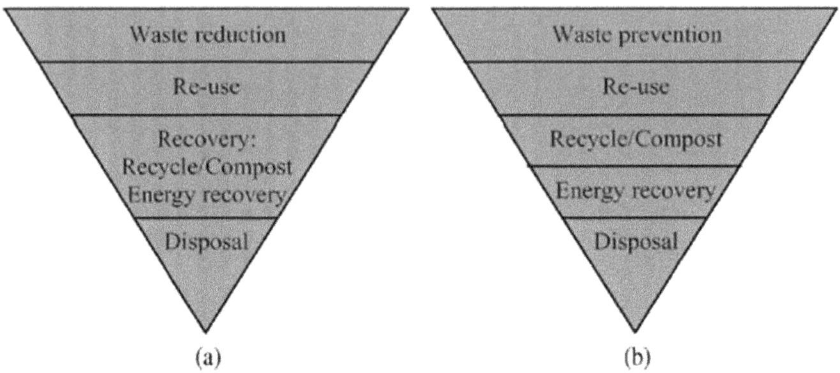

Figure 3: La hiérarchie des déchets en1995 (a) et en 2007 (b) (Davoudi, 2009).

Si la primauté de la valorisation-matière sur la valorisation énergétique est clairement établie, cette nouvelle priorisation déplace le problème plus qu'elle ne le résout. D'abord parce que la hiérarchie, de valeur indicative plus que coercitive (Davies, 2008), est sujette à interprétation, puisqu'elle doit être appliquée « en fonction des meilleures conditions environnementales »[65]. Un document de cadrage vient en 2012 préciser les différentes notions et principes de la directive de 2008. Ainsi édictés et hiérarchisés, ces principes généraux sont déclinés dans des dispositions juridiques et techniques qui vont alors focaliser l'attention et les controverses, à l'instar de la « norme R1 » qui formalise la séparation entre incinération avec ou sans valorisation énergétique.

---

[64] Directive n° 2008/98/CE du 19/11/08 relative aux déchets et abrogeant certaines directives.

[65] Pour une analyse des changements et permanences paradigmatiques contenus dans la hiérarchie, voir Hultman et Corvellec (2012).

2 La performance énergétique, une norme (géo) politique

La performance énergétique est donc une norme technique mais non moins politique, à travers laquelle le principe de hiérarchie des déchets prend corps. Elle se matérialise par une formule complexe dont l'examen des conditions d'élaboration révèle combien elle a été l'objet de rapports de force qui font intervenir autour des instances européennes les industriels du secteur de l'incinération, les gouvernements nationaux, les ONG. Elle s'avère géopolitique dès lors que des caractéristiques géographiques interviennent dans la formation des intérêts et les positions des uns et des autres. Ce sont dans ces arcanes technico-juridiques, et les luttes qui s'y jouent en toute discrétion, qu'est autorisée la libre circulation des déchets à l'échelle européenne, au mépris du principe de proximité.

Avec l'adoption de la hiérarchie des déchets en 2008, la distinction avec ou sans valorisation énergétique devient cruciale, étant donné qu'elle détermine si les unités d'incinération relèvent de la valorisation ou de l'élimination des déchets. Cette distinction est établie par un niveau de performance énergétique, fixé par la « formule R1 », qui fut l'objet d'un intense lobbying dans les années 2005-2006 lors de la préparation de la révision de la directive-cadre de 2008. La formule R1 exprime le ratio entre l'énergie produite sous forme de chaleur et/ou d'électricité, l'énergie consommée par l'installation, et le potentiel énergétique entrant, qui correspond au pouvoir calorifique des déchets. A partir du seuil de 0,65 (pour les unités ouvertes après 2008) et de 0,6 (pour les autres) les unités d'incinération peuvent être qualifiées de valorisation énergétique. Selon Behrsin (2019), le ratio a été établi de telle sorte qu'il permet à la majorité des unités d'incinération d'obtenir la qualification R1. En prenant en compte l'autoconsommation dans le calcul de leur performance énergétique, des incinérateurs peuvent être reconnus comme unités de valorisation énergétique sans nécessairement fournir de l'énergie à des entités extérieures (Behrsin, 2019). A la publication du projet de directive contenant le seuil de 0,6, les organismes représentant les industries de l'incinération des déchets (la Confederation of European Waste-to-Energy Plants - CEWEP au niveau européen européenne, le Syndicat de valorisation des déchets urbains -SVDU en France) ont demandé son abaissement à 0,5. Leur demande prenait appui sur une évaluation de l'application du seuil sur le parc d'incinérateurs existant et sur l'argument que les conditions climatiques diffèrent selon les régions. Les équipements des régions du Sud, du fait de moindres besoins de chauffage ou de l'inexistence de réseaux de chauffage urbains, pouvaient se voir pénaliser par la formule R1 dans la mesure où les opportunités de valorisation thermique auraient été réduites. Une clause dérogatoire autorisant la prise en compte du « facteur climatique local » a été introduite dans la directive-cadre[66]. Cette clause fut dénoncée par les ONG qui y virent un assouplissement des conditions de valorisation énergétique. Les associations françaises en particulier reprochaient au gouvernement français d'avoir défendu cette clause auprès du Conseil de l'Union européenne. Le débat sur le niveau de performance énergique a mobilisé les acteurs participant aux débats préparatoires au « Grenelle de l'environnement », qui étaient concomitants à l'élaboration de la directive européenne. Le seuil de 0,6 n'a finalement pas été abaissé, mais la formule R1 fut modifiée en 2016 de manière à inclure le facteur de correction climatique. Ainsi établi, le seuil de performance énergétique a été intégré dans les documents de référence techniques européens[67] ainsi que dans les réglementations nationales qui encadrent les modalités de l'incinération des déchets.

En France, la valorisation énergétique a été définie en 2002 par un arrêté qui encadre la pratique de l'incinération ainsi que son contrôle par les services de l'Etat[68]. La formule R1 a été introduite dans la réglementation française

---

66 "*Local climatic conditions may be taken into account, such as the severity of the cold and the need for heating insofar as they influence the amounts of energy that can technically be used or produced in the form of electricity, heating, cooling or processing steam*" (Directive 2008/98/EC on waste)

67 Neuwahl Frederik, Cusano Gianluca, Gómez Benavides Jorge, Holbrook Simon, Roudier Serge (2019) Best Available Techniques (BAT) Reference Document for Waste Incineration. Joint Research Committee, Science for policy report, 764 p.
European Commission Directorate General Environment (2011) Guidelines on the interpretation of the R1 energy efficiency formula for incineration facilities dedicated to the processing of municipal solid waste according to Annex II of Directive 2008/98/EC on Waste, 33 p.

68 « *La chaleur produite est valorisée lorsque cela est faisable, notamment par la production de chaleur et/ou d'électricité, la production de vapeur à usage industriel ou l'alimentation d'un réseau de chaleur. Le taux de valorisation annuel de l'énergie récupérée est défini comme le rapport de l'énergie valorisée annuellement sur l'énergie sortie chaudière produite annuellement. Est considérée valorisée l'énergie produite par l'installation sous forme thermique ou électrique et effectivement consommée, y compris par autoconsommation, ou cédée à un tiers.* » (Arrêté du 20 septembre 2002 relatif aux installations d'incinération et de co-incinération de déchets dangereux)

par arrêté en 2010[69], puis le facteur de correction climatique en 2016[70]. Ce dernier repose sur une estimation des jours de chauffage annuels, calculée à partir des températures moyennes locales des vingt dernières années. L'ensemble de ces dispositions coercitives (mises en œuvre par le biais du régime des installations classées) est prolongé par des mesures de nature incitative (jouant sur la fiscalité relative à l'élimination des déchets). Ainsi, la taxe générale sur les activités polluantes (TGAP) est réformée de manière à inclure ces critères de qualité énergétique dans la taxation des déchets[71]. Enfin, la formule R1 a un rôle déterminant dans la circulation marchande des déchets. En effet, seules les installations répondant au seuil R1 peuvent être autorisées à importer des déchets. Toutefois, l'introduction du facteur de correction climatique a permis d'étendre les installations éligibles et les aires de chalandise du marché de l'incinération (Behrsin, 2019).

3 Lock-in infrastructurel et transferts de déchets : l'impensé géographique

La transformation des déchets en énergie est très directement liée à la mobilité des déchets dans l'espace. Souvent présentée comme une ressource énergétique locale dont les habitants sont à la fois les producteurs (de déchets) et les bénéficiaires (du chauffage urbain), l'association géographique entre énergie et déchets mérite d'être déconstruite. Si la répartition statistique des modes de traitement par pays (figure 2) ne reflète pas de lien de causalité entre les niveaux d'incinération et de recyclage-matière, l'examen des situations locales montre des réalités plus complexes, qui mettent en jeu des pratiques d'import-export à l'échelle européenne. Plusieurs enquêtes dans différents contextes ont mis en évidence le rapport entre des choix infrastructurels locaux et la circulation des

69 Arrêté du 3 août 2010 modifiant l'arrêté du 20 septembre 2002 relatif aux installations d'incinération et de co-incinération de déchets non dangereux et aux installations incinérant des déchets d'activités de soins à risques infectieux

70 Arrêté du 7 décembre 2016 modifiant l'arrêté du 20 septembre 2002 relatif aux installations d'incinération et de co-incinération de déchets non dangereux et aux installations incinérant des déchets d'activités de soins à risques infectieux

71 Le taux de TGAP qui s'applique aux unités de traitement thermique des ordures ménagères varie de 4,13 à 8,24 €/t de déchets selon qu'elles respectent une ou plusieurs des conditions suivantes : conformité à la norme internationale ISO 14 001 ; performance énergétique supérieure au niveau requis (soit 0,6 ou 0, 65) ; émissions de NOx inférieures à 80 mg/Nm3 (AMORCE/ADEME, 2016).

déchets à longue distance. Le cas suédois est une illustration des effets pervers d'une politique de recyclage réussie dans un contexte d'équipements urbains combinant incinération et systèmes de chauffage collectif. Pour s'alimenter en déchets dont les volumes sont devenus insuffisants, certaines collectivités comme Göteborg sont contraintes d'en importer, empêchant ainsi des solutions alternatives d'émerger ; l'incinération des déchets couplée au chauffage urbain est typique d'une situation de *lock-in* (Unruh, 2000) institutionnel, technique, culturel et matériel (Corvellec et al., 2013). Une situation similaire est décrite par Behrsin et Paolo de Rosa dans des villes autrichiennes chauffées par des déchets importés de Naples (Behrsin et Rosa, 2020). Daniel Florentin s'est intéressé à la ville de Magdeburg dans l'Est de l'Allemagne, où la construction d'un incinérateur alimentant le réseau de chauffage a permis de se défaire de l'énergie fossile et de la dépendance à des marchés internationaux. Mais dans un contexte d'équipement en incinération des régions voisines, et d'injonctions à la réduction des déchets, l'accès aux déchets s'est tendu et la ville de Magdeburg a du se positionner sur des marchés nationaux et internationaux (Florentin, 2017).

En France, le risque de surcapacité des infrastructures a fait son chemin au-delà des milieux écologistes qui avaient initialement pointé l'écueil d'un suréquipement en incinérateurs, autant de potentiels « aspirateurs à déchets ». La loi TECV de 2015 a introduit une limitation quant à la programmation de nouvelles capacités de traitement qui peuvent couvrir 60 % au maximum de la capacité des infrastructures existantes à l'échelle régionale. Cette régulation par la capacité des exutoires atteste d'un changement notoire si l'on considère qu'il y a seulement 25 ans, c'était la crainte de pénurie qui était au centre des préoccupations (Rocher, 2006). Cette restriction capacitaire est toutefois timide dans la mesure où elle ne s'adresse qu'aux infrastructures dites d'élimination, c'est-à-dire au stockage et à l'incinération sans valorisation énergétique[72]. Cela renvoie par ailleurs aux logiques du gouvernement local des déchets, en l'occurrence au poids très relatif des documents de planification sur les décisions concernant la gestion concrète (Rocher, 2015) d'une part, et à la faible portée juridique du principe de proximité d'autre part (Genot et Manson, 2019).

---

[72] Décret n° 2016-811 du 17 juin 2016 relatif au plan régional de prévention et de gestion des déchets.

Les définitions juridiques du principe de proximité

La directive européenne de 2008 apporte des précisions quant à l'organisation spatiale de la gestion des déchets, qui doit s'opérer par le recours à la planification (dont l'architecture incombe aux Etats), dans le respect des principes de proximité et d'autosuffisance. L'objectif étant celui d'un réseau d'infrastructures à l'échelle européenne, les transferts transfrontaliers sont possibles, leur régulation relevant des Etats.

Article 16 de la directive 2008/98/CE :

1. *Les Etats membres prennent des mesures appropriées, en coopération avec d'autres États membres lorsque cela s'avère nécessaire ou opportun, en vue de l'établissement d'un réseau intégré et adéquat d'installations d'élimination des déchets et d'installations de valorisation des déchets municipaux en mélange collectés auprès des ménages privés, y compris lorsque cette collecte concerne également de tels déchets provenant d'autres producteurs, en tenant compte des meilleures techniques disponibles.*

   Par dérogation au règlement (CE) no 1013/2006, les États membres peuvent, en vue de protéger leur réseau, limiter les importations de déchets destinés aux incinérateurs et relevant de la valorisation, lorsqu'il a été établi que de telles importations auraient pour conséquence de devoir éliminer des déchets nationaux ou que ces déchets devraient être traités d'une manière qui n'est pas conforme à leurs plans nationaux de gestion des déchets. Les États membres notifient toute décision de ce type à la Commission. Les États membres peuvent également limiter les exportations de déchets pour des motifs environnementaux énoncés dans le règlement (CE) no 1013/2006.
2. *Le réseau est conçu de manière à permettre à la Communauté dans son ensemble d'assurer elle-même l'élimination de ses déchets, ainsi que la valorisation des déchets visés au paragraphe 1, et à permettre aux États membres de tendre individuellement vers ce but, en tenant compte des conditions géographiques ou du besoin d'installations spécialisées pour certains types de déchets.*
3. *Le réseau permet l'élimination des déchets ou la valorisation des déchets visés au paragraphe 1 dans l'une des installations appropriées les plus proches, grâce à l'utilisation des méthodes et technologies les plus appropriées, pour garantir un niveau élevé de protection de l'environnement et de la santé publique.*

4. *Les principes de proximité et d'autosuffisance ne signifient pas que chaque État membre doit posséder la panoplie complète d'installations de valorisation finale sur son territoire.*

En France, le « principe de proximité » est inscrit dans la loi de 1992 qui fixe l'objectif « d'organiser le transport des déchets et de le limiter en distance et en volume » et rend obligatoire la planification (à l'échelle départementale pour les déchets ménagers et assimilés, régionale pour les déchets industriels et spéciaux). Sa portée sera précisée à l'occasion de la loi TECV de 2015 et codifiée au Code de l'environnement.

Article L. 541-1 du Code de l'environnement :

Le principe de proximité consiste à assurer la prévention et la gestion des déchets de manière aussi proche que possible de leur lieu de production et permet de répondre aux enjeux environnementaux tout en contribuant au développement de filières professionnelles locales et pérennes. Le respect de ce principe, et notamment l'échelle territoriale pertinente, s'apprécie en fonction de la nature des déchets considérés, de l'efficacité environnementale et technique, de la viabilité économique des modes de traitement envisagés et disponibles à proximité pour ces déchets, des débouchés existants pour ces flux et des conditions techniques et économiques associées à des débouchés, dans le respect de la hiérarchie de la gestion des déchets et des règles de concurrence et de libre circulation des marchandises »

La définition spatiale de « la proximité » a généralement reposé sur le périmètre départemental de la planification des déchets ménagers, mais sa portée juridique est très limitée notamment du fait du caractère non coercitif des plans. L'effectivité de ce principe ne doit cependant pas s'envisager uniquement par rapport aux documents de planification, mais au regard d'autres règles et instruments, en particulier les autorisations préfectorales au titre des ICPE et la fiscalité (dispositions relatives au transport dans le cadre de la TGAP).

4. Valorisation énergétique et économie circulaire : ré-ordonnancements

En janvier 2017, la Commission européenne conjointement avec le Conseil européen, le Comité économique et social et le Comité des régions publie une communication intitulée *The role of waste-to-energy in the circular economy*[73]. Ce document d'orientation s'inscrit dans la lignée du plan d'action pour l'économie circulaire adopté en 2015[74] ; son objectif est d'affiner la hiérarchie des déchets au regard de la valeur des différentes formes de récupération énergétique[75]. L'examen de ce texte est doublement intéressant parce qu'il revisite la hiérarchie des déchets sur la base d'une requalification des dispositions énergétiques en termes d'économie circulaire en même temps que les considérations spatiales de la gestion des déchets. Il s'agit d'un ré-ordonnancement à même d'avoir des effets concrets dans la mesure où il a vocation à orienter les politiques des Etats et des structures publiques, notamment dans l'attribution des financements et du soutien de telle ou telle filière ou infrastructure. Cette version affinée de la hiérarchie des déchets replace les différents procédés de récupération énergétique sur un spectre étendu au recyclage et à l'élimination. Ce faisant, elle définit un ordre de priorité entre les formes de récupération énergétique selon lequel les valeurs énergétique et matérielle des déchets sont directement associées. Il n'est plus question uniquement de la performance énergétique en tant que telle, mais de conditionner la valeur énergétique à la composition des déchets, c'est-à-dire à leur valeur matérielle. Ainsi, le biogaz issu de la méthanisation de déchets organiques, à la condition que le digestat soit utilisé comme fertilisant, est qualifié d'opération de recyclage. Celui issu des décharges, en revanche, relève de l'élimination. Concernant l'incinération, la classification en vertu de la performance énergétique demeure, mais fait une place aux « combustibles solides de récupération » (voir plus loin).

73 Cette communication fait suite à une étude préparatoire de 2016 du Joint Research Centre of the European Commission : Towards a better exploitation of the technical potential of waste-to-energy, European Union, 2016. <http://publications.jrc.ec.europa.eu/repository/bitstream/JRC104013/wte%20report%20full%2020161212.pdf>

74 Dont l'objectif est de fournir « *a transformative agenda with significant new jobs and growth potential and aiming at fostering sustainable consumption and production patterns* ». *Closing the loop — An EU action plan for the circular economy*, COM (2015).

75 « *The main aim of this communication is to ensure that the recovery of energy from waste in the EU supports the objectives of the circular economy action plan and is firmly guided by the EU waste hierarchy.* » (European commission, 2017)

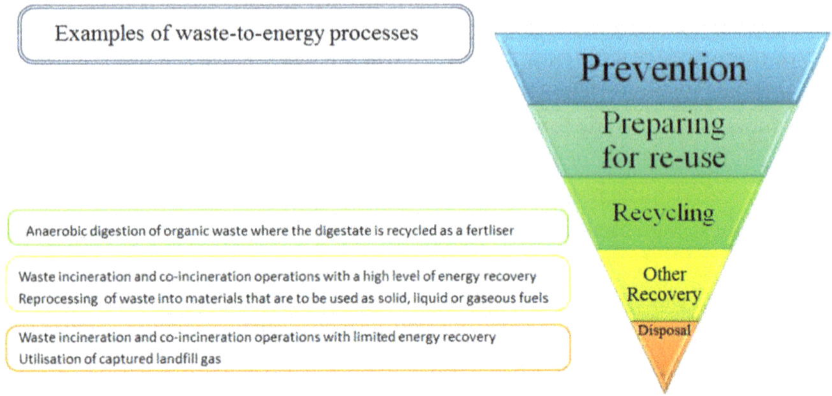

Figure 4: Les procédés de valorisation énergétique dans la hiérarchie des déchets (European Commission, 2017).

Ce texte met également en garde contre le risque de surcapacité. L'évitement du traitement des déchets en mélange (*mixed waste*) est réaffirmé, notamment dans les pays européens où la mise en décharge reste dominante[76]. Si, selon l'Agence européenne de l'environnement, il n'existe pas de surcapacité globale en incinération à l'échelle européenne, le risque de surcapacité locale doit être évité au moyen de taxes ou de moratoires, en particulier dans les pays qui recourent le plus fortement à l'incinération[77]. En outre, la Commission

76 « *Public funding should also avoid creating overcapacity for non-recyclable waste treatment such as incinerators. In this respect it should be borne in mind that mixed waste as a feedstock for waste-to-energy processes is expected to fall as a result of separate collection obligations and more ambitious EU recycling targets. For these reasons, Member States are advised to gradually phase-out public support for the recovery of energy from mixed waste.* » (European commission, 2017)

77 « (…) *introducing or increasing incineration taxes, especially for processes with low energy recovery while ensuring they are paired with higher landfill taxes; phasing out support schemes for waste incineration and, where appropriate, redirecting support to higher-ranking processes in the waste hierarchy; and introducing a moratorium on new facilities and decommissioning older and less efficient ones. In the future, more consideration should be given to those processes, such as anaerobic digestion of biodegradable waste, where material recycling is combined with energy recovery. Conversely, the role of waste incineration – currently, the predominant waste-to-energy option - needs to be redefined to ensure that increases in recycling and reuse are not hampered and that overcapacities for residual waste treatment are averted.* » (European Commission, 2017).

Européenne préconise une relative souplesse quant à l'interprétation du principe de proximité qui ne doit pas entraver les transferts transfrontaliers[78].

En mars 2017, à la suite de la publication de la communication de la Commission européenne, l'ADEME a publié un avis sur le traitement des ordures ménagères résiduelles[79] qui aborde notamment la question de la capacité d'incinération. Sans que la notion de moratoire soit évoquée, les principes mis en avant sont ceux de la constance de la capacité globale, d'une amélioration du rendement énergétique et du tri des déchets, et d'une mutualisation (inter)territoriale. L'interprétation française de la communication de 2017 est significative sur deux aspects. Premièrement, elle pose l'idée d'une maturité du parc d'incinération : la priorité n'est plus à l'accueil des déchets, mais à l'amélioration des conditions de leur valorisation. Deuxièmement, elle explicite l'idée d'un assouplissement du principe de proximité, comme adaptation à la baisse constatée ou anticipée des tonnages.

Incinération des déchets, énergie et territoire. Les recommandations de l'ADEME (2017)

« Le parc d'incinération existant contribue déjà aujourd'hui de manière importante à l'objectif de réduction des tonnages mis en décharge. Les projections nationales tablent sur une capacité globale constante du parc existant d'unités d'incinération (126 unités représentant 15 Mt de capacité annuelle ; cela n'exclut pas l'existence de besoins locaux, notamment dans les territoires d'Outre-Mer).

Ce parc devra néanmoins évoluer vers un meilleur rendement énergétique : l'objectif est que l'incinération avec une valorisation énergétique insuffisante (c'est-à-dire avec un rendement inférieur au rendement de référence européen) ait diminué

78 « *In justified cases, the cross-border shipments of waste could help to make optimal use of the waste-to-energy capacity already available in a number of Member States. Exporting non-recyclable waste for energy recovery to another Member State should not necessarily be seen as contradicting the so-called principle of proximity (i.e. using the nearest appropriate facility) that underpins EU waste legislation. However, before opting for such approach competent authorities in the Member States should carry out a life-cycle analysis to ensure that the overall environmental impacts, including those related to the transport of waste, do not offset the sought benefits.* » (European Commission, 2017).

79 ADEME (2017), *Quel avenir pour le traitement des ordures ménagères résiduelles* ? Mars 2017, 11 p.

de moitié entre 2010 et 2025, et que l'incinération sans aucune récupération d'énergie (13 unités recevant 0,3 Mt en 2013) ait totalement disparu d'ici 2025.

L'ADEME recommande aux collectivités maîtres d'ouvrage d'engager des études et des discussions avec les collectivités voisines et leurs prestataires afin d'utiliser au mieux les capacités existantes en mutualisant leurs besoins. Cela peut conduire à réduire la part de déchets d'activités économiques non triés à la source entrant dans ces installations. De plus, pour toutes les unités, les exigences environnementales se renforceront entre 2018 et 2022, dans le cadre du BREF européen sur l'incinération.

Cette réflexion peut susciter des coopérations élargies entre territoires contigus en termes de partage d'autres équipements (centres de tri, unités de traitement biologique…) et vise à élargir le périmètre d'alimentation local des unités d'incinération avec valorisation énergétique afin de compenser la baisse du tonnage de déchets résiduels. »

Si la hiérarchisation est un principe structurant des politiques de prise en charge des déchets, l'ordonnancement des priorités est redéfini continuellement, en fonction du développement de nouvelles technologies et pratiques et surtout de la valeur accordée à tel ou tel procédé de traitement. En particulier, la qualité de la valorisation s'avère toujours relative, par conséquent les valorisations énergétiques sont envisagées en rapport avec d'autres procédés. Le ré-ordonnancement prévu par la communication de 2017 peut laisser penser que le principe adopté en 2008 de supériorité de la valorisation-matière sur la valorisation énergétique aurait fait long feu. Ce qui est significatif en réalité, c'est l'effort de mise en rapport de ce qui apparaît comme des *qualités* énergétiques et matérielles. Selon une échelle de valeur affinée, la qualité énergétique est conditionnée au traitement matériel et/ou à la composition des déchets dont elle est issue. Les qualités matérielles et énergétiques sont ainsi définies l'une par rapport à l'autre, signe d'une relation de plus en plus étroite, mais aussi de plus en plus complexe, entre énergie et déchet. Dans cette dialectique énergie/déchets, la dimension spatiale s'avère centrale. D'abord parce que la légitimité des équilibres entre valorisation-matière et valorisation énergétique est présentée comme devant être conditionnée aux spécificités des contextes locaux, sur le plan climatique notamment. Ensuite parce qu'elle conditionne la distance acceptable de la provenance des déchets à accueillir. Au final, les principes de hiérarchie et de proximité, deux principes fondateurs de la politique européenne de gestion des déchets telle qu'elle s'est construite depuis les années 1990, s'avèrent très relatifs. Cette relativité ne doit toutefois pas être attribuée aux inflexions introduites en 2017. Elle est en réalité contenue dans les dispositions normatives qui cadrent la valorisation énergétique.

5 Les déchets, une énergie renouvelable ?

Nous avons vu que le cadrage énergétique se joue dans les interstices de normes et par le biais de conventions métrologiques spécifiques qui reviennent à appréhender les déchets à l'aune de critères énergétiques. Or, ces standards et conventions ne sont pas uniquement endogènes aux déchets, ils proviennent pour une large part des politiques énergétiques. Avec la mise en place des premiers dispositifs de soutien aux énergies renouvelables au début des années 2000, s'est posée la question du positionnement de l'énergie issue des déchets par rapport à l'ensemble des énergies dites renouvelables, en particulier de l'électricité d'origine renouvelable, dont les objectifs de développement sont fixés par la directive du 27 septembre 2001[80]. L'utilisation du qualificatif de renouvelable pour la production énergétique est discutable, notamment du fait des matériaux mobilisés (Harjanne et Korhonen, 2019 ; Raman, 2013), a fortiori quand il s'agit de déchets. Au-delà de la pertinence terminologique, cette qualification a des implications importantes à différents égards. D'une part sur le plan statistique, du point de vue de la comptabilisation des émissions de gaz à effet de serre (voir chapitre précédent), mais aussi pour l'établissement des profils énergétiques nationaux. En effet, renseigner l'état et l'évolution du « mix énergétique » (c'est-à-dire la part respective de chacune des sources d'énergie mobilisée pour l'approvisionnement d'un pays ou d'un territoire donné) en vue de son inflexion est un indicateur central des politiques qui tendent vers une transition énergétique, conformément

---

80 Directive 2001/77/CE du Parlement européen et du Conseil du 27 septembre 2001 relative à la promotion de l'électricité produite à partir de sources d'énergie renouvelables sur le marché intérieur de l'électricité.

aux objectifs européens[81]. D'autre part, la désignation de l'énergie issue du traitement des déchets devient cruciale alors que se mettent en place divers instruments d'encouragement à la production d'énergie renouvelable : fiscalité incitative, tarifs d'achat, subventions… Le critère d'énergie renouvelable détermine alors les conditions d'accès au réseau, notamment électrique, mais aussi d'accès au marché et aux soutiens publics.

La directive européenne 2009/28/CE du 23 avril 2009 relative à la promotion de l'utilisation de l'énergie produite à partir de sources renouvelables établit une convention d'importance majeure qui consiste à considérer comme renouvelable la seule part biodégradable des déchets[82]. Cette partition découle de la comptabilité carbone qui distingue l'origine fossile ou biogénique du carbone (voir chapitre précédent). Or seule cette part biogénique est éligible aux instruments économiques de soutien aux énergies renouvelables. Cela nécessite de pourvoir déterminer la part biogénique d'une masse de déchets, exercice délicat concernant les déchets en mélange. Interviennent alors des conventions et arbitrages, plus ou moins proches de la réalité physique des matières en question, et sujettes à conflits. La directive 2009/28/CE n'impose pas de modalité de comptage de la part biogénique mais demande aux Etats membres la remise tous les deux ans jusqu'en 2021 d'un rapport sur les progrès réalisés dans la promotion et l'utilisation de l'énergie provenant de sources renouvelables. Parmi les données rapportées doivent figurer des « informations sur la méthode employée afin d'évaluer la part de déchets biodégradables sur l'ensemble des déchets utilisés pour la production d'énergie, ainsi que sur les mesures adoptées en vue d'améliorer et de vérifier ces estimations »[83]. Il incombe donc à chaque Etat d'établir un mode d'estimation de la part

---

[81] Selon les objectifs fixés par la directive européenne, la part d'énergie produite à partir de sources renouvelables dans la consommation d'énergie finale brute en France s'élevait à 10,3 % en 2005, et doit atteindre 23 % en 2020.

[82] « *énergie produite à partir de sources renouvelables»: une énergie produite à partir de sources non fossiles renouvelables, à savoir: énergie éolienne, solaire, aérothermique, géothermique, hydrothermique, marine et hydroélectrique, biomasse, gaz de décharge, gaz des stations d'épuration d'eaux usées et biogaz ;(…) «biomasse»: la fraction biodégradable des produits, des déchets et des résidus d'origine biologique provenant de l'agriculture (y compris les substances végétales et animales), de la sylviculture et des industries connexes, y compris la pêche et l'aquaculture, ainsi que la fraction biodégradable des déchets industriels et municipaux* ; » (Directive 2009/28/CE, article 2 : Définitions).

[83] Directive 2009/28/CE, article 22 : Rapports des Etats membres.

biodégradable des déchets dont la composition est de toute évidence très variable. Plusieurs méthodes sont utilisées, qui présentent chacune des avantages et des contraintes. Behrsin en a identifié quatre à partir des pratiques des gestionnaires d'installations de traitement de déchets. Le tri manuel, ainsi que la dissolution par acide, permettent d'avoir d'une estimation fiable sur des échantillons qui sont ensuite extrapolés aux volumes réels. Ces méthodes, fortement consommatrices de temps et d'argent, sont peu utilisées (Behrsin, 2019). La troisième méthode est également coûteuse : elle repose sur la mesure des isotopes de carbone dans les fumées d'incinérateur – C_{14} correspondant au carbone biogénique, C_{12} au carbone fossile. La quatrième – *the balance method* – est une modélisation des équilibres masse-énergie en entrée et sortie d'une installation de combustion (ADEME, 2016). Peu coûteuse, elle nécessite toutefois de réaliser des mesures régulièrement. Selon Behrsin, en dépit des prescriptions de la directive européenne, les Etats membres sont peu transparents sur la méthode utilisée, et la part biogénique des déchets est le plus souvent estimée à 50 %. C'est le cas en France notamment, où il est admis que les déchets sont composés pour moitié d'une part biodégradable et pour moitié d'une part non biodégradable[84]. Cette assimilation de la part biogénique à une énergie renouvelable est critiquée par les organisations environnementales qui y voient une source de « *soutien injustifié, et des subventions déguisées* » (Hogg et Bellinger, 2015)[85]. Inversement, d'autres acteurs, tels que le gouvernement français, optent pour une définition plus inclusive des déchets comme source d'énergie. Une des particularités de la France est d'adosser la notion d'énergie « de récupération » à celle d'énergie renouvelable. La catégorie « énergie de récupération », telle que définie par le code de l'énergie, inclut notamment la part non biodégradable des déchets.

---

84 « *Pour les déchets ménagers dont la composition moyenne nationale est connue, la France comme d'autres Etats Membres (Allemagne, Royaume Uni, Suède) considère que 50 % de l'énergie produite par des unités d'incinération d'ordures ménagères (UIOM) provient de la fraction renouvelable. D'autres pays ont fixé 51 % (Italie, Pays Bas) voire 58,8 % (Danemark).* » (ADEME 2016).

85 « *En Europe, les politiques et le contrôle des performances vont globalement dans la bonne direction (…). Il existe encore cependant des messages et des incitations contradictoires, dus en partie au fait que la part biodégradable des déchets est considérée comme une source d'énergie renouvelable. Cela entraine des mesures de soutien injustifiées, et des subventions déguisées à la production d'énergie à partir de déchets.* » (Hogg et Bellinger, 2015)

Energie renouvelable, énergie de récupération : les définitions du code de l'énergie

Code de l'énergie art. L211-2

Les sources **d'énergies renouvelables** *sont les énergies éolienne, solaire, géothermique, aérothermique, hydrothermique, marine et hydraulique, ainsi que l'énergie issue de la biomasse, du gaz de décharge, du gaz de stations d'épuration d'eaux usées et du biogaz. La biomasse est la fraction biodégradable des produits, déchets et résidus provenant de l'agriculture, y compris les substances végétales et animales issues de la terre et de la mer, de la sylviculture et des industries connexes, ainsi que la fraction biodégradable des déchets industriels et ménagers.*

Code de l'énergie art. R 712-1

Sont considérées comme **énergies de récupération** *: la fraction non biodégradable des déchets ménagers ou assimilés, des déchets des collectivités, des déchets industriels, des résidus de papeterie et de raffinerie, les gaz de récupération (mines, cokerie, haut-fourneau, aciérie et gaz fatals) et la récupération de chaleur sur eaux usées ou de chaleur fatale, à l'exclusion de la chaleur produite par une installation de cogénération pour la part issue d'une énergie fossile.*

La catégorie d'énergie renouvelable et de récupération (ENR&R) permet de regrouper les parts biodégradable et non biodégradable, au motif que bien qu'une moitié seulement de l'énergie valorisée soit considérée comme renouvelable, c'est bien la totalité de cette énergie qui vient en substitution à des filières classiques de production d'énergie (AMORCE/ADEME, 2016). L'énergie ainsi produite est alors réputée énergie renouvelable et de récupération, comme précisé par l'article R712-1 du code de l'énergie. Cette catégorisation n'a rien d'anodin, en raison de ses implications quant aux différents dispositifs nationaux de soutien à la chaleur et à l'électricité renouvelables. En effet, à partir de 50 % d'ENR&R, un réseau de chaleur peut prétendre à un soutien financier au titre du fonds chaleur, à une TVA plafonnée à 5,5 %, où encore à la possibilité d'activer la mesure de classement du réseau[86]. En revanche, concernant la

[86] Le classement du réseau rend possible une obligation de raccordement pour des nouveaux bâtiments dans un secteur donné.

valorisation électrique, et l'éligibilité aux *feed-in-tariffs*, la position française va se heurter à celle de l'Europe, cette dernière étant réticente à encourager la valorisation énergétique de la part non biodégradable des déchets au titre des énergies renouvelables. Le décret 2016-682 du 27 mai 2016 qui encadre le dispositif des « garanties d'origine renouvelable » pour l'électricité, précise que seule la partie biogénique des déchets est éligible à la garantie d'origine. Avec l'introduction de nouvelles règles concernant les tarifs d'achat de l'électricité issue de l'incinération (voir section suivante), l'application du seuil de 50 %, afin de ne soutenir que la partie réputée renouvelable, compromet l'intérêt économique de la valorisation électrique pour l'incinération des déchets.

A côté de la performance énergétique, la qualification renouvelable, déterminante pour la valorisation énergétique des déchets, est objet de négociations politiques et d'arbitrages nationaux et européens. Ces derniers signalent l'interpénétration des politiques énergie et déchets, plus précisément l'application d'un cadrage énergétique à la politique déchets. Or, les critères énergétiques se heurtent au caractère indéterminé des déchets (Gille, 2013 ; Hird, 2012b). Cette indétermination, qui est à la fois d'ordre matériel et moral, se manifeste à travers les tentatives d'établir une séparation artificielle de la masse de déchets de manière à isoler la part biodégradable. Le seuil de 50 % s'est imposé à travers des conventions métrologiques et statistiques qui rendent compte des mix énergétiques nationaux, quitte à faire fi de la réalité matérielle, difficilement saisissable, des masses de déchets. A cette approximation matérielle s'ajoute une question morale dès lors qu'il s'agit d'attribuer des valeurs distinctives à l'énergie issue des déchets. En conférant à la part biodégradable une qualité énergétique supérieure, qualifiée de renouvelable, on transpose aux déchets une distinction de qualité entre les sources « renouvelables » et les « fossiles » propres aux marchés de l'énergie. Mais ce régime de valeur est mis en question lorsqu'il s'agit d'une énergie produite incidemment, comme l'illustre la position de la France avec la notion « d'énergie de récupération ». Les systèmes de valeur des déchets et de l'énergie et leurs hiérarchies respectives sont dissonants, et ce sont les conditions de mise en marché de l'énergie renouvelable qui vont trancher ces irrésolutions.

Chaleur, électricité, gaz … les déchets pris dans les marchés énergétiques

La valorisation énergétique est pratiquée depuis la création de systèmes industriels de gestion des déchets, selon des modalités qui ont fortement évolué au fil du temps (Melosi, 2016 ; Melosi et Loyer, 1984 ; Moss, 2019). Chacun des principaux modes actuels de traitement des déchets (incinération, stockage, méthanisation) permet de produire de l'énergie sous une ou plusieurs formes (chaleur, électricité, gaz). Le choix d'une forme de valorisation énergétique plutôt qu'une autre dépend des conditions technico-économiques d'accès aux réseaux de transport et de distribution, déterminées en premier lieu par des critères de proximité. Il découle également des conditions d'accès aux marchés énergétiques et à leurs évolutions, sachant que ceux de l'électricité et du gaz ont été profondément réformés ces dernières années. Ces réformes, à travers les déstabilisations qu'elles génèrent auprès les acteurs des déchets, font que la gestion des déchets est de plus en plus conditionnée par les règles propres aux marchés énergétiques.

La vapeur générée par l'incinération est valorisée sous forme de chaleur, d'électricité, ou de cogénération (valorisation conjointe de chaleur et d'électricité). L'utilisation de la chaleur est conditionnée par la présence d'un réseau de chauffage urbain à proximité, dans le cas contraire seule la valorisation électrique est possible. Outre le contexte infrastructurel local, le choix de la valorisation dépend aussi très largement des conditions de vente de la chaleur comme de l'électricité. Valorisation thermique et électrique sont très encadrées et soutenues par des mécanismes incitatifs distincts qui sont sujets à évolution. En France, la livraison de chaleur bénéficie d'une fiscalité avantageuse pourvu que le réseau soit alimenté par 50 % minimum d'ENR&R et ouvre droit au fonds chaleur géré par l'ADEME (voir chapitre suivant).

La valorisation électrique, longtemps avantagée par le mécanisme de tarif d'achat garanti (*feed-in-tariff*), est depuis quelques années remise en cause par la réforme des conditions d'accès aux marchés des énergies renouvelables. Dans le cadre du système de tarif d'achat garanti, les distributeurs (EDF ou les entreprises locales de distributions) s'engageaient à acheter l'électricité à un tarif fixe sur une durée allant de 12 à 20 ans selon les filières. La durée était de 15 ans pour les unités de traitement thermique des déchets[87]. Or, ce mécanisme de soutien a été réformé en 2014 pour être rendu conforme

[87] Les producteurs bénéficiaient d'un tarif d'achat augmenté d'une prime à l'efficacité énergétique, ainsi que d'une prime fixe en fonction de la puissance de production installée, de la disponibilité et de la puissance garantie en hiver (AMORCE/ADEME, 2017).

aux règles européennes de concurrence de l'énergie. A partir d'une certaine puissance, l'électricité renouvelable doit, à partir du 29 mai 2016, être vendue par les producteurs à des marchés de gros de l'électricité, et les soutiens prendre la forme d'un « complément de rémunération » compensant les tarifs d'achat. Alors que des arrêtés dédiés fixaient pour chaque type d'activité l'accès au tarif d'achat, l'accès au complément de rémunération passe par des appels d'offre. Dans la pratique, cela implique de passer par des agrégateurs, ce qui n'est pas forcément désavantageux économiquement mais plus complexe et moins sécurisé, comme l'indique un spécialiste de ces questions au sein d'AMORCE : « Il faut donc monter un dossier, prendre des risques, avant d'être sûr d'avoir une aide sur l'électricité, ce qui est difficile à admettre surtout quand c'est de l'argent public » (Entretien, chargé de mission AMORCE). Les seuils d'assujettissement aux appels d'offre (puissance au-delà de laquelle les producteurs ne peuvent plus continuer à bénéficier du tarif d'achat) ont été négociés par filière. Ceux concernant les déchets ont été discutés au sein d'un groupe de travail ad hoc, puis une longue négociation entre le ministère de l'énergie français et la Commission européenne s'est engagée. Elle achoppait sur deux points de blocage. Le premier concernait l'assiette de la part renouvelable de l'électricité issue des déchets, évoquée précédemment. Le second point de désaccord portait sur l'aide à l'électricité produite par du biogaz de décharge, considérée par la Commission européenne comme contrevenant à l'objectif de limitation de la mise en décharge des matières fermentescibles. La France a pu au final faire valoir des mesures de limitation de mise en décharge des matières fermentescibles à travers l'arrêté du 15 février 2016 qui précise les matières autorisées dans une installation de stockage[88].

Le gaz issu de la méthanisation (de déchets agricoles ou de la fraction organique des déchets ménagers), du stockage en décharge, ou des installations de traitement des eaux (stations d'épuration – STEP) est appelé biogaz. Selon sa qualité (pureté, teneur en méthane), il peut être injecté dans les réseaux de gaz naturel, ou utilisé pour produire de l'électricité et/ou de la chaleur. Or, plusieurs dispositions ont été prises, pour des raisons diverses, qui concourent à favoriser la valorisation sous forme de gaz et l'injection dans le réseau. Les

[88] Arrêté du 15 février 2016 relatif aux installations de stockage de déchets non dangereux.

conditions d'achat de gaz[89] et d'électricité[90] issus de la méthanisation ou du stockage des déchets sont encadrées depuis 2011. Elles ont été depuis révisées au titre du soutien à la filière de méthanisation[91], encouragée dans le cadre de la programmation pluriannuelle de l'énergie. Depuis 2020, l'injection-réseau de biogaz est éligible au dispositif de garantie d'origine[92]. Une autre mesure, issue d'un décret de 2019[93], confère au biogaz un accès garanti au réseau de gaz naturel, autrement dit un « droit d'injection »[94], renforcé par l'obligation faite à l'opérateur de distribution de gaz d'en assumer une partie des contraintes (notamment financières)[95]. Une planification spécifique est introduite, à travers des *zonages de raccordement d'installations de production de biogaz*.

Outre la période d'incertitude réglementaire dans les années 2015-2018, les équilibres économiques de la valorisation énergétique sont durablement modifiés, au bénéfice de la valorisation-chaleur en ce qui concerne l'incinération, et de la valorisation-gaz pour ce qui concerne le stockage et la méthanisation. Le débat sur les formes de valorisation à favoriser n'est pas nouveau. La supériorité de la chaleur et du gaz sur l'électricité avait été mise en évidence pour des motifs de rendement énergétique et d'intérêt local dès 2006 dans un rapport du Sénat qui dénonçait « l'électrocentrisme » (Sénat, 2006). Il existait auparavant une prime à la valorisation électrique qui était

---

[89] Arrêté du 23 novembre 2011 fixant les conditions d'achat du biométhane injecté dans les réseaux de gaz naturel.

[90] Arrêté du 19 mai 2011 fixant les conditions d'achat de l'électricité produite par les installations qui valorisent le biogaz

[91] Concernant l'électricité : les méthaniseurs de plus de 500 kW sont assujettis à appels d'offres, ceux de moins de 500 kW ont accès au tarif d'achat de l'électricité garanti pendant 20 ans.

[92] Décret n° 2020-1701 du 24 décembre 2020 relatif aux garanties d'origine de biogaz injecté dans les réseaux de gaz naturel.

[93] Décret n°2019-665 relatif aux renforcements des réseaux de transport et de distribution de gaz naturel nécessaires pour permettre l'injection du biogaz produit.

[94] *« Il fait suite à la loi "EGAlim", qui dispose que les gestionnaires doivent renforcer les réseaux lorsqu'une installation de production de biogaz est située à proximité d'un réseau de gaz naturel. Le décret définit les conditions technico-économiques d'investissement associées et les modalités de répartition des coûts entre gestionnaires de réseaux et producteurs de biogaz. »* <https://amorce.asso.fr/actualite/biogaz-publication-du-decret-droit-a-l-injection>

[95] Sur ce point, voir la thèse de Camille Mesnil (2023) *Convertir la méthanisation en « solution de transition énergétique ». Le cas de la relance de la méthanisation en Ile-de-France 1990-2020*, Université Paris Est.

abondée en fonction d'une valorisation-chaleur préalable. Cette prime a disparu car la CRE ne souhaitait pas que le consommateur d'électricité paye pour la valorisation chaleur (Entretien, chargé de mission AMORCE). Les associations environnementales ont de leur côté toujours été critiques à l'égard de la valorisation électrique, au motif que la chaleur présente de meilleurs rendements énergétiques. De plus, elles dénoncent une situation de subvention déguisée à l'incinération qui bénéficie ainsi d'un avantage par rapport aux autres procédés conventionnels de production électrique, qui eux sont soumis aux quotas carbone[96].

La hiérarchisation des produits énergétiques, revendiquée de longue date par certains acteurs, intervient finalement presque par inadvertance, sous l'effet des règles de marché et de mise en concurrence appliquées aux énergies renouvelables et de récupération. Elle procède d'une part d'une volonté des autorités publiques d'encourager la valorisation-chaleur et l'injection-gaz, mais aussi et surtout des règles de mise en marché de l'électricité, qui en répondant à des principes de concurrence, repositionne l'intérêt économique des produits énergétiques les uns par rapport aux autres. C'est là est un effet collatéral de l'intégration des impératifs énergétiques dans la gestion des déchets. Les modifications du cadrage réglementaire et des systèmes de soutien financier de ces dernières années génèrent des frottements qui adviennent entre les principes relevant d'une politique publique ou de l'autre. On voit se dessiner une ligne de tension entre un principe de concurrence (propre à l'énergie) et le principe de hiérarchie qui doit présider à la gestion des déchets. Les réticences à soutenir la valorisation du biogaz de décharge, comme la part non biodégradable des déchets incinérés, sont révélatrices de la difficulté à mettre en cohérence les rationalités énergétiques et celles des déchets. Si elles ne remettent pas en cause les équipements existants et les contrats signés, ces

---

[96] « *Le système européen d'échange de quotas d'émissions n'accorde aucun quota gratuit pour la production d'électricité (à quelques exceptions près). Or, les installations de valorisation énergétique des déchets ne sont pas inclues dans ce système, ce qui constitue une subvention indirecte. Bien que la Commission européenne ait fréquemment demandé aux Etats membres de cesser toute subvention dommageable pour l'environnement, le système ETS (pour lequel la Commission porte une responsabilité substantielle) permet une subvention indirecte des installations de gestion des déchets qui produisent de l'électricité ; alors même qu'un incinérateur avec valorisation énergétique émet 600g de* CO_2 *par kWh produit, soit le double de l'intensité carbone d'une centrale électrique au gaz moderne.* » (Hogg et Bellinger, 2015).

nouvelles dispositions sont à même d'avoir des conséquences majeures quant aux technologies choisies, mais aussi à la localisation des futures unités de traitement. En effet, contrairement à la valorisation électrique, peu contrainte spatialement, la valorisation sous forme de chaleur, ainsi que de gaz dans une moindre mesure, doivent répondre à des contraintes de proximité liées à la présence d'un réseau de distribution. De surcroît, l'intensification des injonctions et la multiplication des incitations de part et d'autre, rend les choix technologiques et la conduite opérationnelle des infrastructures de plus en plus complexe.

6 Les déchets comme combustible

Les combustibles solides de récupération (CSR)[97] désignent une catégorie de matériaux à la frontière entre déchet et combustible énergétique. Il s'agit de conférer à certains types de déchets non dangereux, le plus souvent composés de refus de tri, un statut de combustibles destinés à être préparés pour être brûlés dans des unités de production d'énergie, et à être commercialisés comme tels. L'utilisation de déchets comme combustible dans des installations industrielles n'ayant pas comme finalité le traitement des déchets, les cimenteries notamment, se pratique de longue date ; on parle alors de « co-incinération »[98]. Mais ce statut hydride de résidu-combustible mérite attention, car il est symptomatique d'une articulation de plus en plus étroite entre la gestion des déchets et la production énergétique et d'une ambition de développement sans précédent. La formalisation de la « filière CSR » procède en effet d'une régulation européenne et nationale, d'instruments réglementaires et économiques, et d'une construction politique. Cette filière, présentée comme un

---

97 *Refused derived fuels* (RDF) ou *Solid recovered fuel* (SRF) en anglais.

98 L'arrêté du 20 septembre 2002 relatif aux installations d'incinération et de co-incinération de déchets non dangereux et aux installations incinérant des déchets d'activités de soins à risques infectieux définit la co-incinération en ces termes : « *une installation fixe ou mobile dont l'objectif essentiel est de produire de l'énergie ou des produits matériels et qui utilise des déchets comme combustible habituel ou d'appoint ou dans laquelle les déchets sont soumis à un traitement thermique en vue de leur élimination. Si la co-incinération a lieu de telle manière que l'objectif essentiel de l'installation n'est pas de produire de l'énergie ou des produits matériels mais plutôt d'appliquer aux déchets un traitement thermique, l'installation doit être considérée comme une installation d'incinération.* »

fleuron de l'économie circulaire, est très fortement soutenue par des acteurs publics et privés depuis plusieurs années, bien qu'elle peine à se développer.

Produire de l'énergie pour absorber les refus de tri

L'invention des combustibles solides de récupération est consécutive à la mise en œuvre des réformes des politiques de gestion des déchets initiées dans les années 1990. La pratique du tri et du recyclage conduit à isoler des matières (pneus, bois) qui ont un fort intérêt calorifique. De plus, le développement du recyclage induit des refus de tri qui sont de plus en plus importants, notamment pour certains matériaux comme les plastiques, dont les taux de recyclage sont faibles. Par ailleurs, certains procédés de traitement à partir de déchets non triés, tels que le tri mécano-biologique (TMB), une fois la fraction organique retirée, produisent des résidus valorisables. Ainsi, les technologies encouragées par les politiques contemporaines du traitement des déchets génèrent des flux secondaires qu'il s'agit d'absorber… en évitant de les mettre en décharge, et si possible en tirant bénéfice du potentiel marchand qu'ils représentent. L'origine exacte de la catégorie de *refused derived fuel* est difficile à déterminer, mais de telles filières se développent dès le début des années 2000, sur la base de plusieurs spécifications techniques européennes et de différentes normalisations nationales. Le Comité européen de la standardisation a été mandaté par le Commission européenne pour réaliser une harmonisation de la standardisation, qui aboutit en 2011 à la norme NF-EN-15359 selon laquelle « les combustibles solides de récupération sont des combustibles solides préparés (soit traités, homogénéisés et améliorés pour atteindre une qualité pouvant faire l'objet d'échanges commerciaux entre les producteurs et les utilisateurs) à partir de déchets non dangereux, utilisés pour la valorisation énergétique dans des usines d'incinération ou de co-incinération, et conformes aux exigences de classification et de spécification de l'EN-15359 »[99]. La normalisation européenne établit un système de classement en fonction de trois critères : le pouvoir calorifique inférieur (PCI) (qui détermine la qualité énergétique), la teneur en chlore (qualité

---

99 <https://www.ademe.fr/expertises/dechets/passer-a-laction/valorisation-energetique/dossier/combustibles-solides-recuperation/caracterisation-combustibles-solides-recuperation> [consulté le 04/08/2021].

technique) et en mercure (qualité environnementale). Une des différences qui demeure entre les pratiques nationales est de recourir ou non au statut de « sortie de déchets ».

En France, deux études menées en 2008 par le consortium Record et en 2012 par l'ADEME, visent à établir un état des lieux des pratiques des différents pays européens ainsi qu'à estimer les gisements potentiels sur le territoire national, afin de promouvoir des filières françaises. La volonté de structurer des filières *ad hoc* est manifeste tant les volumes sont conséquents, notamment ceux issus des activités économiques. Ils représentent un potentiel inexploité[100] qu'il serait dommage de voir partir à l'export. Le développement de filières CSR est inscrit dans la loi LTECV de 2015 comme un moyen d'atteindre les objectifs de réduction de la mise en décharge[101], puis dans la loi AGEC[102]. Le gisement à l'horizon 2025 est estimé à 2,5 Mt, équivalant à un potentiel énergétique de 100 MW. Considérant qu'1 Mt pourrait être consommé par les cimentiers, il reste 1,5 Mt à valoriser dans le cadre d'unités dédiées. La loi LTECV précise les conditions de production et d'utilisation de ces CSR : « [il s'agit d'] Assurer la valorisation énergétique des déchets qui ne peuvent être recyclés en l'état des techniques disponibles et qui résultent d'une collecte séparée ou d'une opération de tri réalisée dans une installation prévue à cet effet. Dans ce cadre, la préparation et la valorisation de combustibles solides

---

100 « *Le potentiel de production de CSR affinés en provenance des déchets des ménages français est compris entre 500 000 et 2 500 000 t/an environ, soit 2 à 9 % du gisement brut disponible, représentant une ressource énergétique en énergie primaire de l'ordre de 2 à 10 TWh/an7, ou encore 170 000 à 800 000 tep/an. (…) Le potentiel de production de CSR affinés en provenance des déchets des activités économiques est compris entre 1 700 000 et 4 700 000 t/an environ, soit 3 à 8 % du gisement brut disponible, représentant une ressource énergétique en énergie primaire de l'ordre de 7 à 18 TWh/an9, ou encore 600 000 à 1 800 000 tep/an* » (ADEME, 2012).

101 « *Réduction de 50 % des Déchets Non Dangereux admis en installation de stockage d'ici 2025 (par rapport à 2010, pour les déchets des ménages et des activités économiques) au travers notamment du développement de la valorisation énergétique des refus de tri préparés sous forme de Combustible Solide de Récupération (CSR).* » (Loi n° 2015-992 du 17 août 2015 relative à la transition énergétique pour la croissance verte).

102 « *Assurer la valorisation énergétique d'au moins 70 % des déchets ne pouvant faire l'objet d'une valorisation matière d'ici 2025. Cet objectif est atteint notamment en assurant la valorisation énergétique des déchets qui ne peuvent être recyclés en l'état des techniques disponibles et qui résultent d'une collecte séparée ou d'une opération de tri, y compris sur des ordures ménagères résiduelles, réalisée dans une installation prévue à cet effet.* » (Loi n° 2020-105 du 10 février 2020 relative à la lutte contre le gaspillage et à l'économie circulaire)

de récupération font l'objet d'un cadre réglementaire adapté. Afin de ne pas se faire au détriment de la prévention ou de la valorisation sous forme de matière, la valorisation énergétique réalisée à partir de combustibles solides de récupération doit être pratiquée soit dans des installations de production de chaleur ou d'électricité intégrées dans un procédé industriel de fabrication, soit dans des installations ayant pour finalité la production de chaleur ou d'électricité, présentant des capacités de production de chaleur ou d'électricité dimensionnées au regard d'un besoin local et étant conçues de manière à être facilement adaptables pour brûler de la biomasse ou, à terme, d'autres combustibles afin de ne pas être dépendantes d'une alimentation en déchets. L'Agence de l'environnement et de la maîtrise de l'énergie remet tous les trois ans un rapport au Gouvernement sur la composition des combustibles solides de récupération et sur les pistes de substitution et d'évolution des techniques de tri et de recyclage. »[103]. Cet article de loi mentionne plusieurs aspects importants (soulignés ci-dessus). Un cadre réglementaire spécifique est rapidement mis en place, avec la publication en mai 2016 d'un décret et de deux arrêtés qui donnent une définition du CSR[104] et fixent les principes et les conditions de leur valorisation énergétique. Cette réglementation se base sur le système des *installations classées pour la protection de l'environnement* (ICPE) : une nouvelle nomenclature désigne les installations de production d'énergie à partir de CSR. Les matières préparées doivent répondre à des critères de qualité énergétique et environnementale, qui prennent en compte leur pouvoir calorifique (supérieur ou égal à 12 000 kJ/kg) et leur teneur en éléments polluants (mercure, chlore, brome notamment)[105]. Les modalités d'échantillonnage (sur la base de lots homogènes inférieurs à 1 500 tonnes) et de rapportage des propriétés physiques, mécaniques et chimiques sont également précisées par l'arrêté. Il faut retenir de la normalisation française le

---

103 Loi n° 2015-992 du 17 août 2015 relative à la transition énergétique pour la croissance verte, article 70.

104 « *un déchet non dangereux solide, composé de déchets qui ont été triés de manière à en extraire la fraction valorisable sous forme de matière dans les conditions technico-économiques du moment, préparé pour être utilisé comme combustible dans une installation relevant de la rubrique 2971 de la nomenclature des installations classées pour la protection de l'environnement* » (Décret n° 2016-630 du 19 mai 2016 modifiant la nomenclature des installations classées pour la protection de l'environnement).

105 Arrêté du 23 mai 2016 relatif à la préparation des combustibles solides de récupération en vue de leur utilisation dans des installations relevant de la rubrique 2971 de la nomenclature des installations classées pour la protection de l'environnement.

choix de maintenir le statut de déchet et de recourir à un cadrage qui associe protection environnementale et sanitaire avec des critères de qualité énergétique et technique. Le principe d'une conception et d'un dimensionnement des équipements en fonction des besoins énergétiques, et non des déchets à éliminer, est un critère déterminant qui acte leur finalité énergétique. La notion de demande locale d'énergie est précisée par l'arrêté de 2016[106] : c'est la livraison de chaleur qui est privilégiée par rapport à la production d'électricité (à l'exception des Dom Tom et la Corse qui, ne disposant pas de réseaux de chauffage, peuvent produire de l'électricité seule).

Dimensionnement, « besoins locaux » en énergie et origine des CSR : le cadrage administratif

« L'exploitant doit justifier du respect des obligations en termes de déchets admissibles et interdits, et notamment du caractère non recyclable des déchets admis sur son installation de préparation de CSR dans le cadre de son Dossier de Demande d'Autorisation d'Exploiter au titre des ICPE pour la rubrique 2971, justifiant par ailleurs sa capacité de traitement.
Cette justification porte sur une analyse du contexte local en lien avec la planification départementale ou régionale de la gestion des déchets. Elle porte sur :

- l'origine géographique et la nature des déchets envisagés, et leurs destinations actuelles et futures,
- le rappel des orientations européennes, nationales, régionales et départementales,
- les implications de ces orientations pour l'unité considérée,
- les débouchés énergétiques envisagés,

106 « *Les installations sont dimensionnées pour répondre à un besoin local identifié et quantifié de chaleur ou d'énergie thermique (vapeur, eau surchauffée, eau chaude) à usage industriel ou pour l'alimentation d'un réseau de chaleur. Les installations produisent a minima de la chaleur en fonction de ce besoin local et, le cas échéant, de l'électricité à titre complémentaire. Cet alinéa ne s'applique pas aux fours de cuisson qui répondent à un besoin de production.* » (Arrêté du 23 mai 2016 relatif aux installations de production de chaleur et/ou d'électricité à partir de déchets non dangereux préparés sous forme de combustibles solides de récupération dans des installations prévues à cet effet associés ou non à un autre combustible et relevant de la rubrique 2971 de la nomenclature des installations classées pour la protection de l'environnement).

- la réversibilité vers d'autres combustibles,
- et enfin la conformité de l'installation en termes de situation géographique, de déchets réceptionnés et de capacités de traitement.

La notice du décret du 19 mai 2016 créant la rubrique 2971 précise que « Ces installations devront répondre à une demande locale pour justifier de la capacité de l'installation. » (ADEME, 2016). Cette exigence, dont le respect devra donc être démontré dans le dossier de demande d'autorisation (...) est retranscrite par les services instructeurs après enquête publique, enquête administrative et avis du CODERST dans l'arrêté préfectoral d'autorisation d'exploiter.

Le souci de s'abstraire d'une dépendance aux déchets est explicitement exprimé, de même que celui de respecter la hiérarchie de valorisation-matière sur la valorisation énergétique, rappelée dans la loi LTECV. C'est dans cette optique que le législateur a prévu une évaluation régulière de la composition des CSR, confiée à l'ADEME. L'agence publie en 2016 une étude exploratoire visant à aboutir à un protocole de caractérisation des CSR[107]. Il s'agit de vérifier que seules les matières ne pouvant plus être recyclées sont utilisées comme CSR, mais aussi de caractériser leur part biogénique, donc renouvelable. Comme nous l'avons vu précédemment, cette caractéristique est essentielle eu égard aux dispositifs de soutien à l'énergie renouvelable. Or, il n'est pas question d'appliquer aux CSR le ratio de 50 % retenu par la France pour les déchets en mélange. Pour certains secteurs du traitement des déchets, ceux de l'ameublement par exemple, il s'agit d'un débouché stratégique pour les résidus de bois dont les volumes dépassent largement les besoins en bois aggloméré, qui est la principale forme de valorisation-matière[108].

---

[107] ADEME (2016), Méthodes et protocoles pour caractériser les combustibles issus de déchets : mesure de la fraction renouvelable, vérification que les composants ne sont pas valorisables sous forme de matière. Etude réalisée pour le compte de l'ADEME par INDSIGO/INERIS/Bio by Deloitte, 87 p.

[108] « *Pour les combustibles issus de déchets, cette part est spécifique à chaque gisement. Il ne peut y avoir une valeur unique. Elle nécessite de reposer sur des mesures. La valeur dépend des déchets qui ont contribué à sa production et du procédé de préparation. La fraction renouvelable peut aller de près de 100 % pour du bois à 0 % pour un mélange de plastiques. Il est donc nécessaire de disposer d'un protocole permettant de connaître cette valeur.* » (ADEME, 2016).

CSR et CO_2 : un statut partiellement stabilisé

Non considérées comme des usines de traitement de déchets, les unités CSR sont soumises aux quotas carbone. En revanche les modalités de comptage de la part biogénique ne sont pas spécifiées en France. Précisément, il s'agit d'un point de revendication des professionnels auprès des pouvoirs publics. En effet, pour certaines matières composées de biomasses telles que le bois ou le papier, il y a intérêt (tant du point de vue des quotas carbone que de l'accès aux marchés de l'électricité renouvelable) à passer par une mesure effective de la part biogénique plutôt que par le ratio de 50 %. Ci-dessous figure un extrait de l'étude réalisée par l'ANCRE (ANCRE, 2018 : 62).

La directive EU-ETS stipule que les installations de co-incinération de plus de 20 MW sont soumises aux quotas. Les unités de valorisation de CSR sont classées selon la rubrique 2971 en tant que co-incinérateur. La LTECV précise qu'elles sont dimensionnées pour produire de l'énergie et non pas pour traiter des déchets. Aussi, les unités de valorisation de CSR sont soumises aux quotas de CO_2.

De plus, les décharges ne sont pas incluses dans le marché carbone mais hors EU ETS (partie appelée Sharing). Certains acteurs veulent faire entrer les décharges dans EU ETS pour financer les investissements CSR (préparation et combustion).

Un taux moyen de teneur en énergie renouvelable (comme le taux de 50 % appliqué à l'incinération des déchets ménagers) peut-il s'appliquer aux CSR ? Si on prend en compte l'énergie nécessaire à leur production et à leur valorisation (approche ACV), les CSR participent-ils à une réduction nette des émissions de GES par rapport à d'autres filières de traitement des déchets et de production d'énergie ?

Il est clair que la combustion de CSR (à forte teneur en biomasse) dans les usines industrielles aurait pour impact une réduction d'émission de CO_2 *ce qui serait satisfaisant du point de vue environnemental et de plus aiderait à la valorisation économique en évitant l'achat de quotas carbone sur l'EU ETS. Dans le cadre du PEC 2030, l'objectif est d'atteindre, en 2030, une consommation d'énergie primaire contenant 27 % d'énergies renouvelables. La tendance européenne est donc au développement de l'utilisation de sources d'énergie renouvelable. L'enjeu pour les CSR est alors d'être reconnus pour partie comme source d'énergie renouvelable.*

Les méthodes de détermination du contenu biogénique des CSR ont été clarifiées au niveau européen grâce aux travaux du CEN. Certains pays ont mis en avant ce levier pour développer la filière CSR. C'est le cas du Royaume-Uni, où le tarif de rachat des énergies renouvelables s'applique aux CSR contenant plus de 90 % de carbone biogénique, et où les obligations de production d'énergie renouvelable peuvent être remplies grâce au contenu biogénique des CSR.

Une filière très soutenue mais à la peine

Parallèlement à la construction d'un cadre réglementaire ad hoc, des mécanismes de soutien financiers à la création d'unités CSR sont mis en place. L'appel à projet de l'ADEME Energie CSR, abondé par le Fonds économie circulaire, est ouvert en 2016. Les lauréats bénéficient d'aides à l'investissement sous la forme de subventions ou d'aides remboursables. Les projets sont sélectionnés sur la base de critères de qualité, d'approvisionnement, de localité ou de dimensionnement de l'installation (Fiche, 2020). Depuis 2019, l'appel à projets est ouvert à la cogénération, mais la valorisation électrique est freinée du fait de la modification des systèmes d'aide à l'électricité issue de la combustion des déchets évoquée précédemment. Par ailleurs, les CSR sont exemptés de TGAP, ce qui leur confère un avantage notoire par rapport au traitement des déchets classiques.

En dépit de ces soutiens financiers, les unités CSR ouvertes en France sont peu nombreuses[109] : les principales utilisations sont la cimenterie et les incinérateurs d'ordures ménagères[110]. Pourtant, l'intérêt pour le développement de cette filière est réitéré dans le cadre d'études et de travaux tels que ceux réalisés par la Fédération professionnelle des entreprises du recyclage (FEDEREC), qui a proposé une classification française définissant la qualité des CSR à partir de sept paramètres (FEDEREC et COMPTE-R, 2015), ou l'Alliance nationale de la coordination de la recherche pour l'énergie (ANCRE), qui a organisé avec l'Association alliance chimie recyclage (2ACR) un colloque sur le sujet

---

[109] Une des unités en fonctionnement est la chaudière CSR de Changé en Mayenne, située au sein d'un pôle multifilière de valorisation de traitement des déchets. Elle utilise du refus de tri de déchets d'ameublement. Elle alimente l'hiver le réseau de chaleur urbain de la ville de Laval située à 10 km de Changé et fournit en chaleur la coopérative agricole Deshyouest l'été pour sécher leurs fourrages (Fiche, 2020).

[110] Près de 100 000 tonnes de CSR ont été produits en France en 2011, 150 000 tonnes en 2014. Les cimenteries ont consommé 240 000 tonnes de CSR (dont des pneus usagés) en 2014 (chiffres FEDEREC et FNADE) (ANCRE, 2018).

en 2018[111]. Les auteurs de ces travaux affirment qu'un soutien financier plus affirmé ainsi que l'implication des collectivités locales sont nécessaires pour la multiplication des projets. Dans la suite de la publication de la *Feuille de route Economie circulaire*, un *Contrat de filière Transformation et valorisation des déchets 2019 – 2022* est signé par le *Conseil national de l'industrie* en janvier 2019. Un des six projets consiste à *Accompagner la croissance des besoins en valorisation énergétique des fractions non recyclables (CSR)*. Ce document prévoit la création d'un observatoire des CSR et le financement à l'investissement de plusieurs projets industriels ou expérimentaux grâce à une enveloppe financière de 20 à 30 M€ par an, afin de surmonter la difficulté des projets à trouver leur équilibre économique[112].

La question des CSR, connue des seuls initiés du domaine des déchets, n'est pas marquée par des oppositions de principe ou des intérêts ouvertement divergents. Au moment de la normalisation européenne en 2011, l'association environnementale européenne Ecos, relayée par le CNIID (Centre national d'information indépendance sur les déchets) en France, avaient alerté sur des valeurs toxicologiques trop lâches ou incomplètes. « La nécessité de créer une nouvelle filière dotée d'une image valorisante » (Record, 2008) qui contraste avec l'incinération, dont on ne peut que constater qu'elle est mal acceptée, est une motivation non négligeable pour les promoteurs de cette filière. Le CNIID évoque de son côté un « nouveau tour de passe-passe de l'incinération »[113]. Pourtant, c'est davantage l'association des CSR avec la technique

---

[111] « Les CSR : un outil de développement économique territorial à co-construire », Solaize, 20 juin 2018.

[112] « *La filière CSR, dont l'émergence est nécessaire (...), se heurte à un défaut de compétitivité relevant de plusieurs aspects. Premièrement, la préparation de CSR homogénéisés selon les critères de l'arrêté du 23 mai 2016, constitue un coût difficilement compensé en aval par des économies sur le tarif d'entrée dans l'installation de combustion, malgré l'exemption de TGAP déchet. Deuxièmement, une chaufferie adaptée aux CSR nécessite un certain nombre d'investissements pour le traitement des fumées, qui restent nettement plus coûteux que pour des chaufferies prévues pour des énergies fossiles ou pour la biomasse. Ainsi, l'énergie CSR reste peu compétitive par rapport aux énergies fossiles de type gaz, pétrole et charbon. Cinq à six unités utilisatrices de CSR représentant plusieurs cas de figure techniques et économiques seront expérimentés.* » (Conseil national de l'industrie, Contrat de filière Transformation et valorisation des déchets 2019-2022, janvier 2019, 27p).

[113] <https://www.cniid.org/Les-combustibles-solides-de-recuperation-CSR,291> [consulté le 12/08/2021]

du tri mécano-biologique (TMB) qui va alerter les associations environnementales : « aujourd'hui, les tentatives de légitimation de cette technologie [le TMB] passent avant tout par la production de CSR » (ZWF, 2018). Ces dernières n'opposent pas de refus de principe à la constitution de filières CSR, mais une posture de vigilance, commune à tous les équipements accueillant des déchets[114]. Le risque de *lock-in* infrastructurel et financier est un souci majeur des acteurs associatifs ; ils s'inquiètent du poids pris par cette filière qui tend à capter les fonds destinés à l'économie circulaire[115]. Si la filière ne rencontre pas une opposition frontale, elle nourrit des attentes différentes, en particulier dans la manière dont elle réaliserait ou contredirait l'économie circulaire. Pour Zéro Waste France les filières CSR représentent une « industrie de transition », car « la persistance de flux de déchets non recyclables est une anomalie à corriger en profondeur » (ZWF, 2018), tandis que pour les acteurs institutionnels, il s'agit de filières d'avenir ayant un rôle structurant dans l'économie circulaire et dans la stratégie industrielle nationale.

Cette catégorie singulière que sont les *combustibles solides de récupération* signale une nouvelle ère de la valorisation énergétique des déchets selon laquelle la production énergétique n'est plus incidente au traitement de

---

[114] Comme l'illustre l'avis exprimé par Zéro Waste France sur la Programmation pluriannuelle de l'énergie de 2018 : « *Nous demandons que la programmation pluriannuelle de l'énergie en discussion ne fixe pas d'objectifs trop élevés en matière de valorisation énergétique par incinération, combustion de CSR et mise en décharge des déchets. Des projections élevées, quand bien même il s'agirait d'équiper des installations déjà existantes, impliquent des investissements lourds constituant un frein au développement de l'économie circulaire, eu égard à la nécessaire rentabilisation, en local, de ces investissements. Nous invitons donc le Ministère à être très prudent dans la construction de ces projections, et à ne pas simplement reprendre les mises des industriels du secteur.*» (ZWF, 2018).

[115] « *(…) il n'y a pas d'opposition frontale de notre côté dans la mesure où les CSR sont constitués de refus de tri, qu'on a été au bout de la chaîne et qu'on ne peut rien en faire d'autre. Nous n'avons pas d'objection à ce qu'ils soient utilisés en cimenterie ou dans des installations industrielles car ils auraient de toute façon été incinérés ou enfouis. En revanche on est vigilants sur le fait que tous les gros financements de l'économie vont aux CSR. Quand on voit comparativement ce qui est accordé aux politiques de prévention, au développement des emballages en verre, aux ressourceries et recycleries… Ce sont des budgets énormes et on présente cela comme la solution miracle de l'économie circulaire dans le cadre du plan de relance, alors que ça reste de l'incinération. La vigilance c'est de ne pas en faire le secteur d'investissement numéro 1, à ne pas surdévelopper la filière, et à ne pas créer de besoin dans des industries particulièrement concernées telles que les cimenteries, à ce qu'elles ne deviennent pas dépendantes de l'apport en CSR.* » (Entretien, membre Zéro Waste France).

déchets mais constitue une finalité en soi. Cette finalité énergétique se traduit par des dispositions matérielles, infrastructurelles et territoriales qui permettent d'extraire des flux de déchets des matières résiduelles préparées, mesurées et classées à l'aune de leur valeur énergétique. Des infrastructures sont instituées dont la vocation première n'est pas d'absorber des déchets en masse mais de produire de l'énergie à partir de flux sélectifs. Même si dans la pratique il s'agit bien de brûler des déchets, c'est un inversement de priorité qui se joue ici. Le territoire est convoqué dans la mesure où ce sont les « besoins locaux » en énergie qui devront fonder la légitimité et le dimensionnement des projets, mais selon un cadrage plutôt lâche. L'enjeu qui se dessine alors est de mettre en adéquation ces besoins énergétiques locaux avec des gisements de déchets, qui sont eux théoriquement soumis au respect du principe de proximité. Ces flux résiduels ont à se positionner dans un paysage instrumental complexe qui relève à la fois des politiques des déchets et de l'énergie. L'exemption de TGAP, l'assujettissement aux crédits carbone, mais aussi les négociations relatives au calcul de la part biogénique, témoignent d'une singularisation par rapport aux déchets conventionnels. La frontière est ténue, mais les implications économiques sont importantes, car il s'agit de basculer d'une valeur négative du déchet à un bien énergétique à valeur positive. Or, le constat qui s'impose est celui d'un bilan économique négatif pour ces matières qui, en dépit d'aides publiques mais dans un contexte de prix bas des énergies fossiles, ne parviennent pas (encore ?) à atteindre un prix de vente en tant que combustible marchand.

Des déchets à l'énergie : circularité et circulation

Les politiques de gestion des déchets, de plus en plus déterminées par des orientations, des règles et des instruments relevant du domaine de l'énergie, sont l'objet d'un cadrage énergétique qui s'inscrit dans le prolongement du cadrage climatique. Au cours de ces trente dernières années les critères énergétiques ont indéniablement pris une place croissante, à la faveur de normes et de dispositions technico-économiques complexes qui s'articulent avec les principes directeurs des politiques des déchets, tels que celui de hiérarchie. Ces enjeux très techniques n'en sont pas moins politiques, donnant lieu à des entreprises de lobbying, des négociations institutionnelles et des prises de positions controversées, qui se jouent sur le terrain d'une expertise pointue davantage que du débat public. L'examen des dispositions constitutives du cadrage énergétique des déchets fait apparaître plusieurs lignes de tension.

La première a trait à la manière dont la valorisation énergétique met en tension les principes directeurs des politiques déchets, en premier lieu celui de hiérarchie, et indirectement celui de proximité. Les formes évolutives de la valorisation énergétique des déchets nécessitent d'adapter la hiérarchie, qui est amendée et ré-ordonnancée. En effet, les versions successives de la hiérarchie résultent d'une nécessité de positionnement (2008), puis d'affinement (2017) de la valorisation énergétique par rapport à la hiérarchisation fondatrice prévention/réemploi/valorisation/élimination. La priorisation de la valorisation-matière sur la valorisation énergétique est un acte important, dont on ne peut saisir la portée qu'à travers la norme de performance énergétique. Or, en même temps qu'elle rend effective la hiérarchie entre valorisation-matière et valorisation énergétique, cette norme introduit un assouplissement du principe de proximité, dans la mesure où elle permet la circulation spatiale des déchets avec la possibilité de leur import-export. Le facteur climatique intervient pour gommer les disparités géographiques en termes de climat, de manière à niveler les conditions économiques et rendre cette circulation possible. L'articulation de la valorisation énergétique à l'économie circulaire, formalisée à travers la communication de la Commission Européenne de 2017, mais aussi à travers les dispositions relatives aux CSR, confirme une acception très souple du principe de proximité. L'idée qui sous-tend ces dernières orientations est de permettre la circulation des déchets, en maîtrisant le parc infrastructurel, notamment du point de vue capacitaire.

La frontière entre les entités de déchet et d'énergie est profondément questionnée. La normalisation technique convoque des critères et indicateurs d'origine énergétique (tels que le pouvoir calorifique, la puissance produite et utile, ou encore la météorologie locale) dans la définition de la valeur des déchets. Avec la catégorie de combustible solide de récupération, c'est la frontière-même entre déchet et énergie qui se brouille. Pour autant, plusieurs conflits de rationalité entre les systèmes de valeur propres aux déchets et à l'énergie montrent que ces deux entités ne sont pas totalement fongibles. La distinction de valeur selon que les sources d'énergie sont renouvelables ou fossiles achoppe sur la matérialité des déchets. Conférer à la part biodégradable des déchets une qualité énergétique supérieure lui permettant d'entrer dans la catégorie de « renouvelable » implique de considérer les matières qui composent les déchets. Or cette qualification énergétique se heurte à l'indétermination des déchets. En témoignent les efforts métrologiques pour évaluer la part biogénique, quand bien même en pratique peu de mesures sont effectuées, au bénéfice du recours à des conventions. Mais l'application d'un ratio standard national pour les déchets en mélange ne tient plus quand ces matières sont séparées et préparées en tant que combustibles dans le cadre de la catégorie CSR. Ainsi, la matérialité des déchets entre en tension avec sa qualité énergétique, tension qui est révélée par l'entrée de l'énergie issue des déchets sur les marchés de l'énergie renouvelable.

Une autre forme de tension porte sur la mise en compétition les différentes formes de valorisation énergétique des déchets. Qu'il s'agisse de la production de chaleur, de gaz, d'électricité, ou de cogénération, ces différentes modalités de valorisation sont de plus en plus conditionnées par les règles propres aux marchés de l'énergie en particulier par les instruments d'encouragement à la production d'énergie renouvelable. Les orientations données à travers les choix instrumentaux, mais aussi les conflits et incertitudes qui les traversent, ont comme effet d'accentuer la concurrence entre les différents produits énergétiques. Ces produits sont re-disposés selon une priorisation de la chaleur ou au gaz par rapport à l'électricité. Revendiquée de longue date par plusieurs acteurs au titre de leur qualité énergétique intrinsèque, cette priorisation se réalise sous l'effet d'instruments financiers régulant l'accès au marché énergétique. Ainsi, le choix des modalités et des infrastructures de prise en charge des déchets dans un contexte donné doit intégrer la dimension marchande de la valorisation énergétique selon une équation qui s'avère de plus en plus complexe. Enfin, on décèle à travers ces débats une question non résolue, ni même explicitement posée, qui a trait au caractère *fatal* de la ressource énergétique provenant des déchets. Pendant longtemps, la génération d'énergie était incidente aux opérations destinées à se débarrasser des déchets. Or, le rapport entre énergie et déchets est en passe de s'inverser, dans la mesure où, à travers les CSR, la production d'énergie devient la finalité principale.

La chaleur fatale, une ressource énergétique en voie d'identification

C'est son caractère à la fois non intentionnel et inéluctable qui définit la chaleur fatale[116]. Dès lors qu'elle est récupérée et valorisée, la chaleur perdue représente une forme d'énergie qui peut être utilisée en interne (à l'entreprise ou l'activité qui l'a générée), distribuée à des fins de chauffage, ou transformée en électricité (cogénération). Les sources d'émission de chaleur fatale sont multiples, elles peuvent être très diffuses (par exemple dans l'habitat) ou concentrées sous la forme d'eau chaude, de vapeur ou de gaz. Ce sont ces formes concentrées qui donnent généralement lieu à une valorisation marchande extérieure à l'entité émettrice. Les réseaux de chauffage urbains sont les principaux utilisateurs de la chaleur ainsi récupérée, et l'incinération des déchets la principale source de chaleur fatale. Lorsqu'elle est valorisée, la chaleur fatale est considérée comme une « énergie de récupération » associée à l'énergie renouvelable (voir chapitre précédent), et relève des politiques énergétiques qui se déclinent à différents niveaux. Le cadrage et l'encouragement à son utilisation s'inscrivent dans la politique de « chaleur renouvelable » déployée à travers le soutien aux réseaux de chaleur. Mais l'attention portée à la chaleur d'une part, et à la récupération énergétique d'autre part, sont des préoccupations récentes et non prioritaires au sein des stratégies énergétiques.

---

116 « Lors du fonctionnement d'un procédé de production ou de transformation, l'énergie thermique produite grâce à l'énergie apportée n'est pas utilisée en totalité. Une partie de la chaleur est inévitablement rejetée. C'est en raison de ce caractère inéluctable qu'on parle de « chaleur fatale », couramment appelée aussi « chaleur perdue ». Cependant, cette appellation est en partie erronée car la chaleur fatale peut être récupérée. C'est seulement si elle n'est pas récupérée qu'elle est perdue. » (ADEME, 2017).

Depuis le début des années 2000, les politiques énergétiques menées au titre de la « transition énergétique » dans une optique de limitation de l'empreinte carbone, ont mis l'accent sur les énergies renouvelables destinées à la production électrique. Cette dernière est associée à des technologies davantage identifiées, tandis que la question de la chaleur a rarement été abordée en tant que telle, si ce n'est à travers la politique de « chaleur renouvelable » (Poupeau, 2023). Toutefois, c'est la valorisation du bois-énergie qui a été d'abord été privilégiée, avant la chaleur de récupération qui a plus tardivement été l'objet d'une mise en politique, consistant à en révéler le potentiel et à le faire exister en tant que ressource énergétique.

Plusieurs études et estimations donnent à voir un « gisement » potentiel conséquent mais très inégalement mis en avant selon qu'il s'agit de traitement des déchets (le plus communément valorisé), de sources industrielles (ponctuellement valorisées), ou de la production électrique nucléaire (largement occultée). Des formes innovantes de récupération issues de l'activité numérique (data centres) ou d'infrastructures urbaines (métro, traitement des eaux usées) se multiplient. Aussi, la chaleur fatale tend à être constituée comme ressource énergétique mais selon un cadrage qui est encore embryonnaire. Si la récupération est encouragée au titre du mix énergétique, la déperdition en elle-même, qui représente une forme de gaspillage, n'est pas systématiquement identifiée ni régulée. Si l'on considère ces flux excessifs comme une ressource, leur inutilisation peut alors s'apparenter à un déchet. On peut dès lors formuler l'hypothèse que, en l'absence de reconnaissance d'un statut de résidu énergétique, la captation et la valorisation de ces flux est destinée à rester marginale.

La chaleur fatale représente donc un objet singulier dans le paysage énergétique, Contrairement aux autres formes d'énergie, et notamment d'énergie renouvelable, elle n'est pas associée à une technologie spécifique ni à une filière établie. Ce qui fait figure d'exception dans un monde énergétique construit et appréhendé, y compris par la recherche, selon une logique de filières, elles-mêmes calquées sur des technologies identifiées (le solaire thermique ou photovoltaïque, l'éolien terrestre ou marin, l'hydrogène…) le plus souvent destinées à la production électrique. Un autre trait dominant est son caractère forcément décentralisé. Au contraire de l'électricité ou du gaz, la distribution de chaleur ne relève pas d'un réseau interconnecté géré par un ou des opérateurs et régulateur nationaux, mais d'acteurs (producteurs, distributeurs et utilisateurs) et de marchés locaux. Plus significativement encore, la chaleur fatale se distingue par son mode d'existence dans le sens où, ne résultant pas d'un effort intentionnel de production, mais « déjà là » et souvent ignorée, son existence-même d'a rien d'évident. Il s'agit en quelque sorte d'un *objet énergétique non identifié*, qui pour être désigné comme ressource énergétique doit passer par un processus d'invention selon lequel une entité est érigée en ressource (Nadaï and Labussière, 2018). Selon cette approche constructiviste de la ressource, la chaleur fatale comporte en réalité des points communs avec d'autres entités énergétiques, par exemple la désignation de *qualités* (Fontaine, 2018) qui lui sont propres et participent à la définition de son identité.

L'invention de la chaleur fatale comme ressource énergétique, bien qu'elle soit intrinsèquement locale et décentralisée, procède d'une *mise en politique* qui, elle, est centralisée. Dans ce chapitre nous verrons comment, quand, et avec quelle solidité, la chaleur fatale, bien que longtemps impensée, et jamais priorisée, a fait sa place sur les agendas énergétiques européen et français. Au cours de la décennie 2010, le soutien à cette forme d'énergie passe par plusieurs vecteurs : celui de la planification programmatique du mix énergétique national, ainsi que la mise en place d'instruments spécifiques. Deux instruments sont particulièrement importants à cet égard. Il s'agit d'une part du « Fonds chaleur », dispositif de soutien financier aux projets de chaleur renouvelable, dont la chaleur de récupération. L'autre est d'ordre cognitif : il recouvre les études d'évaluation et de localisation des potentiels. Bien que leurs effets directs soient moins prégnants, ces dispositifs cognitifs sont essentiels dans le processus d'invention de la ressource. Si la chaleur fatale existe bien en tant que politique publique, il est nécessaire de repérer les configurations particulières d'acteurs, c'est-à-dire ceux concernés par la question de la déperdition de chaleur d'une part, et/ou intéressés et impliqués dans sa récupération d'autre part, ces deux aspects ne se recoupant pas nécessairement. Mais dans la mesure où il n'existe pas de filière identifiée autour de cet objet énergétique qui concerne par définition une multitude d'activités différentes, peut-on parler de « secteur » de la chaleur fatale, si l'on considère le secteur comme « environnement de politique publique [qui] doit pouvoir être identifié et identifiable » (Jacquot et Halpern, 2015) ? Il s'avère que les acteurs mobilisés sur la question de la récupération de chaleur sont ceux du domaine de la gestion des déchets et du chauffage urbain, ce qui est cohérent avec les pratiques et les chiffres de la récupération, dans la mesure où la valorisation énergétique des déchets est la forme la plus ancienne et largement majoritaire d'utilisation de chaleur fatale. Mais à partir du moment où l'on raisonne à partir de l'entrée « chaleur fatale », donc théoriquement de toutes les sources de déperdition, ce sont aussi les absents qu'il convient de repérer. Cela conduit à mettre en évidence que la récupération de chaleur, et sa construction comme objet énergétique, procède d'une *problématisation sélective*.

1 La chaleur à l'agenda

Le cadrage européen : évaluer les potentiels

La chaleur – et le froid – ont longtemps tenu une place en retrait dans les stratégies et politiques énergétiques européennes prioritairement orientées vers le verdissement de la production électrique. Dans les documents programmatiques de la stratégie énergétique européenne des années 2000, la récupération de chaleur apparaît exclusivement sous l'angle de la cogénération d'électricité[117]. Dans un contexte où le chauffage et le refroidissement sont des enjeux minoritaires de l'agenda énergétique[118], la chaleur générée doit servir prioritairement à produire de l'électricité. C'est avec la publication du troisième paquet de directives sur l'énergie que la chaleur en général et la chaleur de récupération en particulier ont été véritablement prises en compte. Alors que la directive révisée sur les énergies renouvelables (2009/28/CE) ne mentionnait toujours pas les systèmes de chauffage et de refroidissement collectifs, la directive sur l'efficacité énergétique (2012/27/CE) marque un

---

[117] La directive relative à la promotion de la cogénération à haut rendement (2004/8/CE) aborde dans son annexe 1 les mécanismes de récupération de chaleur, mais en se concentrant sur la production efficace d'électricité davantage que sur la production de chaleur elle-même. La directive relative à l'efficacité énergétique dans les utilisations finales et aux services énergétiques (2006/32/CE) mentionne les technologies de récupération de la chaleur comme un moyen de contribuer à la politique européenne d'efficacité énergétique (annexe 3), mais la production de chaleur est uniquement associée à la cogénération.

[118] Le Livre vert sur une stratégie européenne pour une énergie sûre, compétitive et durable (2006) souligne en 2006 la nécessité d'une nouvelle directive traitant spécifiquement du chauffage et du refroidissement et permettant de fixer des objectifs de développement opérationnels pour ce secteur dans le cadre d'une feuille de route à long terme pour les sources d'énergie renouvelables (Commission européenne 2006, 12).

changement significatif, en inscrivant la chaleur comme un sujet en soi, avec des mesures dédiées qui prennent part à la politique d'efficacité énergétique. Ce texte est en outre décisif quant à la reconnaissance de la chaleur fatale comme source d'énergie. Les obligations d'études de potentiel qu'il prévoit, ont pour corollaire le lancement de projets de recherche qui investissent cette thématique et nourrissent l'élaboration d'une stratégie européenne de la chaleur renouvelable.

En vertu de la directive de 2012, les États membres sont tenus d'explorer le potentiel de développement des marchés locaux et régionaux de la chaleur et d'encourager le développement de systèmes de chauffage et de refroidissement efficaces. Deux mesures sont envisagées à ces fins. La première consiste en l'obligation d'évaluer la faisabilité de la récupération. Pour ce faire, chaque unité de production d'électricité thermique de plus de 20 MW, nouvelle ou rénovée, doit réaliser une analyse coûts-bénéfices sur les possibilités de réutilisation interne ou de livraison publique de la chaleur générée (2012/27/CE, article 14). La seconde consiste en la production d'information cartographiée représentant l'offre et la demande de chaleur et de climatisation. Ainsi, les États membres doivent produire des cartes nationales localisant la demande de chauffage et de refroidissement ainsi que les infrastructures existantes ou prévues et les sources d'approvisionnement potentielles (incluant les installations de production d'électricité (supérieures à 20GWh de production annuelle), les usines d'incinération des déchets et les installations de cogénération)[119].

Ces mesures relatives à l'évaluation des potentiels et à la représentation cartographique, envisagées comme un moyen de favoriser la récupération d'énergie fatale, ont suscité une relation étroite entre la construction de la politique européenne et la recherche. Dans le cadre d'un financement Horizon 2020, le programme *Heat Roadmap Europe* a développé entre 2012 et 2018 une méthodologie pour quantifier, modéliser et spatialiser le potentiel de développement du chauffage et du refroidissement (Connolly et al., 2014). Ces travaux, qui découlent de recherche-actions et ont été diffusés au sein de

[119] Directive 2012/27/CE, annexe 8.

réseaux de villes[120], en ouvrant la discussion sur les scénarios européens de développement de la chaleur de la Commission européenne[121], ont directement contribué à l'élaboration d'une stratégie européenne sur le chauffage et le refroidissement publiée en 2016[122]. La récupération de chaleur en est l'un des axes principaux. Cette stratégie, qui n'est toutefois pas assortie d'objectif quantitatif ou de dispositif opérationnel, identifie les obstacles au développement de la récupération de chaleur fatale : le manque d'information sur les ressources disponibles, des incitations et des modèles économiques inadaptés, des infrastructures de chauffage urbain insuffisamment développées et un manque de coopération entre les acteurs industriels et ceux de la gestion des réseaux de chaleur (Commission Européenne, 2016).

La directive de 2018 sur les énergies renouvelables (2018/2001/CE) réitère l'obligation pour les États membres d'évaluer leur potentiel national en matière de chaleur de récupération et surtout, elle fixe des objectifs quantitatifs. Ainsi, les États membres sont tenus d'augmenter de 1,3 % par an la part des énergies renouvelables et de récupération dans leurs mix de chauffage et de refroidissement[123]. Cet objectif a suscité l'inquiétude des acteurs de la chaleur renouvelable (qui recouvre la biomasse, le solaire et la géothermie) qui ont vu dans cette disposition le risque que l'encouragement à la chaleur de récupération ne vienne concurrencer d'autres sources (Entretien, Direction générale de l'énergie et du climat, Ministère de la transition écologique). Ce serait à la suite de l'intervention des représentants de sources concurrentielles qu'un seuil a été introduit limitant la part de chaleur de récupération labellisée

---

120 Par exemple Celsuis City (2014-2017) financé dans le cadre du 7è programme cadre européen, qui consiste à partager des initiatives locales afin d'accompagner les villes dans le développement de leurs réseaux de chaleur et de froid <https://celsiuscity.eu/> ; ou le projet H202 Thermos (Thermal Energy Resource Modelling and Optimisation System) lancé en 2016 <https://www.thermos-project.eu/home/>

121 STRATEGO. 2018. "Low Carbon Heating and Cooling Strategies for Europe." <https://heatroadmap.eu/wp-content/uploads/2018/12/Stratego_Final_Publishable_Report.pdf>.

122 European Commission. 2016. "An EU Strategy on Heating and Cooling." <https://ec.europa.eu/energy/sites/ener/files/documents/1_EN_ACT_part1_v14.pdf>.

123 21.12.2018 L 328/122 Journal officiel de l'Union européenne FR, article 23.

comme chaleur renouvelable[124]. La formalisation d'objectifs chiffrés, ainsi que les tensions et arbitrages qui en résultent, signalent que la chaleur de récupération est dorénavant identifiée comme partie prenante de la chaleur renouvelable. Ces objectifs étant stabilisés, plusieurs programmes européens de démonstration et d'innovation ont été lancés afin de lever les barrières techniques et non techniques qui limitent le recours à la chaleur fatale, laquelle pourrait suffire à chauffer l'ensemble du parc bâti en Europe[125].

En France, une planification énergétique électrocentrée

En France, la part du chauffage urbain en réseau (5 % de la demande de chaleur) est inférieure à la moyenne européenne (10 %) et bien en deçà de certains pays de l'Est et du Nord où ces réseaux peuvent fournir jusqu'à 50 % de la demande nationale de chauffage. Les réseaux de chauffage urbain, principalement installés dans le cadre des programmes de « grands ensembles » des années 1960-1970, connaissent toutefois un regain d'intérêt du fait des préoccupations climatiques et de l'investissement des collectivités locales dans les enjeux énergétiques (Rocher, 2013b, 2014). Au niveau national, la politique énergétique, majoritairement orientée vers les énergies renouvelables électriques, fait progressivement une place à la chaleur, dans le cadre des

---

124 « (…) 2. Aux fins du paragraphe 1, lorsqu'il calcule sa part d'énergie renouvelable dans le secteur du chauffage et de refroidissement et son augmentation annuelle moyenne conformément audit paragraphe, chaque État membre: a) peut comptabiliser la chaleur et le froid fatals récupérés, dans la limite de 40 % de l'augmentation annuelle moyenne ; b) lorsque sa part d'énergie renouvelable dans le secteur du chauffage et du refroidissement dépasse 60 %, peut considérer que cette part est conforme à l'augmentation annuelle moyenne ; et c) lorsque sa part d'énergie renouvelable dans le secteur du chauffage et du refroidissement dépasse 50 % et atteint au maximum 60 %, peut considérer que cette part est conforme à la moitié de l'augmentation annuelle moyenne. Lorsqu'ils décident des mesures à prendre afin de déployer l'énergie produite à partir de sources renouvelables dans le secteur du chauffage et du refroidissement, les États membres peuvent tenir compte du rapport coût-efficacité, reflétant les barrières structurelles provenant de la part importante du gaz naturel ou du refroidissement, ou d'une structure d'habitat dispersé dans les zones peu peuplées. » (21.12.2018 L 328/122 Journal officiel de l'Union européenne FR, article 23).

125 Par exemple le projet ReUseHeat (programme H2020) qui conduit et analyse des expérimentations à partir de data-centres, de traitement des eaux usées, de système de refroidissement d'un hôpital et d'une station de métro. <https://www.reuseheat.eu/project-brief/>

documents de planification qui reposent sur des scénarios et objectifs quantitatifs visant à infléchir le mix énergétique. En 2005, la loi POPE (Programme fixant les orientations de la politique énergétique) fixe un objectif ambitieux en matière de chaleur renouvelable, dont la part doit augmenter de 50 % d'ici 2010. Elle introduit les Certificats d'économie d'énergie, dispositif de soutien à l'efficacité énergétique, qui concerne, entre autres, la production et la distribution de chaleur. La Programmation pluriannuelle des investissements qui s'en est suivie prévoit une progression de la part de la chaleur renouvelable dans le mix national. Malgré cela, au global, l'attention portée à la chaleur est ténue, dominée par une approche « électrocentrée » qui tend à ignorer les énergies thermiques[126]. C'est la création du Fonds national pour la chaleur renouvelable, dit Fonds chaleur, introduit en 2009 dans le cadre du Grenelle de l'environnement, qui marque le début d'une politique de la chaleur affirmée. Ce dispositif d'aide (décrit plus loin) a vocation à encourager le recours à la chaleur renouvelable utilisée dans les réseaux de chaleur. D'abord ciblés sur la biomasse, les fonds alloués incluent plusieurs sources de chaleur renouvelable (géothermie, solaire…). Parallèlement à ces subventions, un avantage fiscal (TVA réduite à 5 %) est accordé aux réseaux de chauffage urbains alimentés à 50 % au moins d'énergie renouvelable.

A la fin des années 2000, le soutien aux réseaux de chaleur et à la chaleur renouvelable se traduit donc par plusieurs mesures visant à verdir, développer et créer de nouveaux réseaux. Puis, à partir de 2015, des objectifs quantifiés et des mesures spécifiques à la chaleur fatale marquent la reconnaissance de la récupération comme un enjeu à part entière de la politique de la chaleur renouvelable. La loi de transition écologique pour la croissance verte (TECV) adoptée en 2015 puis la Programmation pluriannuelle de l'énergie (PPE) publiée en 2016 ont réaffirmé et précisé l'ambition de développement de la chaleur renouvelable. L'objectif d'atteindre 38 % de chaleur renouvelable à

---

[126] Ce que relèvent Claude Belot et Jean-Marc Juilhard sénateurs UMP de Charente-Maritime et du Puy-de-Dôme : « *La directive européenne de 2001, qui a fixé à notre pays l'objectif de produire 21 % d'électricité d'origine renouvelable, contre 15 % aujourd'hui, nous conduit sur la pente dangereuse de l'* « *électrocentrisme* » *et nous écarte du débat sur la chaleur, pourtant essentiel pour l'avenir de notre pays. Vos rapporteurs ont toutefois ressenti au cours de leurs auditions et de leurs déplacements un vif intérêt pour le développement des énergies renouvelables thermiques. Il appartient aux collectivités territoriales d'accompagner et d'amplifier cet intérêt.* » (Sénat, 2006)

l'horizon 2030 est assorti à celui de multiplier par cinq la quantité de chaleur et de froid renouvelable et de récupération livrée par les réseaux de chaleur et de froid à l'horizon 2030 par rapport à 2012, ce qui revient à passer de 0,68 Mtep à 3,4 Mtep (Décret 2016-1442). Concernant la place de la chaleur de récupération, on constate un tournant en 2015, avec l'introduction de l'éligibilité des projets de récupération de chaleur fatale au fonds chaleur. Cette même année, l'ADEME réalise une étude à l'échelle de la France sur la chaleur résiduelle d'origine industrielle qui met en lumière une source d'énergie largement inexploitée (ADEME 2015). La chaleur de récupération est ainsi reconnue comme une entrée distincte parmi les différentes sources de chaleur renouvelable, ce qui va se constater également en termes de planification.

Début 2019, la nouvelle Programmation pluriannuelle de l'énergie révise les orientations énergétiques pour 2019-2023 et planifie le mix énergétique pour 2024-2028 : une multiplication par deux environ de la récupération de chaleur fatale est prévue (4,4 TWh d'ici 2023 et entre 7,6 et 9,9 TWh d'ici 2028) (Ministère de la transition écologique, 2019a). Toujours en 2019, Emmanuelle Wargon, secrétaire d'État auprès de la ministre de la Transition écologique et solidaire, réunit un groupe de travail composé de représentants des réseaux de chaleur et de froid urbains afin « d'identifier et de lever les freins au développement au développement de la chaleur renouvelable et de récupération distribuée par les réseaux » et d'en faire une « filière d'avenir » (Ministère de la Transition énergétique 2019b)[127]. Le développement des réseaux de chauffage urbain est envisagé comme un levier central pour la mobilisation de la chaleur renouvelable, et en particulier de la chaleur de récupération, dans la continuité d'un verdissement à l'œuvre depuis une quinzaine d'années[128].

---

[127] De ce « groupe Wargon » a résulté la publication en octobre 2019 d'un plan d'action comportant 25 propositions visant à promouvoir les réseaux de chaleur, notamment en généralisant des outils existants (réalisation systématique de schémas directeurs, recours au « classement » -c'est-à-dire à l'obligation de raccordement), ainsi qu'à l'ajustement entre différents instruments qui interfèrent dans la politique de la chaleur (ce point est développé plus bas).

[128] « *(…) si, en 2005, pour chauffer les abonnés,* [les réseaux de chauffage urbains] *utilisaient 74 % d'énergies fossiles et seulement 26 % d'énergies renouvelables et de récupération, une décennie a suffi pour que ces énergies vertes représentent 53 % de leur mix énergétique. En 2017, cette part atteint 56 % du mix énergétique des réseaux de chaleur, il s'agit de la quatrième année consécutive où les énergies vertes comptent pour plus de la moitié dans le bouquet énergétique.* » (Ministère de la Transition écologique et solidaire, 2019)

Pour autant, ramenée à l'effort financier global consacré aux énergies renouvelables, la part thermique reste réduite, ce que ne manquent pas de dénoncer plusieurs acteurs. La rationalité de la distribution de la dépense publique au regard de son potentiel de décarbonation est par exemple mise en cause par la Commission de régulation de l'énergie[129], ou par des acteurs tels que la FEDENE[130] : « La CSPE [contribution au service public de l'énergie] qui paye les projets de panneaux photovoltaïques etc., c'est 5 milliards d'euro par an. La chaleur (dans les objectifs de la PPE), c'est 4 fois plus que ce qui est attendu en électricité renouvelable, et on met 200 millions d'euros sur la table ! (Entretien, président de la FEDENE, le 24/02/2017). C'est donc un bilan contrasté qui ressort de cette analyse diachronique. La chaleur renouvelable est assurément à l'agenda énergétique français et européen, et la chaleur de récupération en constitue une entrée spécifique maintenant établie. Si la reconnaissance des énergies thermiques est acquise et sa mise en politique sans équivoque, sa place est toujours congrue au sein de politiques d'énergie renouvelable caractérisées par une dépendance au sentier électrique.

---

129 « *Quand on parle d'énergie renouvelable, on pense en premier lieu aux énergies électriques et beaucoup moins aux énergies thermiques. Les débats publics en témoignent. Ce paradoxe se retrouve dans les montants respectifs des aides publiques. Le constat d'un déséquilibre, voire d'une certaine injustice dont serait victime la chaleur est reconnu. Ainsi que le fait observer la Commission de régulation de l'énergie* [dans une note remise à la mission d'évaluation CGE/CGEDD], *en 2016, avec une enveloppe totale de 567 M€, les énergies renouvelables thermiques concentraient seulement 10 % des charges de soutien aux énergies renouvelables dont elles ont pourtant représenté près de 60 % de la production. Ce déséquilibre, en termes de visibilité comme de dépenses publiques, est d'autant plus frappant que les énergies renouvelables thermiques, en se substituant directement à des énergies fossiles fortement émettrices de* CO_2, *constituent un levier de décarbonation du système énergétique français au premier abord plus efficace que les énergies renouvelables électriques dont le développement se fait principalement en remplacement d'une énergie nucléaire faiblement carbonée.* » (CGE/CGEDD, 2018).

130 La Fédération des services énergie environnement (FEDENE) regroupe sept syndicats professionnels dans les domaines des services aux bâtiments, équipements et infrastructures énergétiques, dont le SVDU (Syndicat national du traitement et de la valorisation des déchets urbains et assimilés) et le SNCU (Syndicat national du chauffage urbain et de la climatisation urbaine).

2 L'invention d'une ressource énergétique

Une des premières manifestations de la mise en politique de la chaleur de récupération consiste à faire exister cet objet énergétique mal identifié à travers un cadrage informationnel qui prescrit la production de données. Aussi l'instrumentation de cette politique mobilise-t-elle en premier lieu des outils cognitifs qui consistent à « inventer » une source d'énergie déjà là et de la constituer en ressource en lui attribuant des « qualités » spécifiques (Nadaï et Labussière, 2018). L'obligation européenne de cartographier les gisements et de réaliser des études coût-avantage est le point de départ de cet investissement cognitif qui va se décliner aux niveaux national et local. Ces études, notamment celles menées au niveau local, participent d'un effort d'intéressement des producteurs de chaleur. L'identification localisée des « gisements » à récupérer et à valoriser va de pair avec un enjeu de communication visant à faire connaître l'existence de ces potentiels ignorés et à faire figurer la chaleur fatale dans le paysage des ressources énergétiques à mobiliser dans le cadre des démarches de transition.

La chaleur en cartes

La réalisation de cartographies faisant état des gisements et des demandes de chaleur est une des premières dispositions prévues par la directive européenne de 2012. En France, plusieurs recensements ont été engagés sous l'égide de l'ADEME, tout d'abord dans certaines régions (ADEME Nord-Pas-de-Calais, 2012 ; ADEME Île-de-France, 2015) puis à l'échelle nationale. Première estimation réalisée à l'échelle nationale, l'étude de 2015 évalue à 51 térawattheures (TWh) le gisement de chaleur supérieur à 100 degrés issu de l'industrie de la chimie, de la sidérurgie et du raffinage[131] (ADEME, 2015). Ce recensement a été mis à jour en 2017 afin d'inclure d'autres sources de chaleur de récupération (les usines d'incinération d'ordures ménagères qui présentent un potentiel de progression) et les températures à moins de 100 degrés (ce qui inclut notamment les data centres et les stations d'épuration des eaux usées), portant ainsi l'estimation du gisement national à 109 TWh (ADEME, 2017). Ce nouveau seuil s'explique par le développement des réseaux de chaleur dits de quatrième génération qui permettent le recours à des températures plus basses (Persson et Münster, 2016). Ainsi, les évolutions technologiques

---

[131] Les régions les plus concernées sont le Nord-Pas de Calais (7,2 TWh), Provence-Alpes-Côte d'Azur (6,3 TWh), Haute-Normandie (5,1 TWh) et Rhône-Alpes (3,9 TWh).

propres aux infrastructures de distribution entraînent une reconsidération significative de la valeur thermique comme qualité du gisement.

La hiérarchie de la récupération de chaleur (ADEME, 2017)

A l'occasion de cette étude, l'ADEME livre une doctrine essentielle à la récupération de chaleur, qui consiste à prioriser ainsi l'appréhension de la chaleur perdue : 1-éviter la perte ; 2-valoriser en interne ; 3-valoriser en externe.
La récupération de chaleur fatale doit s'inscrire dans une démarche d'efficacité énergétique cohérente.

1 *Réduire en amont, le besoin de chaleur utile et la consommation de combustibles. Autrement dit : limiter le plus tôt possible la chaleur fatale qui sera générée. Il est également nécessaire d'optimiser le fonctionnement des équipements existants par des régulations et systèmes permettant de mieux gérer l'énergie (mesure et suivi des performances réelles des procédés utilisés).*
2 *Valoriser en interne, la chaleur fatale récupérée car c'est ce qui est le plus cohérent d'un point de vue énergétique et économique pour l'entreprise. Par exemple récupérer le maximum de chaleur utile soit au sein du procédé lui-même (préchauffage des entrants dans le four…), soit dans les procédés ou installations voisines (récupération de chaleur d'un four pour alimenter un séchoir à proximité ou le chauffage des locaux…).*
3 *Valoriser en externe. De multiples critères vont influer sur les voies de valorisation à exploiter : s'il s'agit d'un site éloigné d'un réseau de chaleur ou d'un utilisateur potentiel (par exemple un autre site industriel ayant des besoins de vapeur), alors une valorisation électrique peut s'envisager, tout en regardant les capacités d'autoconsommation. L'aptitude au transport de l'électricité sur de longues distances permet en effet d'entrevoir ce type de valorisation dans ce contexte ; s'il s'agit d'un site à proximité d'un réseau de chaleur ou d'un utilisateur potentiel, alors une analyse sur l'adéquation entre le niveau thermique du rejet et le besoin du réseau de chaleur ou d'un utilisateur potentiel se fera prioritairement avant d'envisager une valorisation électrique.* (ADEME, 2017, p. 16)

Cette hiérarchisation – qui n'est pas sans rappeler la hiérarchie des déchets – consiste à mettre en cohérence la récupération de chaleur avec les objectifs d'efficacité énergétique. Elle fonde une morale de la récupération de chaleur, selon laquelle l'évitement de la déperdition est un objectif supérieur aux efforts de récupération.

La valorisation externe appelle un autre niveau d'information, qui mette en rapport l'offre (la chaleur perdue) et la demande (l'existence de réseaux de chauffage urbain). En montrant que 20 % des quantités d'énergie récupérables identifiées se situent à proximité de réseaux de chaleur existants, l'étude de l'ADEME désigne le critère de proximité comme une qualité essentielle (ADEME, 2015). En parallèle, des cartographies sont publiées pour soutenir la distribution de chaleur. Le Centre d'études et d'expertise sur les risques, l'environnement, la mobilité et l'aménagement (CEREMA) a entrepris une cartographie de la demande de chaleur en France afin d'identifier des zones favorables pour le développement de réseaux de chaleur, c'est-à-dire des zones denses où la demande thermique est suffisamment élevée pour justifier l'investissement dans de nouvelles infrastructures. De leur côté, les structures représentant les opérateurs de réseaux de chaleur (Syndicat national du chauffage urbain, ViaSeva) publient des cartographies régulièrement actualisées des tracés des réseaux existants et en projet dans lesquels de la chaleur de récupération pourrait être injectée. Chacun de ces travaux permet à l'Etat français de remplir ses obligations européennes de cartographie.

Ces études consistent à quantifier, qualifier et localiser la chaleur théoriquement récupérable, c'est-à-dire à identifier et à publiciser un « gisement ». Le terme de gisement désigne des quantités d'énergie qui semblent pouvoir être récupérées à des conditions technologiques et économiques acceptables si les acteurs parviennent à trouver un terrain d'entente. Les chiffres attestant de l'ampleur des gisements, qualifiés de « potentiel », sont abondamment cités dans les différents documents produits à l'attention des acteurs publics ou privés concernés, exprimant ainsi la disponibilité d'une ressource à exploiter. Ces exercices inédits de cartographie des enjeux de la chaleur fatale mis à disposition des collectivités contribuent à la médiatisation de la chaleur fatale comme une ressource énergétique, et à la reconnaissance que sa récupération requiert un engagement conjoint d'acteurs publics et privés. Des démarches similaires aux cartographies nationales sont conduites au niveau local, cette fois dans un but plus directement assumé d'intéressement des producteurs de chaleur, qui détiennent les clés de la mise en actes de la récupération. Par exemple, l'agence d'urbanisme de l'Artois a entrepris en 2021 une étude sur la chaleur fatale sur le territoire du Pôle Métropolitain de l'Artois[132]. Il s'agit de recenser les gisements, de sélectionner les plus intéressants et d'engager une approche des industriels concernés. Pour certaines entreprises, l'étude ainsi réalisée permet opportunément de remplir l'obligation d'analyse de coût–faisabilité. La sélection des « sites intéressants » par les auteurs de l'étude est à souligner : le critère retenu ici est non seulement les volumes des rejets et leur température, mais aussi la bonne santé économique de l'entreprise. De telles démarches soulèvent en outre la question de l'accès et du partage de l'information, qui devient un enjeu crucial dès lors que les rejets de chaleur deviennent un objet d'intérêt. Aussi, la production d'information et d'intelligence se décline à différents niveaux, elle est prise en charge par différents acteurs qui y intègrent leurs propres intérêts, motivations et cadres de référence. Cet investissement cognitif est en partie pris en charge par une expertise ad hoc : on constate une multiplication des bureaux d'étude qui se positionnent et se spécialisent sur cette question. D'autant que la réglementation relative à la planification locale mentionne explicitement l'énergie de récupération comme source d'énergie à inclure dans les exercices de diagnostic et de stratégie territoriaux[133].

---

[132] « L'étude que l'on mène sur les énergies fatales se réalise en quatre phases. Tout d'abord on fait l'inventaire des sources d'énergie fatale. Ensuite vient l'évaluation sur comment valoriser le potentiel : priorité sur la valorisation interne, puis sur les boucles de chaleur entre industriels, et enfin seulement en troisième option, les réseaux de chaleur avec valorisation externe, en fonction de la densité thermique. Dans un troisième temps, on propose une stratégie d'action. On a recensé une dizaine de projets intéressants sur le territoire pour lesquels le bureau d'étude rédige des « notes d'opportunités » (coût, contacts, faire une étude opérationnelle, etc…). L'enjeu à travers ces notes (une dizaine) c'est de pouvoir rapidement être opérationnels. (…) La quatrième phase de l'étude c'est la communication. » (Entretien, chargé d'étude à l'agence d'urbanisme de l'Artois, 23/06/2021)

[133] Le diagnostic ainsi que la stratégie territoriales prévus dans le cadre des PCAET doivent considérer le potentiel d'énergie de récupération : « *(…) Un état de la production des énergies renouvelables sur le territoire, détaillant les filières de production d'électricité (éolien terrestre, solaire photovoltaïque, solaire thermodynamique, hydraulique, biomasse solide, biogaz, géothermie), de chaleur (biomasse solide, pompes à chaleur, géothermie, solaire thermique, biogaz), de biométhane et de biocarburants, une estimation du potentiel de développement de celles-ci ainsi que du potentiel disponible d'énergie de récupération et de stockage énergétique* ; » (code de l'environnement Art. R. 229-51).

L'étude coût-avantage, une obligation peu respectée

La réalisation d'une « analyse coût-avantage » de valorisation thermique aux nouvelles unités (ou celles en cours de rénovation), imposée par la directive européenne de 2012, est entrée en vigueur le 5 juin 2014. Elle concerne les unités de production d'électricité thermique pour l'installation de cogénération à haut rendement, mais aussi toute « (…) installation industrielle d'une puissance thermique totale supérieure à 20 MW génératrice de chaleur fatale à un niveau de température utile qui est planifiée ou fait l'objet d'une rénovation substantielle, afin d'évaluer les coûts et les avantages d'une valorisation de la chaleur fatale en vue de satisfaire à une demande justifiée du point de vue économique, y compris par la cogénération, et du raccordement de cette installation à un réseau de chaleur et de froid » (2012/27/CE, article 14). L'obligation de considérer les potentielles énergies fatales à proximité concerne également les unités alimentant les réseaux de chaleur. A ces règles est adossé un régime d'exemption. En plus des unités nucléaires, les Etats membres peuvent, pour les unités industrielles et celles alimentant les réseaux de chaleur, fixer des seuils d'exemption « exprimés en termes de quantité de chaleur fatale valorisable disponible, de demande de chaleur ou de distance entre les installations industrielles et les réseaux de chaleur. » (2012/27/CE, article 14).

En 2014, un décret et un arrêté du ministère de l'Écologie, du développement durable et de l'énergie édictent les modalités selon lesquelles les installations générant plus de 20MW doivent évaluer la faisabilité de la valorisation de la chaleur. Pour la désignation des établissements assujettis, le gouvernement français se repose sur la classification des installations classées pour la protection de l'environnement (ICPE)[134], et prévoit un régime d'exemption

[134] « Art. 2. – Sont concernées par la réalisation d'une analyse coûts-avantages afin d'évaluer l'opportunité de valoriser de la chaleur fatale à travers un réseau de chaleur ou de froid :

1° Les installations d'une puissance thermique nominale totale supérieure à 20 MW, soumises au régime d'autorisation au titre de la réglementation des installations classées, générant de la chaleur fatale non valorisée ;

2° Les installations de production d'énergie d'une puissance thermique nominale totale supérieure à 20 MW, soumises au régime d'autorisation au titre de la réglementation des installations classées, faisant partie d'un réseau de chaleur ou de froid. » (Arrêté du 9 décembre 2014 précisant le contenu de l'analyse coûts-avantages pour évaluer l'opportunité de valoriser de la chaleur fatale à travers un réseau de chaleur ou de froid ainsi que les catégories d'installations visées).

qui associe des critères de niveau de température, de volume des rejets, et de proximité de la demande[135]. Sont ainsi exemptés de l'obligation d'étude, outre le parc nucléaire de production d'électricité, certaines industries telles que les data centres (en raison des niveaux de température). Pour les établissements assujettis, la réalisation effective de la récupération de la chaleur est conditionnée à sa rentabilité[136]. Entrée en vigueur au 1er janvier 2015, l'obligation d'analyse coût-avantage, n'a pas à ce jour entraîné d'évaluation systématique des sources d'énergie ni le montage de projets de récupération. Cette mesure est reconnue par les acteurs publics interrogés comme n'ayant pas eu les effets escomptés en raison d'un manque d'expertise et de sensibilisation des administrations environnementales locales et des industries. Le respect de cette obligation d'étude n'est en effet ni contrôlé ni assorti de sanctions.

C'est tout un arsenal cognitif qui se met en place, conformément aux dispositions européennes et nationales, relayées par des initiatives locales. Ces entreprises cognitives ne sont pas neutres, elles participent de la problématisation sélective de la chaleur de récupération mise en évidence dans la section précédente. Tout en publicisant le potentiel industriel, et en révélant son importance à côté de celui de l'incinération des déchets, ces études contribuent à l'occultation des sources nucléaires. Prises ensemble, les injonctions de

---

135 « Art. 3. – Les installations de production d'électricité sont exemptées de la réalisation d'une analyse coûts avantages.
Sont également exemptées de la réalisation d'une analyse coûts-avantages les installations qui remplissent l'une des conditions suivantes :
- le rejet de chaleur fatale non valorisée est à une température inférieure à 80 °C ;
- le rejet de chaleur fatale non valorisée est inférieur à 10 GWh/an ;
- la demande de chaleur est à plus de 4 km d'une installation ayant des rejets de chaleur fatale non valorisée inférieurs à 50 GWh/an, plus de 12 km d'une installation ayant des rejets de chaleur fatale non valorisée inférieurs à 250 GWh/an ou plus de 40 km d'une installation ayant des rejets de chaleur fatale non valorisée supérieurs à 250 GWh/an. » (Ibid.).

136 « *Lorsque l'analyse coûts-avantages conduit dans l'analyse économique et financière à un total des avantages escomptés supérieur à celui des coûts escomptés et qu'il n'existe pas de raisons impérieuses de droit, de propriété ou d'ordre financier l'en empêchant, l'exploitant met en œuvre la solution de valorisation de la chaleur fatale à travers un réseau de chaleur ou de froid dans les conditions ressortant de l'analyse coût-avantages.* » (Arrêté du 9 décembre 2014 précisant le contenu de l'analyse coûts-avantages pour évaluer l'opportunité de valoriser de la chaleur fatale à travers un réseau de chaleur ou de froid ainsi que les catégories d'installations visées).

cartographie et d'analyse coût-avantage ont une double fonction d'invention de la ressource et d'intéressement des acteurs à sa valorisation, tout en restant en deçà de la contrainte. Les exercices cartographiques jouent un rôle essentiel de constitution de la chaleur fatale comme ressource énergétique. Le vocabulaire et les catégories de l'énergie renouvelable – en particulier le *gisement* et le *potentiel* – sont appliqués à l'énergie de récupération. La cartographie (du vent ou de l'ensoleillement pour le développement respectif des énergies éoliennes ou solaire) ainsi que l'acceptation dans le réseau électrique, participent de l'invention des énergies renouvelables (Labussière et Nadaï, 2018). Plusieurs critères déterminent les contours de ce qu'est une ressource intéressante. Ils sont évolutifs de manière à s'adapter à des conjonctures technologiques (évolution des réseaux de chaleur) et économiques (coût des autres énergies sur le marché). Ces critères, qu'ils soient réglementaires ou indicatifs, sont autant de qualités conférées à la ressource. La chaleur fatale est ainsi appréhendée selon trois qualités : une qualité physique (la température), une qualité spatiale (la proximité entre offre et demande), une qualité économique (un volume minimal autorisant une valorisation marchande). Comme les cartographies, les études coût-avantage ont pour fonction première de révéler un potentiel énergétique, afin de susciter un intéressement. L'obligation d'évaluation des gisements, mais aussi de la faisabilité technique et économique de leur valorisation, ne va pas jusqu'à l'obligation de la récupération elle-même. Les conditions de rentabilité économique et le régime d'exemption, auxquels s'ajoute une situation de non-contrôle, font que ces dispositions ne sont au final pas contraignantes. Ces outils informationnels constituent un terrain cognitif pour le déploiement des dispositifs incitatifs qui doivent permettre le passage à l'acte de la valorisation de chaleur fatale.

3 Problématisation sélective d'un objet trans-sectoriel

Contrairement à d'autres énergies renouvelables organisées en filières technico-économiques qui constituent des secteurs identifiés, la chaleur de récupération se présente comme un objet énergétique protéiforme, par définition multi-sectoriel. Les différentes industries générant de la chaleur pouvant être récupérée, correspondent à des secteurs d'activités distincts (chimie, métallurgie, cimenterie…) qui ne partageant pas les mêmes objectifs et les mêmes intérêts, ni les mêmes cadres de référence, qu'ils soient économiques, réglementaires, mais aussi socio-professionnels. Chaque projet local de récupération est un cas particulier, dont l'aboutissement est fortement dépendant des jeux d'acteurs et de contingences sociotechniques territorialisées. Mais si l'on élargit la focale pour considérer les grands secteurs concernés, on observe que la récupération effective de chaleur n'est pas du tout représentative de la répartition des volumes perdus. L'incinération des déchets est la principale source de chaleur de récupération exploitée. Hormis le traitement des déchets, les activités industrielles tous secteurs confondus présentent des niveaux de récupération très faibles au regard des émissions, tandis que la génération de chaleur liée à l'industrie nucléaire est une source d'énergie historiquement occultée. L'appréhension très inégale de la chaleur fatale s'explique par les acteurs qui portent ces questions, aux intérêts qu'ils défendent et aux structurations professionnelles propres aux secteurs concernés.

L'incinération des déchets et les réseaux de chaleur : une collaboration établie

Les données relatives à l'énergie consommée par les réseaux de chaleur urbains, montrent d'emblée l'importance de la part issue de l'incinération des déchets – 8 306 Gwh, soit 24,8 % du bouquet énergétique des 798 réseaux recensés en France en 2019 – comparativement à celle d'origine industrielle autre – 675 Gwh en 2019, soit 2 % du bouquet énergétique (FEDEN/SNCU, 2020).

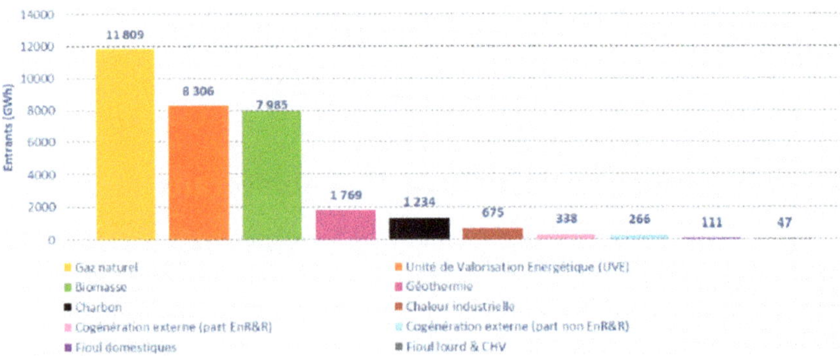

Figure 5: Les principales sources d'énergie utilisées dans les 798 réseaux de chaleur en France en 2019 (FEDENE/SNCU, 2020).

Si le gaz naturel reste la principale énergie utilisée dans les réseaux de chaleur en 2019, le recours important à la biomasse et à la valorisation énergétique des déchets résulte d'une politique de verdissement qui a permis de réduire la part du fioul et du charbon. Certains considèrent qu'il s'agit d'une source à prioriser par rapport à d'autres ENR, en l'occurrence la biomasse, dont l'utilisation présente des inconvénients en milieu urbain, en particulier de pollution atmosphérique[137]. La chaleur issue des déchets, favorisée ces dernières années du fait de l'évolution des mécanismes financiers de soutien à l'électricité renouvelable (voir chapitre précédent), présente encore une marge de progression[138]. Vecteur de verdissement des réseaux de chaleur, la valorisation thermique de l'incinération des déchets est ainsi la plus répandue et la plus balisée des formes de récupération d'énergie fatale. S'il n'existe pas de secteur de la chaleur de récupération en tant que tel, celui de la valorisation énergétique des déchets existe bel et bien, résultat d'une association étroite de longue date entre ces les services de traitement des déchets et de chauffage urbain qui s'observe sur les plans infrastructurel, institutionnel et professionnel. Ces compétences qui relèvent des collectivités locales, sont souvent gérées par les mêmes opérateurs dans le cadre de délégations de services publics. Ces acteurs des « services aux collectivités » se sont regroupés au sein de puissants réseaux professionnels à même de produire une expertise technique reconnue et de faire valoir leurs intérêts. Ils composent le paysage sociopolitique de la chaleur renouvelable : AMORCE[139], FEDENE[140] et FNCCR[141] sont les

---

137 « Le niveau de valorisation est loin du potentiel. Or l'enjeu est d'utiliser en priorité cette ressource, notamment en milieu urbain et périurbain, avant d'aller taper dans la biomasse. » (Entretien coordinateur national Fonds chaleur ADEME, 20/02/2017)

138 Cette marge de progression est estimée à 4,4 TWh par l'ADEME, qui indique qu'« En 2014, les 126 UIOM françaises ont valorisé 14,4 millions de tonnes de déchets, en produisant 9,5 TWh de chaleur et 3 TWh d'électricité » (ADEME, 2017)

139 L'association AMORCE, créée en 1987, accompagne les collectivités dans les domaines des déchets, de l'énergie et de l'eau et représente leurs intérêts auprès de l'Etat ou de l'Europe.

140 La Fédération des services énergie environnement (FEDENE) regroupe 7 syndicats professionnels, dont le Syndicat national du chauffage urbain et de la climatisation urbaine (SNCU) et le Syndicat national du traitement et de la valorisation des déchets urbains (SVDU). Son comité exécutif est composé de représentants des principaux opérateurs du chauffage urbain et du traitement des déchets – Suez, Dalkia, Engie…

141 La Fédération nationale des collectivités concédantes et régies (FNCCR) regroupe depuis 1834, les collectivités territoriales et leurs établissements publics chargés de l'organisation et/ou de l'exploitation de certains services publics, notamment liés à l'énergie.

principaux interlocuteurs des pouvoirs publics, qui ont par exemple activement participé aux groupes de travail « Wargon ». En plus de l'ADEME, ce sont les principaux pourvoyeurs d'expertise et porteurs de revendications, souvent conjointes, comme en témoignent de nombreux communiqués de presse cosignés. Si le (petit) milieu des collectivités et opérateurs de services urbains est aisément identifiable, et influent dans la conception des politiques publiques de la chaleur, ses positions ne sont pas univoques, ni figées[142], en particulier dans un contexte où la montée en compétence des collectivités sur l'énergie a modifié le paysage des intérêts et des interactions entre ces acteurs (Poupeau, 2014).

La chaleur industrielle : des acteurs non organisés

La perte de chaleur concerne de nombreux procédés industrialisés. L'étude de l'ADEME publiée en 2015 et actualisée 2017 fait état de l'ampleur de la déperdition dans l'industrie, présentée comme autant de gisements à exploiter. Tous secteurs confondus, la chaleur fatale s'élève à 109,5 TWh, soit 36 % de la consommation de combustibles de l'industrie, dont 52,9 TWh perdus à plus de 100°C. L'agro-alimentaire et de la chimie représentent ensemble la moitié de ce gisement. Contrairement aux activités de traitement des déchets, la chaleur d'origine industrielle provient d'une multitude d'activités relevant de domaines très différents allant de l'industrie chimique, métallurgique ou de raffinage jusqu'à des industries plus récentes telles que les data centres. Du fait de la variété des activités concernées, il n'existe pas de milieu socio-professionnel identifiable à même de représenter les intérêts associés à la récupération de

---

142 « La représentation des collectivités est en train d'évoluer, mais on vient de loin. La FNCCR (Fédération nationale des collectivités concédantes et des régies) vient de créer une unité spécialisée sur les réseaux de chaleur urbains, afin de solidifier la dimension juridique. Sinon le point de vue des collectivités est représenté par AMORCE, avec parfois des tensions en interne lorsque les visions des opérateurs membres diffèrent de celles des collectivités (…) Il faut voir que la réflexion en termes de besoin, c'est une révolution culturelle en France, où on a l'habitude d'un accès infini et non conditionné à l'énergie, et où les collectivités ne se posent pas ces questions. Mais ce qui a fait changer les choses c'est la compétence énergie des métropoles, qui permet de dépasser les problèmes de concurrence entre syndicats et communes. Certains syndicats de traitement de déchets, pour des raisons politiques, refusaient de vendre à prix avantageux leur énergie au RCU local. » (Entretien coordinateur national Fonds chaleur ADEME, 20/02/2017).

chaleur industrielle. Par ailleurs aucun organisme sectoriel (de la cimenterie, de la métallurgie, de la raffinerie…) ne semble s'être mobilisé sur cette question. Ce sont les opérateurs des réseaux de chaleur qui sont le plus souvent à l'initiative de projets de récupération, et jouent un rôle d'intermédiaire entre les collectivités utilisatrices et les industriels pourvoyeurs de chaleur.

Il faut toutefois souligner l'action de plusieurs organismes de différente nature, concernés par les enjeux énergétiques des entreprises, qui se mobilisent sur la question de la chaleur fatale. L'Association technique énergie environnement (ATEE), qui accompagne les entreprises consommatrices d'énergie dans des démarches de réduction de consommation et d'efficacité énergétique, s'est saisie de la question de la récupération de chaleur et organise en collaboration avec l'ADEME des séminaires d'entreprises réguliers en région pour partager des expériences de récupération et mettre en relation entreprises, bureaux d'étude spécialisés et structures de financement. L'Union des industries utilisatrices d'énergie (UNIDEN) est un acteur important, interlocuteur des pouvoirs publics sur les questions d'énergie, encore peu mobilisé sur sujet de la récupération de chaleur (notamment de celle générée par les industries)[143]. S'il n'existe pas de réseaux d'acteurs et d'intérêts identifiés sur la question de la chaleur fatale industrielle, les études de terrain (chapitre 5) nous enseigneront qu'il existe bien des préoccupations, motivations et intérêts communs aux industriels tous secteurs confondus, pour lesquels la question de la consommation énergétique et de la décarbonation sont des préoccupations montantes.

La chaleur du nucléaire : un non-sujet

La représentation des flux énergétiques à l'échelle nationale sous la forme d'un diagramme de Sankey met en évidence l'ampleur de la déperdition liée à la production nucléaire, estimées à 82 Mtep.

---

143 « L'UNIDEN développe pour les industriels gros consommateurs de chaleur un argumentaire semblable à celui des industriels électro-intensifs en ce qui concerne l'électricité. Ceux-ci défendent l'idée d'un accès préférentiel aux sources de chaleur peu onéreuses (par exemple les ordures ménagères) pour faire baisser le prix de la chaleur et leur permettre d'être compétitifs par rapport à leurs concurrents étrangers. Ils pensent d'ailleurs à une localisation à terme des incinérateurs d'ordures ménagères sur leurs plates-formes pour favoriser ce phénomène. Leur réflexion doit donner lieu à une étude conjointe avec la DGE. Le sujet n'est pas mature aujourd'hui, mais il sera nécessaire de lancer cette étude et d'en approfondir les conclusions lorsqu'elle sera achevée. » (CGE/CGEDD, 2018)

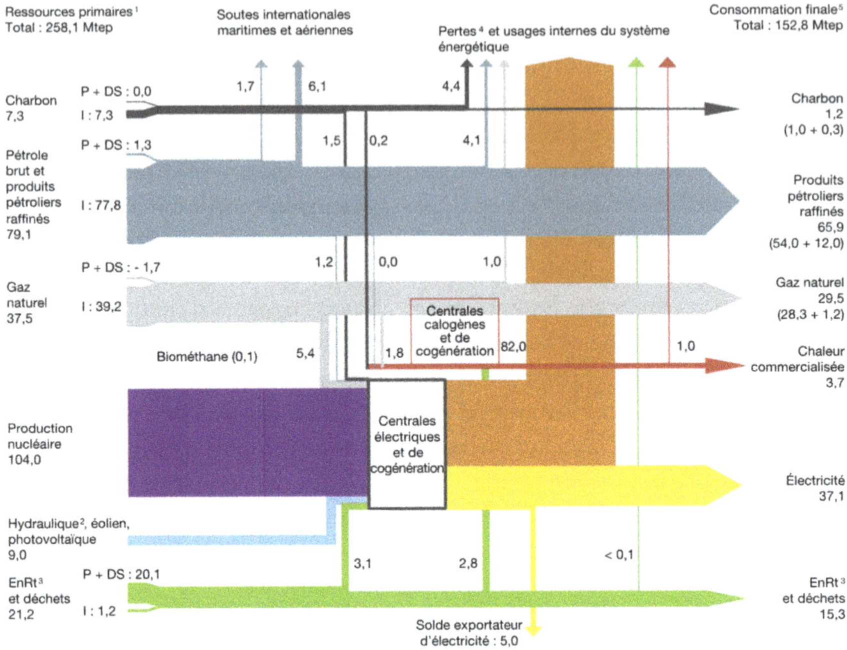

P : production nationale d'énergie primaire. DS : déstockage. I : solde importateur.
1 Pour obtenir la consommation primaire, il faut déduire des ressources primaires le solde exportateur d'électricité ainsi que les soutes maritimes et aériennes internationales.
2 Y compris énergies marines, hors accumulation par pompage.
3 Énergies renouvelables thermiques (bois, solaire thermique, biocarburants, pompes à chaleur, etc.).
4 L'importance des pertes dans le domaine de l'électricité tient au fait que la production nucléaire est comptabilisée pour la chaleur produite par la réaction, chaleur dont les deux tiers sont perdus lors de la conversion en énergie électrique.
5 Usages non énergétiques inclus.

Figure 6 : Bilan énergétique de la France (Ministère de la transition écologique/statistique publique, 2021).

Les données concernant la perte énergétique, de mêmes que celles relatives à la récupération, ne sont généralement pas incluses dans la statistique nationale. Fait rare, un rapport préparatoire à la Programmation publique des investissements de 2008 indique que 0,4 Mtep des 80 Mtep/an de la chaleur générée par la production électrique nucléaire est valorisée dans 8 sites identifiés (MEEDDAT, 2008). Ces quelques opérations de récupération d'eau chaude (fermes aquatiques, horticulture), pour importantes qu'elles soient au niveau local, sont quantitativement dérisoires au regard des volumes générés. Les arguments généralement avancés pour expliquer la non-valorisation sont la trop faible température des eaux rejetées (entre 15 et 35°C), ou encore l'éloignement des centrales nucléaires des espaces urbanisés. Si la cogénération nucléaire est étudiée comme une option intéressante sur le plan économique pour mettre en œuvre la transition énergétique (Leurent, 2019 ; Leurent et al., 2017, 2018), il s'agit d'une thématique très en retrait des débats techniques et politiques concernant le nucléaire.

Le travail réalisé par Fontaine (2021) à partir des archives de l'entreprise EDF et des ministères de l'industrie, de l'environnement et de l'habitat montre que la valorisation énergétique de la chaleur produite par les centrales nucléaires françaises n'a pas toujours été un impensé politique. La mise en chantier du programme nucléaire français au cours des années 1970 a été traversée par des débats portant sur les modes d'organisation de la filière et notamment de l'éventualité de l'intégration de la valorisation de la chaleur dans le modèle industriel. Outre le modèle du « tout électrique » qui s'est finalement imposé, deux autres modèles ont été étudiés qui consistaient d'une part en des systèmes de cogénération et d'autre part en de petits réacteurs nucléaires calogènes destinés au chauffage urbain. La baisse du prix des énergies fossiles dans le contexte du contre-choc pétrolier des années 1980 a finalement entraîné l'abandon des projets les plus ambitieux de cogénération et de valorisation directe de la chaleur des centrales nucléaires. Depuis, la valorisation de la chaleur des centrales nucléaires ne concerne que des quantités infimes de la chaleur disponible, bien que la loi impose à EDF de donner accès à ses rejets thermiques aux acteurs qui en feraient la demande.

Ce choix historique inhérent à la conception et à l'orientation de l'industrie nucléaire se prolonge du point de vue du cadrage propre à la politique de la chaleur, qui perpétue la mise à l'écart du nucléaire comme source de chaleur valorisable. En effet, l'article 14.6 de la directive UE de 2018 qui encadre l'obligation de cartographie des sources de chaleur et de froid et d'analyses coûts-avantages autorise explicitement les Etats membres à exempter les installations nucléaires. De fait, les études réalisées à l'échelle de la France, notamment celles de l'ADEME, n'abordent pas le secteur nucléaire.

Il existe bien une politique de la chaleur de récupération, elle-même constitutive d'une politique de la chaleur renouvelable, structurée à partir de la décennie

2010 à travers des instruments dédiés. En revanche, le repérage d'un secteur associé à cette politique est moins évident. La mise en regard de la gestion des déchets, de l'industrie et de la production électrique nucléaire permet d'identifier « l'environnement » de cette politique publique (Jacquot et Halpern, 2015). Elle met en évidence une *problématisation sélective* selon laquelle l'approche de la déperdition de chaleur et sa récupération n'est pas déterminée par la disponibilité technique ou quantitative des gisements, mais par l'organisation sociopolitique et la structuration historique des acteurs et intérêts. On constate en effet trois cas de figure très contrastés. D'abord, celui de l'incinération des déchets, qui présente la plus grande part des volumes valorisés. Historiquement associées aux réseaux de chaleur urbains, ces infrastructures de service aux collectivités sont étroitement liées et représentées par des organismes puissants et mobilisés sur la question de la chaleur de récupération. Les autres domaines industriels renvoient à une multitude de secteurs socio-professionnels avec des préoccupations, des systèmes de représentation et des intérêts propres. La question de la consommation d'énergie est toutefois une préoccupation commune à l'industrie, et c'est sous cet angle que l'on dénote une représentation des intérêts industriels dans les discussions relatives à la chaleur de récupération. C'est l'ADEME qui prend en charge la question et œuvre à rendre publics les gisements de chaleur fatale. Ce qui n'est pas le cas concernant la production électrique nucléaire, dont les gisements massifs ne sont que marginalement valorisés, et surtout dont la question est structurellement occultée, depuis des choix technico-politiques originels de conception de la filière, jusqu'aux données et aux instruments dédiés qui ont vu le jour récemment.

4 Le Fonds chaleur, instrument-phare de la chaleur renouvelable

Le Fonds chaleur, créé en 2009, est l'instrument principal et le levier décisif de la politique de chaleur renouvelable, et de la chaleur de récupération depuis 2015. Alors que la chaleur est reconnue comme étant le parent pauvre de la politique de transition énergétique, ce dispositif représente un pendant au soutien à l'électricité renouvelable. Nous examinons ici la mise en place de ce système de subvention et son incidence sur les projets de récupération, ainsi que les débats et prises de position qu'il suscite. Parce qu'il repose sur un principe de subvention à l'investissement, le Fonds chaleur a fait l'objet de tentatives de réformes, qui ont rencontré la résistance d'acteurs attachés à son maintien. En outre, ces dispositions d'aides à la chaleur interviennent dans un contexte énergie-climat très incertain économiquement et politiquement.

Une aide à l'investissement pour la chaleur renouvelable

Le Fonds chaleur a été créé dans le cadre du Grenelle de l'environnement afin de subventionner les opérations contribuant au développement de la production et la distribution de chaleur d'origine renouvelable, comme pendant des soutiens publics à l'électricité renouvelable. Dès sa conception, il a été difficile de dessiner les contours d'un dispositif qui ne bénéficie pas d'une structuration historique, et qui consiste à attribuer des aides publiques à de l'investissement infrastructurel : « Les besoins résident dans l'aide au financement de tuyaux. Or cela n'a pas été aisé, et a fait l'objet d'une négociation serrée avec l'Europe, et avec les ministères, afin de se conformer aux règles de concurrences et des calculs de la dette publique. Il est possible au titre des politiques environnementales d'autoriser des aides d'Etat, mais les critères sont très stricts et les tuyaux n'étaient pas compris dans les aides possibles. Il a donc fallu argumenter dur, par exemple de prouver que le soutien aux RCU [réseaux de chaleur urbains] ne faisaient pas concurrence aux ramoneurs. » (Entretien coordinateur national Fonds chaleur ADEME, 20/02/2017). L'aide à la chaleur renouvelable est conditionnée à un tarif de vente à l'usager qui doit être inférieur aux sources fossiles. Aussi, l'aide à l'investissement est calculée de façon à ce que le coût de la chaleur produite soit inférieur de 5 % au montant de la solution fossile de référence, qui est en général le gaz. La dotation annuelle du fonds est en augmentation (215 millions d'euros en 2018, 300 millions en 2019), conformément à la Programmation pluriannuelle de l'énergie qui projette une croissance de l'utilisation de la chaleur renouvelable dans le mix énergétique national (ministère de la Transition énergétique, 2019).

Le fonds est géré par l'ADEME sur la base d'un appel à projet régionalisé qui s'adresse à des maîtres d'ouvrage des secteurs publics ou privés, pour des projets de moins de 1,5 million d'euros (au-delà de ce montant, ils relèvent de la Commission nationale des aides climat air énergie de l'ADEME). Dans un premier temps orienté vers la biomasse, le Fonds chaleur a été ouvert à la chaleur de récupération en 2015, rendant éligible les systèmes de captage ainsi que les infrastructures de distribution[144]. Il n'existe pas de montant prédéfini par rubrique – qui assurerait un « quota chaleur fatale » au sein de l'enveloppe Fonds chaleur – mais un état des lieux annuel permet une analyse du portefeuille de projets financés, qui fait l'objet d'un audit régulier par la Cour des comptes. Les projets soumis doivent être accompagnés d'une étude énergétique préalable de moins de deux ans. Les projets permettant une valorisation d'énergie thermique supérieure à 1 GWh/an (soit 85 tep/an) sont instruits prioritairement, tandis que les projets inférieurs font l'objet d'un échange avec l'ADEME.

L'obtention de l'aide est conditionnée à plusieurs critères relatifs à l'économie générale des réseaux, à l'efficacité des systèmes de captation, ou encore à la demande environnante. Le taux d'EnR&R livré doit être égal ou supérieur à 65 % minimum – ce qui est équivalent au seuil d'obtention de la TVA[145]. Dans le cas de la récupération sur une unité d'incinération, l'ADEME préconise l'atteinte d'une efficacité énergétique moyenne annuelle (EEMA) supérieure à 70 % après opération. Concernant les bénéficiaires de la chaleur livrée, l'ADEME exige un niveau de densité thermique minimale de 1,5. Afin d'assurer un suivi de l'efficacité des aides et de pouvoir rendre compte des productions d'EnR&R auprès de l'Etat et de la Commission européenne, l'ADEME impose la mise en place d'un système de comptage de la chaleur renouvelable produite sur les installations aidées, afin que le bénéficiaire de l'aide puisse transmette annuellement ses données réelles de production de chaleur. Les directions régionales de l'ADEME accompagnent les porteurs de projets dans le montage des projets régionaux ainsi que ceux qui doivent passer devant la Commission nationale des aides. Les accompagnateurs de ces projets sont des acteurs-pivots de la chaleur de récupération dans la mesure où ils disposent d'une connaissance suivie des différents projets, en particulier ceux qui ont bénéficié d'études préalables. Ils guident les projets de manière à

---

[144] La chaleur captée doit être valorisée sous forme de chaleur. Les projets concernant la production d'énergie mécanique et par voie de conséquence la production électrique ne sont pas éligibles. Les projets concernant la chaleur produite directement par la cogénération ne sont pas éligibles. Cas de la chaleur perdue (fumée, énergie résiduelle après la détente…) : les projets d'une cogénération dont le tarif d'achat de l'électricité produite par cette cogénération est indexé sur l'efficacité énergétique ne sont pas éligibles. (ADEME, 2021)

[145] Selon la fiche Fonds chaleur 2021 de l'ADEME.

optimiser le recours aux différents guichets de subventionnement et à articuler la mobilisation du Fonds chaleur avec des fonds régionaux et européens[146].

L'ouverture du fonds aux projets de récupération n'a pas entraîné les effets escomptés en termes de projets industriels. Comme le montrent les études de cas, la prise de risque est jugée trop forte par les industriels, qui exigent des retours sur investissement rapides. Pour remédier à ce problème, la création d'un fonds national de garantie contre le risque industriel pour des projets de valorisation de la chaleur fatale a été envisagée[147]. Mais face à la grande diversité des risques identifiés, l'ADEME a repoussé la solution du fonds de garantie et a privilégié une action très en amont pour accompagner les industriels et les financeurs à l'aide d'une « matrice des risques » (liés à la technique, l'exploitation, le financier et les contrats) qui a vocation à être intégrée dans les cahiers des charges des études financées.

Réformer le fonds chaleur ?

Fin 2017, le ministre de la transition écologique a mandaté conjointement le Conseil général de l'économie, de l'industrie, de l'énergie et des territoires (CGE) et le Conseil général de l'environnement et du développement durable (CGEDD) pour qu'ils « examinent l'opportunité et les modalités de la transformation de cette aide à l'investissement en une aide à la production de chaleur renouvelable, à l'instar du dispositif en place dans le secteur de l'électricité renouvelable. » (CGE/CGEDD, 2018). Les motifs invoqués sont « le besoin

---

146 Comme en témoigne cette responsable de projets : « La plupart de nos dossiers passent par le FRATRI [Fonds régional pour l'Accélération de la troisième révolution industrielle en Hauts de France]. Mais pour les dossiers qui sont trop gros, j'ai directement des Fonds de l'ADEME nationale. On a 300M€ de fonds chaleur, je ne vais pas prendre des fonds régionaux alors que je vais les épuiser en un seul projet. En plus dans les dossiers on met généralement du FEDER au même montant que la subvention ADEME. » (Entretien, responsable pôle Energie et Transition, ADEME Hauts-de-France, le 16/05/2019).

147 L'idée, développée dans le cadre d'une étude publiée en 2017 par l'ADEME en collaboration avec le bureau d'étude FEREST Ingénierie et le Pôle Energie 2020 des Hauts de France, était de constituer un fonds alimenté par une contribution versée par chaque porteur de projet, afin de sécuriser les situations suivants : lorsqu'un industriel n'alimente finalement pas en chaleur un réseau qui a été construit, ou lorsqu'un réseau construit ne fournit pas un débouché suffisant pour garantir la rentabilité des investissements d'un industriel (ADEME/FEREST, 2017).

de se prémunir contre la volatilité des cours mondiaux des énergies fossiles, celui de ne soutenir que les projets qui se concrétisent en phase d'exploitation, et enfin l'intérêt d'assurer aux opérateurs des recettes prédéfinies à moyen ou long terme, et par là même de stabiliser les filières concernées. » (CGE/CGEDD, 2018). Les organismes représentant les collectivités et leurs opérateurs sont unanimement hostiles à cette réforme. Dans leur rapport remis en 2018, les auteurs de l'étude suivront leurs positions en émettant un avis défavorable, qui va dans le sens des enseignements non concluants issus d'une expérimentation de mise en place d'un système d'avance remboursable[148]. Les modalités de soutien ne seront pas modifiées, mais plusieurs ajustements seront apportés, visant à améliorer l'articulation du fonds avec les instruments connexes et objectifs de la politique énergie-climat. En particulier la possibilité de cumul des aides du Fonds chaleur avec les Certificats d'économie d'énergie (CEE)[149], revendiquée par plusieurs acteurs du secteur, est recommandée par le rapport Wargon. A partir de 2020, le cumul devient possible dans le respect de spécifications techniques portant sur des opérations standardisées[150].

Ainsi, sous l'effet d'une mobilisation des représentants des réseaux de chaleur et des collectivités locales dans le cadre d'arènes de discussions techniques

---

148 « L'ADEME nationale avait mis en place l'année dernière à titre expérimental des avances remboursables mais l'a annulé, notamment en raison de l'augmentation de l'enveloppe fonds chaleur. C'était des choses qui avaient déjà mal fonctionné. On devait vérifier la production de chaque site et demander un remboursement des MWh produit en plus du contrat. Or la récupération de l'argent le cas échéant est un travail énorme pour les ingénieurs ADEME. » (Entretien, responsable pôle Energie et Transition, ADEME Hauts-de-France, le 16/05/2019).

149 Prévus par la loi POPE de 2005, les certificats d'économie d'énergie « sont attribués, sous certaines conditions, par les services du ministère chargé de l'énergie, aux acteurs éligibles (obligés mais aussi d'autres personnes morales non obligées) réalisant des opérations d'économies d'énergie. Ces actions peuvent être menées dans tous les secteurs d'activité (résidentiel, tertiaire, industriel, agricole, transport, etc.), sur le patrimoine des éligibles ou auprès de tiers qu'ils ont incités à réaliser des économies d'énergie. Les obligés ont également la possibilité d'acheter des CEE à d'autres acteurs ayant mené des actions d'économies d'énergie, en particulier les éligibles non obligés. Ils peuvent aussi obtenir des certificats en contribuant financièrement à des programmes d'accompagnement. » <https://www.ecologie.gouv.fr/dispositif-des-certificats-deconomies-denergie>

150 La FNCCR a publié un guide de ces opérations, qui comprend une fiche consacrée à la « Récupération de chaleur fatale pour valorisation sur un réseau de chaleur ou vers un tiers » FNCCR (2020), Réseaux de chaleur & de froid. CEE : un nouveau levier pour les réseaux de chaleur.

orchestrées par les autorités gouvernementales, les modalités du Fonds chaleur ne seront pas modifiées, mais leur association avec le dispositif CEE acquise, au prix de de dispositions techniques d'un niveau de détail croissant distinguant les multiples opérations inhérentes à la distribution de chaleur. C'est donc un ajustement qui s'opère finalement entre des instruments pensés indépendamment et alors que les concepteurs du Fonds chaleur[151] avaient mis en garde contre cette superposition des instruments. Ainsi, le cadrage initial de la politique de la chaleur selon un référentiel d'efficacité énergétique, est amené à être ajusté au fur et à mesure que la chaleur renouvelable devient un enjeu à part entière, objet d'instruments dédiés et investi par des acteurs identifiés.

La chaleur renouvelable dans la conjoncture carbone

Du fait de la situation de concurrence locale du chauffage urbain avec les énergies fossiles (en particulier avec le gaz sur lequel les tarifs de vente de la chaleur doivent s'aligner), l'effet incitatif de l'aide à la chaleur renouvelable, et donc le dispositif du Fonds chaleur, est directement conditionné au prix des énergies fossiles, et par conséquent à la fiscalité carbone qui s'applique – ou non – à elles. La mission CGE/CGEDD a mené son travail d'évaluation alors que l'instauration d'une taxe carbone (Contribution climat énergie-CCE) était à l'ordre du jour en France. A même d'influer sur le prix du gaz, principal concurrent des réseaux de chaleur, la taxe carbone apparaissait comme un facteur favorable « dont les acteurs attendent qu'elle rétablisse par contrecoup l'avantage comparatif de la chaleur » (CGE/CGEDD, 2018). Selon le rapport Wargon de 2019, le gel de la CCE est de nature à revisiter la dotation du Fonds chaleur, et ses auteurs suggèrent de « revoir la trajectoire d'augmentation du Fonds Chaleur à compter de 2021 afin de compenser le gel de la CCE si la reprise d'une trajectoire de hausse de cette dernière n'est pas décidée d'ici là ». Devant une telle incertitude concernant la fiscalité carbone, les dispositions actuellement en vigueur pour l'attribution des aides à la chaleur par l'ADEME

[151] « Il faut surtout éviter le doublonnage entre les aides au titre des certificats d'économie d'énergie et au titre du fonds chaleur. La séparation logique est que les CEE sont destinés à l'économie d'énergie et le Fonds chaleur aux ENR. Mais quand les CEE ont été mis en place en 2007 le Fonds chaleur n'existait pas et la délimitation de fait n'était pas si nette. » (Entretien coordinateur national Fonds chaleur ADEME, 20/02/2017).

sont les suivantes : « Le calcul de l'aide prendra en compte «le revenu carbone» lié à l'installation aidée selon des hypothèses «raisonnables» actualisées. »[152].

Un autre facteur intervient dans l'intérêt de valoriser ou non l'énergie fatale : ce sont les allocations de quotas carbone. La chaleur valorisée comptant comme une émission évitée, elle ouvre droit au bénéfice d'un crédit carbone. Les projets concernant les installations soumises au système communautaire d'échange de quotas d'émissions de GES (EU-ETS) étant éligibles au Fonds chaleur, il n'y a pas d'incompatibilité à cet égard. Mais une incertitude majeure demeure quant à l'attribution des quotas dans le cas d'une valorisation externe, c'est-à-dire de vente à un réseau de chaleur : à qui revient le crédit carbone, à l'industriel ou au gestionnaire du réseau ? Le prix de la tonne de CO_2 ayant fortement augmenté en 2021[153], et les quotas alloués étant prévus à la baisse dans le cadre de la politique européenne, les industriels émetteurs de CO_2 et de chaleur fatale reconsidèrent leur choix de livrer la chaleur à un réseau extérieur. Cette question n'étant pas résolue, certains industriels concernés par l'éventualité d'une récupération optent pour une valorisation interne leur permettant de bénéficier du crédit carbone, comme le montrent les études de terrain[154]. L'abandon de la taxe carbone, puis l'augmentation du prix de la tonne de CO_2, qui impriment une incertitude majeure dans les années 2018 à 2021, rappellent combien les modalités de soutien à la chaleur de récupération ne peuvent s'envisager indépendamment du pilotage énergétique et climatique. L'augmentation en 2022 du prix du gaz rebat à nouveau les cartes de l'avantage compétitif du chauffage collectif, et donc des énergies renouvelables et de récupération qu'il mobilise. Ces effets de contexte sont vécus de longue date par les opérateurs des réseaux de chaleur qui revendiquent

---

152 ADEME (2021) Conditions d'éligibilité et de financement : Récupération de chaleur fatale, 19 p.

153 De l'ordre de 20 à 30€ en 2020, il a atteint plus de 90 € début 2022.

154 « (…) il reste des questions : si demain je donne la chaleur aux collectivités, qui récupère la tonne de CO_2 évitée ?! On sait que si on le fait en interne, le quota CO_2 récupéré est pour nous. Aujourd'hui on est dans le respect de nos quotas, on ne paye pas, mais les quotas vont baisser donc on doit anticiper. » (Entretien responsable environnemental site industriel, Hauts de France, 23/06/2021).

un pilotage systémique de la chaleur renouvelable, au-delà de l'attribution de moyens spécifiques[155].

Le Fonds chaleur est l'instrument fondateur à l'aune duquel on peut parler de politique de chaleur renouvelable, puis de politique de récupération de la chaleur fatale. Il repose sur une aide à l'investissement qui, conjuguée à une incitation fiscale, forme un levier incitatif destiné à encourager les projets de valorisation de chaleur. L'ADEME est au cœur de la mise en œuvre de ce dispositif, non seulement pour la gestion et l'attribution des fonds, mais aussi à travers l'implication des délégations régionales dans l'accompagnement technique et administratif à la conduite des études et au montage des projets. Malgré une dotation en hausse, ce dispositif présente des fragilités, de plusieurs natures. Une fragilité fonctionnelle liée au fait que l'aide à l'investissement répond mal aux règles des dépenses publiques, a conduit à une tentative de réforme, qui a rencontré la résistance des acteurs concernés. Sa fragilité est aussi conceptuelle et conjoncturelle, dans la mesure où l'articulation avec des dispositifs connexes, en l'occurrence les CEE et les quotas carbone, n'a pas été anticipée et fait face à des obstacles chemin faisant. D'autant que ce dispositif évolue dans un environnement extrêmement complexe et incertain. Les atermoiements relatifs à la taxe carbone, puis l'évolution du prix de la tonne de CO_2, ont joué tantôt comme des facteurs favorables puis défavorables à la chaleur de récupération. Cela indique la marge très étroite de cette source énergétique qui dépend d'un instrument mal ajusté évoluant dans un contexte de pilotage erratique des enjeux énergie-climat.

---

155 « (…) il y a un phénomène conjoncturel : la baisse du cout des énergies fossile a fait perdre beaucoup en compétitivité des RCU, qui eux ont pas mal de coûts fixes. On est en train de militer pour une trajectoire carbone, à travers la contribution climat énergie. Aujourd'hui, alors qu'il y a des ambitions très fortes [en faveur de la chaleur renouvelable et des réseaux de chaleur], on considère qu'il y a un effet de plateau. Nous communiquons beaucoup sur le fait qu'il faut recréer les conditions économiques d'équilibrage du marché. Il y a un sujet très important de rééquilibrage carbone. (…) Notre message c'est : commençons par rétablir ! » (Entretien président FEDENE, 20/02/2017)

La déperdition énergétique, le grand absent

En une vingtaine d'années, la génération de chaleur, d'abord envisagée comme un sous-produit de la cogénération, devient une entrée assumée dans le cadre d'une politique de chaleur renouvelable, puis la chaleur de récupération est explicitement et distinctement ciblée comme constitutive de la chaleur renouvelable. L'obligation de cartographie et d'évaluation des potentiels constitue un premier ensemble instrumental, de nature cognitive, dont la finalité est de porter à connaissance la présence de chaleur perdue en la mettant en relation avec des besoins de chauffage. En France, cette approche, très inégalement mise en œuvre, se double d'un instrument de nature incitative, qui consiste en une aide financière apportée aux projets de récupération. Ainsi instrumentée, la chaleur de récupération est résolument désignée comme partie-prenante de la politique de chaleur renouvelable dorénavant inscrite dans la planification du mix énergétique mais dont la mise à l'agenda et l'opérationnalisation sont intervenues en second temps d'une stratégie d'énergie renouvelable électro-centrée. L'examen du fonctionnement de ces outils et les effets qu'ils produisent renseignent sur la mise en œuvre de cette politique ainsi que sur sa place dans les stratégies énergie-climat et leur pilotage. L'obligation d'études, ni contrôlée ni sanctionnée, est peu suivie d'effets en France. Les exercices de cartographie en revanche, développés à plusieurs échelles par différents acteurs, jouent un rôle de publicisation d'une ressource latente qu'il s'agit de révéler. Quant au Fonds chaleur, les débats relatifs à sa réforme ont mis en évidence des points aveugles de cette politique dont l'instrument-phare peine à coexister avec d'autres dispositifs énergétiques, et tout simplement à trouver sa pertinence dans une conjoncture énergie-climat très incertaine. Les réalités de terrain observées en 2021 prolongent la réflexion sur l'articulation avec la régulation carbone ouverte dans ce chapitre. Elles nous rappelleront que l'affirmation d'une politique de la chaleur de récupération à part entière ne doit pas masquer sa part et sa portée très relatives.

La mise en politique de la chaleur procède d'une problématisation sélective, qui résulte à la fois d'occultations délibérées et de proximités instituées. L'exclusion de la production électrique nucléaire est un choix politique qui prend la forme de mesures d'exemption dans la conception-même des instruments. La récupération de chaleur issue de l'incinération des déchets est la plus ancienne et de loin la plus importante. La proximité organisationnelle entre déchets et chauffage se manifeste par des acteurs établis, en l'occurrence les organismes représentant conjointement les collectivité et opérateurs des réseaux de service urbains. Ces derniers, particulièrement actifs sur le plan de l'expertise et de la défense de leurs intérêts, sont les interlocuteurs privilégiés des pouvoirs publics sur la question de la chaleur fatale. Quant aux acteurs de l'industrie, qu'il faut évoquer au pluriel, ils sont davantage en retrait. C'est l'ADEME qui va prendre en charge le travail cognitif d'identification et de publicisation des ressources d'origine industrielle. Bien que la chaleur fatale soit par définition une forme d'énergie multisectorielle, non assimilable à une technologie ou à un secteur en particulier, le « monde » des acteurs de la chaleur fatale existe à travers des réseaux d'organismes publics et privés du service aux collectivités.

L'autre niveau d'enseignement a trait aux effets de cadrage inhérents aux mesures constitutives de la mise en politique de la chaleur fatale. Ces mesures appréhendent, désignent et définissent la chaleur fatale comme une source d'énergie à part entière, ayant sa place dans le mix énergétique, des instruments propres, et un accueil dans des infrastructures dédiées. L'investissement cognitif est essentiel dans le processus d'invention de cette ressource énergétique. Si du point de vue sociotechnique la chaleur fatale se présente comme foncièrement différente des énergies renouvelables électriques constituées en filières, la sémantique et les modalités de représentation (cartographie de « gisements », désignation de « potentiels ») qui fondent sa constitution en ressource présentent de fortes similarités. Différentes qualités sont convoquées pour déterminer la valeur, entendue comme la « récupérabilité » de la chaleur. Des qualités thermiques – le niveau de température –, des qualités spatiales – proximité d'un usage et d'un vecteur de distribution – déterminent la faisabilité économique de la récupération. A noter que l'impact environnemental, en particulier l'intensité carbone, des activités émettrices de chaleur n'intervient pas dans la désignation de la qualité. La formation d'une utilité marchande est fondamentale dans l'avènement de la chaleur fatale comme ressource. Cette dernière ne se réduit pas au prix de vente, mais se pose en termes de rapport coût-bénéfice des investissements nécessaires à la captation et à la distribution. En somme, l'invention de la chaleur fatale comme ressource consiste à la saisir en tant qu'elle est récupérable et peut être l'objet d'une valorisation.

Ce cadrage produit un effet d'occultation majeur dans la mesure où il laisse dans l'ombre la déperdition elle-même. La production de chaleur comme résultant d'une perte n'est ni questionnée, ni abordée comme telle. La régulation des rejets thermiques existe bien, mais uniquement dans une perspective de la limitation de l'atteinte aux milieux naturels (en l'occurrence les milieux aquatiques concernant les rejets industriels ou nucléaires). En revanche, la production excédentaire de chaleur, comme la non-récupération ne sont pas empêchées, même si plusieurs dispositions rencontrées au cours de l'enquête peuvent être interprétées comme des signaux faibles allant dans le sens d'une régulation de la perte. Il en est ainsi de la hiérarchie consistant à privilégier l'efficacité énergétique interne, puis la récupération interne, et en dernier ressort la valorisation externe. Mais cette hiérarchie, appliquée par l'ADEME dans l'appréciation des projets sollicitant un financement, reste très théorique, les entreprises n'étant pas tenues de rendre des comptes sur leur bilan énergétique. L'obligation de réaliser des études de faisabilité, c'est-à-dire de considérer les volumes de chaleur perdus, pourrait être interprétée comme un signal dans ce sens, mais nous avons vu que les moyens ne pas déployés pour rendre cette mesure effective. Aux Pays-Bas, un projet de « loi chaleur » en discussion en 2021 prévoyait non pas l'obligation de récupération mais de mise à disposition des volumes perdus à un tiers, pour une utilisation non lucrative. A noter qu'une telle obligation existe en France pour le nucléaire, puisque EDF est tenue de mettre à disposition les eaux chaudes émises par les centrales, mais avec des conditions telles qu'aucun utilisateur ne revendique cet accès. Toutes ces dispositions, aussi faibles soient-elles quant à leur portée effective, signalent des qualités ontologiques de la chaleur. Pour l'heure, la chaleur fatale est problématisée comme ressource à valoriser et non comme une externalité à réguler. La mise en politique consiste à rendre visible cette ressource et à soutenir les conditions de faisabilité économique de son utilisation, qui n'intervient que si elle est jugée opportune par des acteurs en capacité de s'entendre sur des modalités d'échange. Ce cadrage ignore l'origine des émissions thermiques et ne cible pas l'excédent comme un gaspillage à contenir. Ainsi, la constitution de la chaleur fatale en ressource énergétique va de pair avec l'incapacité à la penser comme 'déchet énergétique'.

Circularités territoriales

Comment l'énergie issue des déchets et les excédents de chaleur d'origine industrielle sont-ils mobilisés au niveau territorial ? Quelles formes de récupération peut-on observer, quelles en sont les motivations et les modalités ? Lyon, Lille, Dunkerque et Rotterdam se sont intéressées, chacune à leur manière, à la valorisation de ces flux résiduels massivement présents sur leur territoire. Bien que présentant des profils démographiques et socio-économiques différents, ces métropoles ont en commun de demeurer fortement industrialisées et d'être concernées par des transformations profondes tant sur le plan de la gouvernance énergétique que de leur devenir industriel. Elles représentent des sites d'observation privilégiés pour comprendre comment l'engagement dans des opérations de récupération s'inscrit dans des politiques énergétiques locales, et plus généralement les formes selon lesquelles déchets et énergie fatale interfèrent à l'échelle d'un territoire. Les enquêtes restituées dans ce chapitre ont comme point de départ des tentatives, réalisées ou non, d'introduction (dans des réseaux de chauffage urbain en voie d'extension) de chaleur fatale issue de l'incinération des déchets, de différentes activités industrielles, ainsi que, dans un cas seulement, de la production électrique nucléaire. Ces opérations sont analysées du point de vue des conditions de leur émergence, de leurs modalités de fonctionnement technique, juridique et financier (notamment des contrats qui lient les producteurs et utilisateurs de chaleur), des infrastructures créées ou rénovées, ainsi que de leur insertion dans des systèmes énergétiques locaux. Au-delà des opérations ponctuelles, des approches territoriales se sont développées autour de la chaleur de récupération, y compris à des échelles qui dépassent le strict cadre métropolitain.

L'aboutissement de ces différents projets est très contrasté, avec dans certains cas des réalisations infrastructurelles majeures, dans d'autres des abandons, preuve qu'en dépit d'une volonté partagée des collectivités métropolitaines d'investir les enjeux de la récupération et de la distribution de chaleur, la concrétisation de la valorisation de ces flux n'est jamais acquise, et que son analyse ne peut se réduire à un modèle de réussite/échec, mais doit passer par des trajectoires explicatives. En effet, la progression de ces opérations, leur articulation au déploiement des réseaux de chaleur et aux politiques locales dessinent des trajectoires propres à chacune des métropoles, résultat d'évolutions, de bifurcations, mais aussi de permanences, qui se manifestent tant sur le plan infrastructurel que politique. Cela n'empêche pas de tirer des enseignements communs de ces quatre cas, qui ont en outre livré des résultats qui n'étaient pas attendus. La complémentarité entre énergie fatale d'origine industrielle et celle issue des déchets, et plus encore le rôle de support joué par la chaleur issue des déchets, est un des enseignements forts de ces observations de terrain. Un autre constat est que ces flux résiduels débordent les échelles institutionnelles et politiques des métropoles. Enfin, l'enquête nous entraîne au-delà des flux de chaleur fatale ou de déchets stricto-sensu, puisque le CO_2 s'avère partie-prenante de ces métabolismes résiduels territoriaux pas seulement comme étalon de l'impact climatique mais cette fois comme flux matériel.

1 Lyon : maîtriser la dépendance aux déchets

A Lyon, où la valorisation énergétique des déchets est ancienne et alimente déjà une part importante du chauffage urbain, le recours à la chaleur industrielle a été affichée comme un axe fort de la stratégie énergétique métropolitaine, soutenue par une démarche de planification inédite engagée au début des années 2010. Dans la perspective d'augmenter la part d'énergie de récupération dans le bouquet énergétique lyonnais, plusieurs études ont révélé un gisement de chaleur conséquent sur le site industriel de la Vallée de la Chimie, dont la valorisation pourrait s'inscrire dans des projets d'écologie industrielle déjà engagés. L'horizon fixé était ambitieux mais, en dépit de longues prospections et négociations entre la collectivité et les industriels, le projet de récupération n'a pas abouti.

La valorisation énergétique face à la réduction des déchets

La ville de Lyon, de même que sa voisine Villeurbanne, dispose d'une unité d'incinération pour traiter leurs déchets depuis les années 1930. Au début des années 1960, dans un contexte de forte croissance urbaine et d'augmentation de la production des résidus, la gestion des déchets urbains est l'objet de tractations entre communes, alors que se met en place l'organisation intercommunale qui aboutira à la création de la Communauté urbaine de Lyon (Courly) en 1969 (Brunet, 2021). Cette dernière, qui deviendra la Communauté urbaine du Grand Lyon puis la Métropole du Grand Lyon en 2015[156], est depuis lors compétente pour l'enlèvement et le traitement des ordures ménagères. Dans les années 1960, une usine d'incinération est construite dans le port Edouard Herriot, quartier de Gerland, au Sud de la ville, une autre à Rillieux-la-Pape, commune située au Nord de l'agglomération. Devenues obsolètes et de capacité insuffisante, elles sont détruites puis reconstruites à la fin des années 1980. L'unité de Lyon Sud, d'une capacité de 250 000 tonnes, est exploitée en régie, celle du Nord, d'une capacité de 145 000 tonnes, est exploitée par Suez dans le cadre d'une délégation de service public. Chacune de ces unités est raccordée à un réseau de chauffage urbain alimentant en tout l'équivalent de 55 000 logements en chauffage et en eau chaude, le réseau desservi par l'unité du Sud étant le plus important (eq. 45 000 logements). Ces incinérateurs sont également équipés de turbines de cogénération qui produisent de l'électricité, notamment en été ; une partie est autoconsommée, l'autre est vendue au réseau public. La Cour régionale des comptes, dans le cadre d'une évaluation du service de collecte et traitement des déchets de la Métropole sur la période 2015-2020, considère que le niveau de performance énergétique est satisfaisant[157]. C'est donc de l'ordre de 400 000 tonnes de déchets qui sont incinérées annuellement et valorisées énergétiquement. Ces déchets proviennent de la collecte des déchets ménagers sur le territoire de la métropole, complétés ponctuellement par ceux des

---

156 Elle regroupe 59 communes et compte près d'1,3 million d'habitants.

157 « *La quantité de chaleur produite en 2019 par l'unité Sud (243 891 MWh) est sans commune mesure avec celle générée par l'unité Nord (83 083 MWh). Le constat est identique en matière de production d'électricité. Ce sont ainsi 68 833 MWh qui ont été produits par l'UTVE Sud, dont 33 070 MWh ont été consommés pour le fonctionnement des installations. L'UTVE Nord a quant à elle produit 44 007 MWh, dont 17 974 MWh utilisés pour son propre fonctionnement.* » (Chambre régionale des comptes Auvergne-Rhône-Alpes (2021) *Métropole de Lyon Exercices 2015 et suivants. Rapport d'observations définitives*, 87 p.).

activités économiques ainsi que des ordures ménagères de territoires voisins pour combler le vide de four et permettre une valorisation thermique optimale, notamment en période hivernale.

Depuis plusieurs années, le renouvellement de ces deux unités, et par là-même l'orientation de la politique métropolitaine de gestion des déchets, est en question. Le contrat de délégation de 30 ans pour l'exploitation de l'incinérateur Nord prenant fin en juin 2019, un marché global de performance de huit ans a été conclu entre la Métropole et Suez. Il reporte l'échéance à juin 2027, en même temps qu'il prévoit une augmentation de la chaleur livrée. Quant à l'unité Sud, son renouvellement d'ici 2025 a été décidé dès 2011 par délibération de la Communauté urbaine du Grand Lyon. L'échéance des contrats de délégation fixe donc le calendrier des décisions à prendre concernant le devenir de l'incinération, qui se pose selon une équation renouvelée. La nécessité de continuer à alimenter en chaleur les réseaux de chauffages amenés à se développer, alors que la réduction des quantités de déchets est amorcée[158], posent en des termes nouveaux le devenir et le rôle des infrastructures de traitement des déchets[159]. L'orientation donnée par le nouvel exécutif écologiste élu en 2020, est de diminuer substantiellement les capacités d'incinération. L'objectif fixé par le Schéma directeur des déchets adopté en juin 2022 est de réduire de 25 % les déchets produits et de diviser par deux les volumes de déchets incinérés à l'horizon 2030. Ce document précise le devenir envisagé pour les deux unités d'incinération à cette échéance. Il est prévu de les rénover en limitant leurs capacités respectives, mais celles-ci « seront à définir de façon à ne pas affecter l'approvisionnement en énergie des réseaux de chaleur, conformément aux objectifs du Schéma directeur des énergies »[160]. Si les volumes collectés par la Métropole destinés à l'incinération doivent réduire de moitié, « la capacité totale de la filière sera à affiner en fonction des possibilités de coopération avec les

158 De l'ordre de 9 % entre 2010 et 2020.

159 Ce que le rapport de la Cour régionale des comptes exprime en ces termes : « *À terme, si les gisements identifiés dans les dernières études de caractérisation permettaient un évitement significatif, la question du maintien de deux UTVE se posera. Si les deux unités étaient maintenues, la baisse des quantités à incinérer passera nécessairement par la recherche d'autres combustibles en dehors du territoire de la métropole, de manière plus accrue. Il faudrait alors trouver des solutions pour continuer à alimenter les réseaux de chaleur.* » (Chambre régionale des comptes Auvergne-Rhône-Alpes, 2021)

160 Grand Lyon la Métropole (2022), Schéma directeur déchets 2030 de la Métropole de Lyon. Trajectoire métropolitaine pour la réduction des déchets et la valorisation des ressources, juin 2022, 48 p.

collectivités voisines et des besoins des acteurs économiques du territoire »[161]. Dans un contexte régional de réduction des capacités de stockage et d'absence de projets d'unités d'incinération, il convient « d'intégrer une composante extra-territoriale et [de] considérer les besoins des territoires voisins », dans la continuité de ce qui se pratique de longue date. Du point de vue infrastructurel, déchets et chauffage urbain étant étroitement associés depuis les années 1960, des dépendances se sont formées. Le devenir du traitement des déchets, et de l'incinération en particulier, ne peut se penser indépendamment du sort du chauffage urbain. Or, ce dernier est appelé à se développer et devient un élément pivot de la politique énergétique locale qui se met en place à partir du début des années 2010.

Le chauffage urbain au cœur de la politique énergétique métropolitaine

Dans la continuité de l'élaboration de son premier Plan climat énergie territoire (PCET), adopté en 2012, la Communauté urbaine du Grand Lyon s'est dotée d'une Mission énergie au sein de ses services, pour conforter la prise de compétence de la collectivité dans ce domaine, d'abord limitée au « soutien à la maîtrise de la demande d'énergie » (cela inclut le soutien aux énergies renouvelables et la préparation d'un Schéma directeur des réseaux de chaleur). La prise en charge de la distribution de chaleur est à la fois un acte fondateur et un pilier de la stratégie énergétique métropolitaine (Rocher, 2013b). C'est avec la création de la Métropole le 1er janvier 2015, que la nouvelle collectivité devient statutairement compétente non seulement pour la création et la gestion des réseaux de chaleur, mais aussi des concessions de gaz et d'électricité. Jusqu'alors, les réseaux de chaleur étaient du ressort des communes, le plus souvent exploités par des opérateurs privés dans le cadre de délégations de service public. Le transfert des contrats de délégation des communes vers la Métropole est très progressif, généralement activé à l'arrivée à terme des contrats[162]. La gestion métropolitaine des réseaux permet leur interconnexion et un pilotage commun du mix énergégique, notamment du taux d'ENR&R, en jouant sur la complémentarité des différences sources de

---

[161] Ibid.

[162] Vénissieux, commune investie de longue date dans l'offre municipale de chauffage et dans le verdissement de ses réseaux, a pu continuer à exercer cette compétence provisoirement dans le cadre d'une convention.

production de chaleur. Pour autant, le calcul de ce taux et de ses incidences fiscales étant adossés aux contrats en cours, le pilotage métropolitain doit tenir compte de leurs temporalités. Cela étant, le mix énergétique des réseaux de chaleur a sensiblement évolué dans le sens d'une diminution de la part fossile (gaz, charbon et fioul) et d'une augmentation de la part renouvelable et de récupération. La biomasse a progressé du fait de la rénovation de plusieurs chaufferies bois qui ont bénéficié du Fonds chaleur, tandis que la valorisation énergétique des déchets reste la source principale d'énergie de récupération.

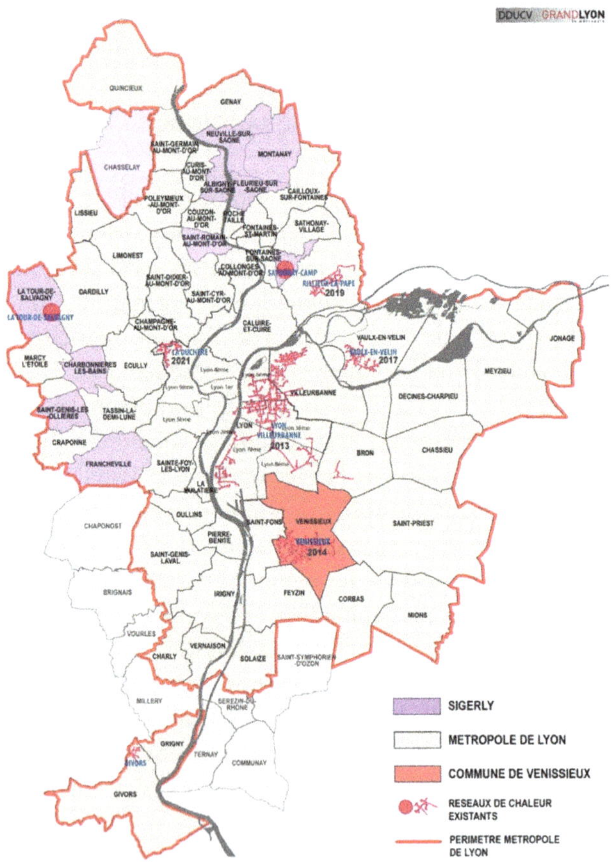

Carte 1: Le transfert de la compétence du chauffage urbain à la Métropole de Lyon (Métropole de Lyon, 2015).

Le lancement en 2015 d'un Schéma directeur des énergies (SDE) va structurer la politique énergétique territoriale. La démarche portée par la Mission énergie qui s'est fortement étoffée, s'appuie sur un conseil scientifique auquel participent notamment les opérateurs énergétiques. Premier exercice de représentation des consommations et des usages énergétiques à l'échelle du territoire – où le chauffage représente 58 % des consommations – le SDE ouvre la voie à une réflexion multi-énergies. Bien qu'il ne revête pas un caractère obligatoire, ce document (qui inclut le schéma directeur des réseaux de chaleur) est intégré à la planification réglementaire énergie-climat. En effet, le SDE devient le volet atténuation du Plan climat air énergie territorial (PCAET) révisé en 2019 conformément à la loi TECV.

La chaleur industrielle longtemps convoitée

L'implantation d'activités industrielles du secteur de la chimie dans le sud de Lyon remonte à la fin du 19ème siècle. La « Vallée de la Chimie » s'étend aujourd'hui sur 14 communes et regroupe des sites industriels majeurs dans les domaines de la chimie et de l'énergie. En 2013, la Mission Vallée de la chimie est créée au sein de la Communauté urbaine du Grand Lyon dans le but d'accompagner la mutation de ce territoire à l'horizon 2030. Elle lance l'« Appel des 30 », appel à projets issus d'un partenariat public-privé ouvert en 2014, 2016 et 2018, afin de soutenir des projets de requalification foncière, de développement de la chimie verte et d'écologie industrielle. Cette ambition de transformation de ce territoire industriel est concomitante de la planification énergie-climat et de l'affirmation d'une stratégie énergétique métropolitaine.

Dans ce contexte, la chaleur industrielle est identifiée comme une ressource majeure pour les réseaux de chaleur en développement. La collectivité métropolitaine, par le biais de ses Missions énergie et Vallée de la Chimie, fidèle à une habitude de coopération dont le PCET de 2012, conçu et promu comme partenarial, porte la marque (Rocher, 2017), a endossé un rôle très proactif dans l'intéressement des industriels locaux à la récupération de chaleur fatale. Plusieurs études ont été conduites en vue de caractériser le gisement, de le quantifier, et de préfigurer les conditions de sa valorisation. L'étude Valchim, coordonnée par le pôle de compétitivité Axelera (2012-2013), a permis, sur la base des données relatives aux installations classées non soumises à des clauses de confidentialité, d'estimer le gisement à 455 GWh (avec des niveaux de températures compris entre 50°c et 150°c) dont 217 GWh seraient valorisables. En partenariat avec les industriels Solvay et Arkema, la Métropole du Grand Lyon a conduit des études pour tester la viabilité économique de la valorisation de ce gisement en réseau de chaleur (Thermi'Cité) ainsi que celle de la récupération de chaleur à basse température (Valenthin). Si « l'exploitation de ce gisement butte encore sur des questions technico-économiques de premier ordre »[163], la ressource est bien identifiée et la volonté de la valoriser est affirmée dans le cadre du SDE qui prévoit la valorisation de plus de 500 GWh/an de chaleur industrielle. Restait à s'accorder sur les modalités contractuelles, juridiques et économiques assurant aux uns des taux de retour sur investissement rapides et aux autres un engagement de fourniture permettant de sécuriser des investissements de long terme.

Dans un contexte de structuration des agendas énergétique et de mutation industrielle, l'intéressement à la chaleur industrielle s'est déployé tout au long de la décennie 2010, à grand renfort d'études financées en grande partie par la collectivité. Dans la suite des études Thermi'cité et Valenthin, le projet Feeder, porté par la Mission de la Vallée de la Chimie, a l'ambition de faire de ce territoire une « usine énergétique métropolitaine ». L'idée est de connecter deux réseaux de vapeur industriels existants : celui de l'usine Solvay Belle Etoile et celui de la raffinerie Total, de rehausser leur température avec l'installation d'une unité CSR, pour livrer de la chaleur au réseau de chauffage métropolitain au moyen d'une infrastructure de transport à créer. Si l'accord de principe avec Solvay a été acquis assez tôt, celui de Total a été long à obtenir. La Métropole prévoit pourtant d'assurer l'investissement infrastructurel à hauteur de 100 %, et lance en 2020 une AMO pour préfigurer les modalités contractuelles et juridiques de la livraison de chaleur. Au début de l'année 2022, l'exécutif métropolitain prend la décision de renoncer à aller plus avant dans la concrétisation de ce projet. Il n'y a pas eu de communication publique sur cette décision, mais si les élus écologistes ont dès le début de leur mandat affirmé le souhait d'accompagner la décarbonation des activités industrielles de ce territoire, il semble qu'ils n'aient pas souhaité engager davantage de fonds publics dans la réalisation du projet de récupération d'énergie fatale face à des industriels peu enclins à s'engager sur le long terme.

Des CSR au service de la décarbonation industrielle

De cette ambition d'usine énergétique industrielle au service de l'ensemble du territoire, seul le projet d'unité CSR se maintient. Porté par Suez, ce projet

163 Schéma Directeur Energies Grand Lyon (2017), *Diagnostic du système et des acteurs énergétiques métropolitains lyonnais*, mars 2017, 92 p.

dénommé Val'Energy, lauréat de l'appel à projet CSR de l'ADEME en 2017, est reconfiguré sur la base d'un partenariat avec un unique industriel. Une chaufferie CSR de 85 MW, alimentera le réseau de vapeur de DOMO Chemicals (spécialiste du nylon et des plastiques), permettant à ce dernier de se défaire du 90 % de sa consommation de gaz. Une valorisation électrique (50 GWh/an livrés au réseau RTE) est également prévue[164]. Présentée en concertation préalable à l'été 2023, la mise en service de cette installation est prévue en 2027. A l'origine envisagée comme support à la valorisation externe de chaleur fatale présente en masse sur ce territoire industriel, la chaufferie bénéficiera dans un premier temps à la décarbonation d'un seul industriel. Pour autant, le raccordement au réseau de vapeur d'autres industriels du site demeure possible. La production électrique est alors envisagée comme un élément d'ajustement : elle pourra être basculée en valorisation vapeur si des utilisateurs se manifestent, de même que le basculement en valorisation 100 % électrique est une éventualité en cas de désengagement des industriels pour la consommation de vapeur. Le dimensionnement du projet résulte d'un équilibre entre l'engagement acquis d'un industriel, de possibles futurs raccordements, et un gisement de déchets[165].

Le projet comprend une unité de préparation des CSR. Ces derniers seront composés de déchets non dangereux d'ameublement, de divers déchets d'activité économique, d'encombrants et de refus de tri (papier, carton, plastiques, bois, ferrailles). Les CSR préparés sur place représenteront 25 % des 200 000 t. qui alimenteront la chaufferie, le reste provenant d'autres unités sur la base d'un plan d'approvisionnement régional. Ce projet s'inscrit dans la politique régionale de gestion des déchets : il doit permettre de détourner de l'enfouissement des matériaux considérés comme non recyclables, et de contribuer à hauteur de 20 % à la réduction de l'enfouissement à l'échelle régionale.

---

164 Suez (2023) Val'Energy. Synthèse du dossier de concertation, 8 p.

165 « Alors, c'était important, d'où le temps qu'on a mis aussi, à bien dimensionner l'outil pour qu'il ne soit ni trop petit pour ne remplir qu'une toute petite fraction de son utilité sociale, encore une fois au niveau des déchets ou au niveau de l'énergie, ni trop gros pour pas prendre le risque du surdimensionnement. D'où le fait qu'on ait trouvé ce qu'on estime être l'équilibre le plus adapté au territoire et au projet. Ici pour qu'il y ait cet équilibre autour des 200 000 tonnes, ça, c'est pour la partie déchets, on tourne avec une chaufferie de 23 mégawatts sur la partie élec, et 85 sur la partie chauffage. On estime que c'est le bon curseur aujourd'hui en fonction de la géographie locale, en fonction des consommateurs potentiels. On ne pourra pas doubler la production, on a quelque chose qui est là, encore une fois, pour aller dans la durée. Et la flexibilité, c'est la partie électrique. On pourra connecter encore un peu plus d'industriels, si jamais il y

Le cas lyonnais met en évidence une dépendance de long cours aux déchets, renforcée par une politique d'extension des réseaux de chaleur, mais avec un souci de maîtrise de la provenance. La baisse déjà constatée et la mise en place d'une politique volontariste de réduction, qui conduisent à accueillir des déchets extérieurs à la Métropole, n'est pas sans rappeler les situations décrites dans d'autres contextes (Behrsin et Rosa, 2020 ; Corvellec et al., 2013 ; Florentin, 2017), avec toutefois une clause de proximité plus marquée et sans doute davantage anticipée, exprimée en termes de solidarité et de mutualisation avec les collectivités voisines. La valorisation énergétique des déchets est renforcée à travers une nouvelle unité CSR, initialement prévue comme soutien à un projet de récupération de chaleur fatale industrielle. Mais l'ambition de valorisation territoriale des surplus énergétiques industriels, malgré des investissements cognitifs et financiers conséquents de la part de la collectivité, n'a pas abouti. Seul a survécu le projet d'une unité CSR, reconfigurée en tant que maillon de la politique régionale déchets en ce qu'elle permet d'éviter de l'enfouissement une part des refus de tri et déchets d'activités économiques.

2 Lille : la valorisation énergétique des déchets à grande vitesse

Le réseau de chaleur lillois, mis en service en 1974, est modernisé dans les années 1980 avec la création en 1982 de Resonor[166], Société d'économie

avait des besoins concernant ce talon de 25 % à date qu'on estime être le nominal pour l'électricité qu'on pourra substituer en chaleur, si jamais les consommateurs viennent. Inversement, on pourra monter progressivement l'électricité si les consommateurs venaient à partir malheureusement pour l'emploi local ou venaient à choisir d'autres modes de substitution. Après, l'engagement qu'on a particulier avec DOMO, parce que le projet est coconstruit avec eux, là, c'est un engagement de durée, puisqu'on deviendra le fournisseur de chaleur exclusif de DOMO. Donc là, ce n'est pas un engagement à six mois ou à deux ans, c'est un engagement sur la durée. On apporte cette sécurité de décarbonation de DOMO et nous on s'apporte une sécurité aussi avec l'exutoire chaleur sur la durée » Vincent BOREL- Directeur délégué Sud-Est du groupe SUEZ, Concertation préalable Val'Energy : projet d'implantation d'une chaufferie CSR au centre de la Vallée de la Chimie, Compte-rendu de la réunion publique du 11/07/2023 à Feyzin, <https://www.concertation-valenergy.fr/> [consulté le 28/02/2024].

166 Resonor comporte 40 km de canalisations divisées en un réseau principal à 180 °C et un réseau de distribution à 110 °C.

mixte contrôlée par ville de Lille. Le « Plan charbon » consiste à remplacer 150 petites chaufferies obsolètes fonctionnant au fioul ou au charbon, responsables d'une mauvaise qualité de l'air, par une centrale charbon moderne équipée de filtres. La centrale du Mont de Terre est mise en service en 1985, elle fonctionne dans un premier temps grâce à du charbon produit dans les dernières mines en activité de la région[167], progressivement remplacé par du charbon d'importation. En 1990 la gestion de Resonor est attribuée à Dalkia par délégation de service public pour 34 ans, c'est-à-dire jusqu'à 2024. Au début des années 2000, le gaz est introduit dans le mix énergétique pour produire de la chaleur, mais aussi de l'électricité, qui bénéficie alors de tarifs d'achat avantageux. Une turbine à gaz en cogénération est installée en 2000, suivie par trois autres chaudières à gaz en 2004.

La fin du charbon

A la fin des années 2000, cet approvisionnement gaz-charbon est remis en cause. D'une part, la baisse des tarifs d'achat de l'électricité fait perdre de l'intérêt à la cogénération qui assurait l'équilibre économique du système de chauffage urbain. D'autre part, le charbon est de plus en plus critiqué au motif qu'il est importé de Colombie et dégrade la qualité de l'air. La fermeture de la centrale du Mont de Terre devient un objectif promis par les élus lillois. Le projet d'une unité biomasse est alors envisagé en remplacement. Au début des années 2010, les émissions de gaz à effet de serre générées par les énergies fossiles sont de plus en plus préoccupantes, et l'intégration des énergies renouvelables dans les réseaux de chauffage est abordée dans le cadre du Plan climat énergie territoire alors en préparation. L'unité biomasse suscite toutefois de fortes inquiétudes quant à la qualité de l'air[168], tandis que la provenance du bois pose question dans la mesure où la région en produit peu. Le projet ne verra pas le jour et le mix énergétique de Resonor reste intégralement fossile.

D'autres réseaux de chauffage de l'agglomération ont toutefois engagé une densification et un verdissement de leur mix énergétique en ayant recours à

---

[167] La dernière mine de charbon de la région ferme à Oignies en 1990.

[168] Ville de Lille-Conseil Communal de Concertation, Le réseau de chaleur urbain lillois la recherche d'économies et d'énergies renouvelées. Avis n°12.09 présenté par la Commission Equipements et Infrastructures élargie à l'Assemblée Plénière du 24 novembre 2012, 15 p

des unités biomasse de grande capacité. C'est le cas notamment de Roubaix, le second réseau de l'agglomération, dont l'exploitation est confiée à Dalkia par délégation de service public en 2010. Si le mix énergique de chacun des six réseaux de chauffage de l'agglomération est différent, le taux moyen d'ENR&R est de l'ordre de 20 %. En acquérant le statut de Métropole en 2015, la Métropole Européenne de Lille (MEL) a endossé la responsabilité des réseaux de chauffage. Conformément au Plan climat énergie territoire adopté en 2013, l'un des objectifs prioritaires fixé lors de cette prise de compétence a été de diminuer la part des énergies fossiles et de porter la part des ENR&R à 65 %, tout en maintenant un prix compétitif pour les usagers, notamment dans les quartiers classés « politique de la ville ».

Une autoroute de la chaleur

A partir de 2015, la gestion du chauffage urbain est prise en charge au niveau de la Métropole, dorénavant compétente dans le domaine de l'énergie, en plus de celui des déchets. Le renouvellement en 2017 de l'usine d'incinération – le centre de valorisation énergétique (CVE) – situé sur la commune d'Halluin, en service depuis 2005, s'est avéré une opportunité déterminante pour verdir les réseaux de chauffage urbain. La vapeur générée par l'incinérateur était jusqu'alors valorisée en cogénération, mais la fin des tarifs de rachat garantis de l'électricité issue de l'incinération (voir chapitre 3) favorisait une valorisation thermique. Mais une des conditions essentielles à l'utilisation de la chaleur issue du centre d'Halluin, distant d'environ 25 km du réseau de chauffage lillois, était de pouvoir l'acheminer vers les réseaux existants. C'est pour assurer ce transport qu'a été décidée la réalisation d'une « autoroute de la chaleur ». Cette solution a été actée dans le cadre du Schéma directeur des réseaux de chaleur adopté par délibération du 14 décembre 2018, pour une livraison au réseau de Roubaix prévue pour octobre 2019 et à celui de Lille en octobre 2020. La rapidité de la prise de décision, puis du calendrier de construction de cette imposante infrastructure, sont inédits. Le projet, dont le coût s'élève à 80 M€, est soutenu financièrement par le Fonds Chaleur et le programme européen FEDER. La construction et l'exploitation de l'autoroute de la chaleur sont confiées à la SAS Covalys (filiale des groupes Véolia et Idex), exploitant de l'usine d'incinération, dans le cadre d'un contrat de concession de modernisation et d'exploitation de l'usine pour 12 ans. Un contrat tripartite concernant les conditions techniques et économiques de vente de la chaleur lie la MEL, Covalys et Dalkia pour les réseaux de Lille (Resonor) et de Roubaix (R'Energie).

Cette « colonne vertébrale » de la stratégie énergétique de la MEL doit permettre, au-delà des réseaux de Lille et Roubaix, l'interconnexion des réseaux présents sur le territoire métropolitain ainsi que leur extension. Le réseau ainsi interconnecté est équipé de vannes en attente et dispose d'une réserve de puissance de 40 % pour desservir dans un avenir proche des espaces non raccordés au chauffage urbain. A terme, c'est la mutualisation à l'échelle métropolitaine qui est prévue et « la convergence des tarifs de chaleur par logement à l'horizon 2030 »[169]. L'harmonisation tarifaire visée est conditionnée à l'obtention d'un mix énergétique unique à l'échelle métropolitaine avec un taux d'ENR&R lui assurant les avantages fiscaux, ce mix métropolitain étant lui-même dépendant des contrats en cours qui lient les communes avec leurs délégataires. Si la réalisation rapide de l'autoroute de la chaleur a été permise par la détermination politique, le passage effectif à l'échelle métropolitaine est soumis aux temporalités imposées par les contrats en vigueur.

Les limites de l'autoroute

Le 18 janvier 2021, la centrale du Mont de Terre est fermée, mettant définitivement fin au charbon. En octobre 2020, soit quelques mois après l'échéance annoncée, la chaleur de l'usine d'incinération est livrée au réseau de Roubaix. Ce retard, qui semble dérisoire considérant l'envergure du projet, s'explique par plusieurs difficultés rencontrées sur les plans technique, politique et contractuel. La stratégie centrale du projet, qui repose sur la rapidité de réalisation, porte en elle des faiblesses : elle constitue une prise pour les élus municipaux réticents (en particulier des élus d'opposition à la majorité métropolitaine), en même temps qu'elle induit des défaillances techniques liées à des études insuffisamment approfondies. Dès la mise en œuvre du chantier les communes traversées ont fait valoir leur opposition en retardant les autorisations de travaux sur voirie. Les retards de calendrier,

---

169 Métropole Européenne de Lille, Délibération du Conseil, séance du vendredi 14 décembre 2018, Schéma directeur des réseaux de chaleur sur le territoire de la MEL-Conclusions de l'étude : état des lieux des réseaux, potentiels de création et de développement sur le territoire-Stratégie 2030, 7 p.

ajoutés à une série d'imprévus techniques relatifs aux températures distribuées, se traduisent par des surcoûts, qui entraînent un litige entre la MEL et le délégataire.

La notion d'autoroute, catégorie inusuelle pour désigner ce type d'infrastructure, porte des promesses de rapidité d'exécution, de facilité de connexion, et de massification des flux. Le montage du projet repose sur un usage stratégique de l'idée d'autoroute, notamment vis-à-vis des communes traversées à qui sont promises des possibilités de connexions, attestées par l'installation de vannes en attente. Cela a nourri de l'intérêt de communes à être équipées en chauffage urbain, mais aussi une impatience difficilement compatible avec les temporalités de l'ingénierie, au point que la sémantique de l'autoroute a des effets pervers, comme l'indique cet agent au service des réseaux de chaleur : « (…) il faudrait arrêter de parler d'autoroute de la chaleur, ça a été mal perçu, ça nous a posé des problèmes. Beaucoup de communes se sont dit que comme l'autoroute de la chaleur passe juste à côté de chez eux, ce serait très facile de se raccorder. Je pense que beaucoup d'élus se sont engagés lors de la dernière campagne sur le développement d'un réseau de chauffage, mais sans en avoir étudié la faisabilité technique et financière » (Entretien, Métropole Européenne de Lille, 22/10/2021). De surcroît, alors que l'infrastructure avait été volontairement surdimensionnée pour faciliter de nouveaux raccordements, c'est la disponibilité-même du flux de chaleur qui est en cause. Ces limites capacitaires font partie du litige entre Covalys et la MEL. L'intervention d'un unique opérateur comme exploitant de l'usine d'incinération et du transport de chaleur, et surtout les termes du contrat avec la collectivité délégante, semblent mettre cette dernière en position de faiblesse. Ainsi, la proximité instituée entre chauffage urbain et gestion des déchets au titre des compétences partagées par une même collectivité, si elle facilite le portage et le montage de tels projets, ne garantit pas à elle seule la fluidité de la gestion opérationnelle.

De la durabilité des déchets

La stratégie métropolitaine repose sans ambiguïté sur « une valorisation maximale de la chaleur du Centre de Valorisation énergétique (CVE) comme source d'énergie renouvelable prioritaire pour l'alimentation des réseaux de chaleur »[170]. Le choix est assumé de recourir massivement à l'énergie issue de l'incinérateur, et l'approvisionnement en déchets ne semble jamais avoir été une source d'inquiétude pour les uns ou les autres. Pour justifier le projet d'autoroute, le vice-président de la MEL en charge de l'énergie, interrogé dans un magazine environnemental, évoquait le juste retour aux habitants d'une énergie produite par leurs propres déchets[171]. Pour la commissaire-enquêteur chargée de l'enquête publique qui s'est déroulée du 08/01 au 07/02 2018, les riverains de l'incinérateur, au titre des nuisances subies, devraient bénéficier du chauffage urbain. Aussi elle recommande de « favoriser les projets de développement autour de ce réseau et du CVE pour les communes traversées pour que celles-ci puissent profiter de cet aménagement (…) [et d'] étudier plus particulièrement le cas d'Halluin afin que la population, qui « subit » la présence du CVE sur son territoire, puisse espérer un projet de développement lié à cet équipement métropolitain (…) »[172]. Une autre de ses recommandations porte sur la provenance locale – entendue comme métropolitaine – des déchets incinérés[173]. La question de la provenance des déchets et de l'approvisionnement de l'incinérateur, qui apparaît à l'occasion de l'enquête publique, semble avoir été peu discutée lors de l'élaboration du projet.

Si l'autoroute est conçue pour acheminer prioritairement la chaleur issue de l'incinérateur, d'autres sources sont envisagées et inscrites dans la délibération de 2018, afin de sécuriser et d'augmenter le taux d'ENR&R

---

170 Métropole Européenne de Lille, Délibération du Conseil, séance du vendredi 14 décembre 2018, Schéma directeur des réseaux de chaleur sur le territoire de la MEL-Conclusions de l'étude : état des lieux des réseaux, potentiels de création et de développement sur le territoire-Stratégie 2030, 7 p.

171 « Inédite en France par ses dimensions, « *cette autoroute de la chaleur ne coûtera pas un centime à la collectivité, grâce aux recettes de la vente d'énergie* », assure le vice-président de la Mel en charge de l'énergie, Alain Bézirard. « *Ce sont même les habitants qui produisent en partie cette énergie, puisque ce sont leurs déchets qui sont brûlés* », précise l'élu » <https://www.linfodurable.fr/environnement/les-hauts-de-france-pionniers-du-recyclage-des-chaleurs-industrielles-9622> [consulté le 07/12/2021]

172 Préfecture du Nord (2018), Enquête publique portant sur la demande d'autorisation environnementale supplétive pour la construction et l'exploitation d'un réseau de transport d'énergie thermique issue de la valorisation des déchets présentée par la société SAS COVALYS. Avis et conclusions, 10 p.

173 Ibid.

livré[174]. C'est en particulier la possibilité de récupérer la chaleur sur les sites de data centre de l'entreprise OVH à Roubaix qui a été étudiée et favorablement accueillie par l'entreprise, soucieuse de l'image et de l'ancrage territorial de son siège. Mais les conditions d'intégration technique et économique au réseau roubaisien ne semblent pas réunies pour aller plus avant : « Le réseau de Roubaix est déjà à 70 % d'EnR. Quel est donc l'intérêt [de valoriser la chaleur de OVH], sachant qu'il faudrait utiliser une PAC [pompe à chaleur], ce qui ramènerait de l'électricité dans le mix, donc du nucléaire. C'est aussi compliqué parce que c'est une source d'énergie dont le taux de disponibilité n'est pas optimal. Ils ne refroidissent pas leurs serveurs tout le temps. Et puis ce sont des températures basses, or le réseau de Roubaix est ancien, [il alimente] des bâtiments anciens, ce qui demande des températures hautes. » (Entretien, Métropole Européenne de Lille, 22/10/2021). La connexion d'autres sources industrielles est évoquée comme un horizon plus lointain par les acteurs interrogés. Des jalons sont posés en ce sens dans le cadre du nouveau Plan climat air énergie territoire (PCAET) adopté en février 2021, mais cela nécessite encore d'investir ce sujet en termes d'ingénierie technique et de gouvernance « Dans le cadre du travail d'élaboration du PCAET, [nous cherchons à] attraper le monde industriel et les intérêts privés, dans une optique de valorisation de la chaleur fatale entre privés dans une démarche d'écologie industrielle territoriale ou de valorisation en réseau de chaleur. Un travail a été amorcé avec les douze entreprises les plus énergivores. Les choses sont en marche, mais il me semble que sur ce point on n'a pas encore atteint un « seuil de douleur » de la prise de conscience politique. On n'est pas bien armé à la MEL pour prendre ce sujet, en termes de gouvernance. Or pour bien attraper ce sujet il faut réfléchir en termes de gouvernance : quel est le rôle de la MEL, d'animateur ? un levier pour des

---

174 « assurer à l'horizon 2030 un taux d'ENR&R pour la production de chaleur de 70 % minimum en diversifiant les sources de production et en s'appuyant sur nos ressources locales (énergie fatale locale notamment des data center, solaire thermique et géothermie). Cette ambition s'inscrit dans le cadre des attentes futures de l'ADEME en termes d'aide publique pour la réalisation des réseaux de chaleur et des conditions de maintien d'une TVA réduite pour les abonnés » Métropole Européenne de Lille, Délibération du Conseil, séance du vendredi 14 décembre 2018, Schéma directeur des réseaux de chaleur sur le territoire de la MEL-Conclusions de l'étude : état des lieux des réseaux, potentiels de création et de développement sur le territoire-Stratégie 2030, 7 p.

subventions ? de la mobilisation d'ingénierie ? l'ingénierie est sans doute le point le plus important... » (Entretien, directeur Réseaux, services, motilité et transports, Métropole Européenne de Lille, 10/12/2021).

A Lille, comme à Lyon, la mobilisation de l'énergie de récupération est très étroitement liée à la métropolisation, entendue comme le renforcement de la gouvernance au niveau métropolitain, qui se traduit, entre autres choses, par une sensibilisation des acteurs institutionnels et politiques aux enjeux métaboliques à cette échelle (Barles et Dumont, 2021). Le sujet de la récupération de chaleur est saisi dans le cadre du développement de la desserte en chauffage urbain, largement motivé par des raisons sociales. La prise de compétence métropolitaine sur le chauffage urbain, le renouvellement de l'incinérateur et le changement des instruments concernant la cogénération forment ensemble une opportunité pour mobiliser la chaleur issue des déchets. La proximité institutionnelle des compétences déchets et chauffage urbain facilite le montage rapide d'un projet inédit de transport de la chaleur depuis l'incinérateur vers les réseaux existants. Dénommée « autoroute de la chaleur », cette infrastructure porte des promesses de nouvelles dessertes grâce à un flux assuré. Le cas lillois est intéressant du point de vue de la succession des sources d'énergie utilisées pour alimenter les réseaux de chauffage. Dans un contexte de dégradation de la qualité de l'air, la fin du charbon est devenue une priorité politique. Quant à l'attention portée à la provenance locale des combustibles, qui a justifié la disqualification du charbon puis du bois d'importation, elle ne se pose étonnamment pas en ces termes concernant les déchets, dont la question de la provenance n'intervient que marginalement dans les débats. Si le recours aux déchets a indéniablement permis une prise de décision et une exécution rapide, la diversification des sources d'alimentation du réseau de chauffage reste à l'agenda. En particulier la mobilisation des sources d'origine industrielle, même si l'implantation industrielle est plus diffuse sur le territoire, comparativement aux autres cas étudiés.

3 Industrie, déchets, nucléaire : Dunkerque, territoire de synergies

Dunkerque se distingue des autres territoires étudiés par son antériorité en matière de gestion intercommunale des réseaux de chaleur, d'utilisation de chaleur fatale industrielle, et plus largement d'investissement de la collectivité sur la question énergétique. Le territoire dunkerquois, qui accueille le site industriel sidérurgique installé par l'Etat dans les années 1960 sur la commune de Grande-Synthe, ainsi que la centrale nucléaire de Gravelines, est reconnu et observé pour ses pratiques d'écologie industrielle (Beaurain, Maillefert, et al., 2017 ; Beaurain et Varlet, 2014). Régulièrement qualifié de "Qatar de l'énergie fatale", ce territoire, cas historique et emblématique de la récupération de chaleur fatale de source industrielle en France (Hampikian, 2017a, 2017b), se mobilise pour inventer des trajectoires de décarbonation.

Dunkerque la pionnière

La gestion intercommunale du chauffage urbain et la captation de chaleur industrielle se mettent en place conjointement au début des années 1980, sous l'égide du Syndicat intercommunal de chauffage urbain de la région dunkerquoise (SIRCUD), créé en 1982. Celui-ci engage des études pour développer un réseau de chauffage urbain[175] et, en accord avec l'industriel Usinor (qui deviendra par la suite ArcelorMittal), opte pour une récupération de la chaleur des fumées rejetées par les hauts fourneaux. La captation industrielle (23 MW), complétée par une centrale d'appoint au fioul lourd, alimente un réseau de chauffage exploité par la Compagnie Générale de Chauffe (qui deviendra Dalkia), mis en service en 1985. Une captation complémentaire (13 MW) est réalisée en 2008. En 2011, la fusion des communes de Dunkerque, Saint-Pol-sur-Mer et Fort-Mardyck entraîne la dissolution du SICURD et le transfert à la ville de Dunkerque du rôle d'autorité concédante du réseau de chaleur. Ces compétences sont en 2015 transférées à la Communauté Urbaine de Dunkerque (CUD) conformément à la loi MAPTAM.

La collectivité dunkerquoise se distingue par son implication ancienne dans le domaine de l'énergie. Dès 1998, la CUD, présidée par Michel Delebarre, se dotait d'une direction de l'énergie, et identifiait la lutte contre la précarité énergétique comme une priorité. Cette même année, se tenaient à Dunkerque les premières Assises territoriales de l'énergie (devenues les Assises européennes

---

[175] Quatre sources potentielles avaient alors été comparées : une chaufferie charbon, la récupération du gaz sidérurgique sorti des hauts fourneaux d'Usinor, la récupération de la chaleur produite par la centrale de Gravelines et la récupération de chaleur industrielle d'Usinor <https://energy-cities.eu/fr/bonne-pratique/collaborer-avec-des-industriels/>

de la transition énergétique), scène d'échange pour les acteurs territoriaux à une époque où la question de l'énergie est une prérogative de l'Etat et d'entreprises nationales. A l'occasion de la signature de la Convention des maires en 2008, la CUD s'est dotée d'un scénario énergétique pour 2020 prévoyant le développement de l'éolien, du solaire photovoltaïque et thermique, mais surtout un doublement de la chaleur distribuée par les réseaux. La "chaleur du Dunkerquois" est la pierre angulaire de ce scénario, repris par le Schéma directeur des réseaux de chaleur 2013-2018. Ce dernier, qui repose sur une évaluation quantifiée du gisement disponible, acte une stratégie de développement du réseau par extensions successives de la récupération comme de la distribution de chaleur.

A partir de 2019, plusieurs extensions sont engagées dans l'optique d'atteindre une longueur de 65 kilomètres et un approvisionnement composé à 75 % d'énergie de récupération, complété par du gaz et du fioul lourd. Il s'agit d'une part d'étendre le réseau à la commune de Grande-Synthe, et de l'alimenter par une nouvelle captation de chaleur sur le site d'ArcelorMittal, dont l'investissement est assuré dans le cadre d'une délégation de service public. D'autre part, le Centre de valorisation des déchets communautaire, qui produisait de l'électricité à un faible rendement, desservira désormais un industriel voisin en vapeur, ainsi que le réseau de chaleur. Ce raccordement est envisagé comme un facteur de sécurisation permettant de ne pas faire dépendre le réseau exclusivement de la chaleur industrielle.

La chaleur d'Arcelor, d'une captation à l'autre

Au début des années 1980, l'installation du chauffage urbain, ainsi que la première captation industrielle, sont décidées dans un contexte de crise pétrolière et d'inquiétude quant au coût de l'énergie[176]. La seconde captation réalisée dans les années 2000 permet d'augmenter la part d'énergie de récupération et de faire bénéficier les usagers du réseau d'une TVA réduite. La qualité de l'air dégradée est alors une préoccupation grandissante pour les associations locales et pour la DREAL. Aussi, ArcelorMittal accepte la réalisation de cette

[176] La récupération énergétique est présente dès la création du site industrialo-portuaire avec l'installation en 1963 d'une centrale thermique EDF qui fonctionne à partir de gaz sidérurgiques. Reconstruite en 2005 par GDF-Suez, cette centrale continue d'utiliser du gaz sidérurgique (à hauteur de 1/3, pour 2/3 de gaz naturel) pour produire de l'électricité.

seconde captation à la condition d'y adjoindre une récupération des poussières (Hampikian, 2017a). Chacune de ces opérations est le résultat de la convergence d'intérêts (environnemental, économique, symbolique) entre l'industriel et la collectivité. Si l'effort d'investissement et la prise de risque financier ne sont pas également répartis (le gestionnaire du réseau porte les investissements, et verse une redevance d'occupation à ArcelorMittal), le contrat qui les lie prévoit « des exigences de restitution ou remboursement des équipements en cas d'arrêt de la fourniture ou de la récupération de chaleur » (Hampikian, 2017b). Toutefois, la crise économique de la fin des années 2000 entraîne une réduction des activités de l'industriel et un doute quant au maintien de son activité sur ce site.

La troisième captation, réalisée en 2019 afin d'étendre le réseau de chauffage sur la commune de Grande-Synthe, repose sur le même modèle asymétrique qui fait porter à l'opérateur du réseau tant l'investissement que les risques inhérents à l'exploitation. Cela se manifeste par des situations telles que celle de l'hiver 2020, où la mise en service du réseau a été perturbée par une rupture de fourniture de chaleur en raison d'un épisode de maintenance technique à ArcelorMittal, ce qui a nécessité de recourir à l'unité d'appoint alimentée au gaz. Les aléas techniques et économiques cumulés forment une situation d'incertitude à la fois pour la gestion quotidienne et la projection à moyen et long terme, exprimée en ces termes par un représentant de l'opérateur du réseau de chauffage : « (…) c'est une captation très instable, ça évolue au gré de leurs desideratas. Ils n'ont aucune obligation, aucun engagement contractuel. Ils délivrent ce qu'ils veulent, au rythme de leurs arrêts techniques, de leurs arrêts de production. L'an passé on a appris qu'ils avaient perdu des marchés automobiles avec l'Angleterre et que du coup ils arrêtaient un haut fourneau. (…) Avec Arcelor on a une vraie difficulté pour avoir accès à de l'information anticipée. En tant qu'exploitant on est toujours en quête d'information auprès d'eux. Il n'est pas rare qu'on s'aperçoive un matin qu'on ne capte rien sur Arcelor sur notre logiciel de suivi. On les appelle pour savoir si c'est dû à une panne chez nous. Et ils nous informent qu'en fait ils sont en maintenance pour les 15 jours suivants. On a bien tenté de mettre en place des process d'information. Mais Arcelor c'est une grosse machine. Ils ont les mains dans le cambouis, donc parfois ils oublient. Une partie du pilotage du RC est automatisée, mais on manque parfois d'informations. » (Entretien, responsable régional, Dalkia, 08.07.2021).

La volonté de part et d'autre de récupérer la chaleur fatale d'ArcelorMittal s'est malgré tout maintenue et même développée sur le long terme. L'acceptation de l'absence de sécurité quant à la livraison de de chaleur s'explique par le poids de l'industriel dans l'économie locale. En effet, selon plusieurs acteurs, le départ de l'industriel serait un tel choc pour le Dunkerquois que l'approvisionnement en chaleur serait facilement gérable comparativement aux conséquences socioéconomiques auxquelles le territoire devrait faire face. Plus récemment, un autre facteur d'incertitude se profile, qui a trait à la stratégie de décarbonation de l'activité de l'industriel. ArcelorMittal, dont les sites de Dunkerque et de Fos-sur-mer représentent 25 % des émissions de CO_2 d'origine industrielle en France, est amené à verdir sa production d'acier[177]. L'évolution des procédés vers l'abandon du charbon ou du gaz pour alimenter les fours, l'intérêt pour l'utilisation de la chaleur fatale en interne, ainsi que l'engagement dans des projets de capture et stockage du carbone, sont autant de facteurs qui détournent l'industriel de la fourniture de chaleur au réseau de chauffage local.

Un nœud énergétique pour une synergie déchets/industrie

Si le recours à la chaleur fatale d'ArcelorMittal ne s'est pas démenti, le souhait de diversifier les sources de chaleur pour ne pas dépendre du seul aciériste est présent dès le début des réflexions sur l'extension du réseau de chaleur de la CUD[178]. En 2013, parallèlement à la préfiguration de la troisième captation d'ArcelorMittal, une étude est lancée pour évaluer la faisabilité du raccordement de deux sources voisines l'une de l'autre, localisées sur la commune de Petite-Synthe. Il s'agit d'une part de l'incinérateur d'ordures ménagères, et d'autre part de Daudruy-Van Cauwenberghe, entreprise familiale d'une

---

[177] Début 2022, la presse nationale a annoncé le remplacement de hauts-fourneaux à charbon par des fours électriques et à hydrogène, grâce à des aides de l'Etat : <https://www.lemonde.fr/economie/article/2022/02/04/avec-l-aide-de-l-etat-arcelormittal-verdit-sa-production-d-acier_6112379_3234.html> <https://www.lemonde.fr/planete/article/2022/02/04/emissions-de-co$_2$-arcelormittal-va-remplacer-en-france-trois-de-ses-hauts-fourneaux-a-charbon-par-des-fours-electriques-et-a-hydrogene_6112249_3244.html>

[178] 13 industries sources de chaleur récupérables et des raccordements potentiels (particuliers, zones d'activités économiques) ont été repérés dans le cadre d'une étude réalisée par Hexa Ingénierie <https://energy-cities.eu/fr/bonne-pratique/collaborer-avec-des-industriels/>

centaine de personnes spécialisée dans le traitement des huiles agro-alimentaires et des biocarburants.

Jusqu'alors, la chaleur de l'unité d'incinération de la CUD, exploitée par la société Tiru (filiale d'EDF), était valorisée sous forme d'électricité. Les contrats d'achat à tarif garanti arrivant à leur terme en 2023, la collectivité a souhaité privilégier la valorisation thermique et utiliser la chaleur pour le réseau de chauffage en cours d'extension. De son côté, l'entreprise Daudruy disposait de deux chaufferies : l'une brûlant des sous-produits de graisse et excédents de production (soit de la biomasse), l'autre du gaz. Un « nœud énergétique », qui prend la forme d'un échangeur thermique, a été mis en en service en 2019 grâce à un contrat tripartite liant l'opérateur du réseau de chaleur, celui de l'incinérateur, et l'entreprise Daudruy. En été, la vapeur de l'incinérateur est livrée à Daudruy, qui peut alors ralentir sa consommation de gaz et par là-même augmenter sa part d'ENR et limiter son niveau d'émission de CO_2. L'hiver, l'unité d'incinération, ainsi que la chaudière biomasse Daudruy, alimentent le réseau de chauffage. Cette source complémentaire permet de limiter la dépendance du réseau de chauffage à ArceloMittal, ainsi que le recours aux chaudières d'appoint fioul et gaz. L'industriel Daudruy est à la fois fournisseur et consommateur de chaleur fatale dans la mesure où il utilise la chaleur issue de l'incinération des déchets excédentaire en période estivale. Pour lui, la perspective de l'augmentation des prix de la tonne de CO_2 est la première motivation envers la valorisation thermique.

Ententes bilatérales autour des eaux tièdes de la centrale nucléaire de Gravelines

La centrale nucléaire de Gravelines a été mise en service par EDF de 1980 à 1985 afin, entre autres, de soutenir la production du site industriel dunkerquois (une tranche sur les six que comprend la centrale est dédiée à ArcelorMittal). Chacun des six réacteurs est équipé d'un système de refroidissement à partir d'eau de mer (à hauteur de 40 m^3/s). En résulte le rejet en mer d'eau tiède en très grande quantité, dont il s'agit de maîtriser la température afin de respecter les normes[179].

[179] « Chaque tranche est d'une puissance comprise entre 900 et 1000MW, le rendement est de 33 % donc il y a 1800MW qui part. L'eau de refroidissement a les caractéristiques suivantes : des débits très élevés, qui sortent à basse température, du fait des normes que l'on doit respecter : + 11 ou 12°C entre l'entrée (au niveau du canal d'amenée) et la sortie, avec une limite maximale de 35°C ». (Entretien, chargé de mission, EDF Gravelines, 07.07.2021)

Ces eaux tièdes constituent un gisement thermique important, qui a donné lieu à deux formes de valorisation. La première concerne la ferme piscicole Aquanord, installée en 1983 en bordure de la centrale dans le cadre d'une démarche expérimentale associant EDF et l'IFREMER L'eau rejetée par EDF est pompée par Aquanord depuis le canal de rejet (moyennant une forte consommation d'électricité[180]), circule ensuite dans les bassins d'élevage de bars et de dorades, avant d'être rejetée en sortie de canal. La valorisation de ces eaux, sans laquelle le modèle économique d'Aquanord ne serait pas viable, fait l'objet d'un accord de partenariat dans lequel EDF s'engage à faire son maximum pour mettre à disposition des eaux tièdes mais qui ne crée pas d'obligation pour l'énergéticien ni de contrainte sur le fonctionnement de la centrale. Les risques sont assumés par la ferme piscicole : « On existe grâce à la centrale, on peut disparaître à cause de la centrale. Mais on n'a eu aucun incident depuis 1983, aucun poisson n'est mort à cause d'un problème de température depuis le début. » (Entretien, directeur de site Aquanord, 06.07.2021). EDF reste toutefois responsable de la conformité aux normes de la température mesurée dans le canal et dans la mer, ce qui représente « un facteur très important dans le fonctionnement de la centrale, le risque de dépassement peut conduire à arrêter la production sur certaines tranches. » (Entretien, chargé de mission, EDF Gravelines, 07.07.2021).

La seconde opération de valorisation des eaux tièdes de la centrale de Gravelines concerne le terminal méthanier implanté de l'autre côté du grand port de Dunkerque. Ce terminal importe du gaz naturel liquéfié qui pour être injecté dans le réseau GRDF doit être re-gazéifié. L'utilisation des eaux tièdes de la centrale permet de réduire la quantité de gaz brûlée pour opérer cette re-gazéification. L'acheminement de l'eau tiède de la centrale vers le port a nécessité la construction d'un tunnel sous-marin d'une longueur de 5 km intégré dans le projet de terminal dont les maîtres d'ouvrage sont le Port Autonome de Dunkerque et EDF[181]. Un débat public a été organisé par la Commission nationale du débat public (CNDP) en 2007 et une enquête publique a eu lieu en 2009. Les travaux ont été engagés en 2011 pour une mise en service en 2016. Tout comme pour l'usine piscicole, EDF n'a aucun

---

[180] « Avec EDF on a un contrat de partenariat. L'eau est gratuite, les frais de pompage sont à nos frais. Le principe est que ce qui est dans l'enceinte EDF est au frais d'EDF, ce qui est à Aquanor est à nos frais. » (Entretien, directeur de site, Aquanord, 06.07.2021)

[181] Le coût s'est élevé à 80M€ : 50M€ pour le tunnel, 30M€ pour la prise d'eau qui capte de l'ordre de 10m3/s.

engagement envers le terminal méthanier. Les volumes disponibles permettent toutefois de répondre sans difficulté aux utilisateurs, sans interférer sur le fonctionnement de la centrale qui reste la priorité, comme l'explique cet agent de EDF : « Les volumes prélevés sont minimes par rapport à ce qui est rejeté. Donc on est toujours en mesure de répondre aux besoins [du terminal méthanier et de Aquanord] ; inversement, on n'est pas dépendant d'eux pour assurer notre refroidissement. Notre eau de refroidissement intéresse des utilisateurs qui ont des besoins d'eau à température tiède, avec des gros débits, et qui puissent supporter une interruption. Car la priorité reste le fonctionnement des réacteurs et la production électrique. » (Entretien, chargé de mission, EDF Gravelines, 07.07.2021). Comme cela est stipulé dans la loi, la centrale est tenue de mettre à disposition ses eaux gratuitement si l'utilisateur prend en charge les travaux. Contrairement aux autres opérations de valorisation de chaleur fatale portées, soutenues et publicisées par les collectivités territoriales, l'utilisation des eaux tièdes de la centrale nucléaire de Gravelines est gérée de gré à gré et relativement discrètement entre EDF et chacune des entités utilisatrices.

L'écologie industrielle dunkerquoise se renouvelle autour du CO_2

Ces opérations de récupération de chaleur fatale s'inscrivent dans une tradition locale reconnue en matière d'écologie industrielle. Dès les années 1960, plusieurs valorisations et mutualisations – de laitiers et gaz sidérurgiques, ou de briques réfractaires – se développent autour de l'activité sidérurgique. L'organisme ECOPAL (Economie et écologie partenaires dans l'action locale), créé en 2001, a accompagné ces démarches de synergie et contribué à l'identification du dunkerquois comme « l'une des expériences d'écologie industrielle les plus avancées en France » (Beaurain, Frère, et al., 2017). Etonnamment, ECOPAL ne semble pas avoir joué un rôle prépondérant dans les opérations de valorisation de chaleur fatale décrites précédemment ni dans les réflexions qui animent les acteurs rencontrés. La dynamique dunkerquoise sur la question énergétique s'est en revanche sensiblement renforcée, à la faveur de structures et de partenariats associant acteurs publics et industriels, et de la politique régionale qui s'est distinguée avec la démarche Rev3. Le Pôle Energie, créé en 2011 par le Conseil régional du Nord-Pas de Calais et la Communauté urbaine de Dunkerque, se montre très actif dans la promotion de réflexions et le soutien à des innovations technologiques. Les acteurs et les réseaux du territoire se renouvellent et abordent à nouveaux frais les enjeux d'écologie industrielle. Les échanges et les interdépendances matérielles et énergétiques à l'échelle du site industrialo-portuaire constituent un enjeu prédominant que l'on s'attache à rendre visible, comme en témoigne la « toile industrielle » puis la « toile de l'énergie », réalisées par l'agence d'urbanisme du dunkerquois. Ces représentations métaboliques font état des multiples échanges de matériaux, de services et d'énergie qui lient les différentes activités du site. A travers cet exercice de représentation, il s'agit de faire prendre conscience des conséquences en chaîne que provoquerait une délocalisation, et aussi de préfigurer des possibilités de résilience (Kasmi et al., 2017). Notons à cet égard que le registre de l'interdépendance est davantage mobilisé que celui de l'autonomie, énergétique notamment. Ce qui s'entend dans la mesure où l'activité industrielle repose sur des matières massivement importées (Vidalenc, 2019).

Un changement d'échelle est à l'œuvre quant à l'appréhension de la question de la chaleur fatale sur l'ensemble du territoire, dont les volumes disponibles imposent de raisonner au-delà des opérations ponctuelles de récupération. La récupération de chaleur fatale industrielle est au cœur du projet « Dunkerque, l'énergie créative », lauréat du programme *Territoires d'Innovation à Grande Ambition* (TIGA). Dans ce cadre, une étude menée par Pôle Energie a estimé à 5,4 TWh le gisement de chaleur disponible auprès des sept industriels les plus importants du site. Ce qui correspond à une consommation annuelle de 500.000 équivalent logements et surpasse largement la demande résidentielle du territoire de la CUD. Une livraison à grande échelle, au moyen d'une autoroute de la chaleur pouvant aller jusqu'à Calais et Lille alors été évoquée, de même que des solutions plus souples de stockage et transport développées par de jeunes entreprises, à l'instar de Ecotech Ceram[182]. Ces derniers développements indiquent que l'ampleur des volumes présents impliquent de redessiner un territoire d'usage de cette énergie présente en abondance.

Mais la question de la chaleur fatale est dorénavant prise dans un agenda supérieur, celui de la décarbonation du territoire. Ces dernières années, à la faveur de la politique nationale, la décarbonation industrielle est devenue

182 Ecotech Ceram est une start up fondée en 2014 par deux jeunes docteurs en énergétique, afin de proposer différentes solutions de stockage et transfert énergétique, à destination notamment de la chaleur fatale industrielle (systèmes de stockage céramique et transport routier). <https://ecotechceram.com/>

le sujet dominant, porté par plusieurs acteurs importants, tels que la CCI, le Port Autonome, la CUD, et plusieurs industriels soucieux de maintenir la compétitivité de leur activité dans un contexte de durcissement de la régulation carbone. Leur ambition est de faire du dunkerquois la « première plateforme industrialo-portuaire compétitive neutre en carbone »[183], au moyen de solutions de captage et stockage ou d'utilisation du carbone, et de constituer ainsi un « hub CO_2 » à l'échelle régionale.

Carte 2: Représentations des flux résiduels du Part de Dunkerque (Communauté urbaine Dunkerque Grand Littoral, carte extraite de la brochure «DKarbonation Dunkerque, 1er émetteur de solutions», 2022).

La récupération de chaleur fatale d'origine industrielle est une pratique ancienne qui fait figure de marque du territoire dunkerquois, en particulier pour la Communauté urbaine investie de longue date sur les questions d'énergie et d'écologie industrielle. Les opérations successives réalisées pour utiliser la chaleur d'ArcelorMittal, révèlent toutefois une pratique non stabilisée, qui tantôt s'aligne avec un gain environnemental d'amélioration de la qualité de l'air, tantôt est rendue incertaine par la conjoncture économique ou les nouvelles orientations de décarbonation. Si la prise de risque inégalement partagée entre l'industriel et l'opérateur qui exploite le réseau de chauffage pour la collectivité est acceptée, cette dernière a cherché à diversifier les sources

[183] *Rencontres européennes CO_2, Industries et Territoires.* <https://www.rencontresco2-industries-territoires.com/>

auprès d'autres industriels ainsi que de l'incinération des déchets. Quant à la valorisation de la chaleur produite par la centrale nucléaire, elle est organisée de manière bilatérale entre EDF et deux utilisateurs, indépendamment de cette stratégie territoriale. La disponibilité de chaleur fatale dépasse toutefois l'approvisionnement du réseau de chauffage métropolitain, y compris ses extensions récentes. L'ampleur des gisements induit un ré-échelonnage de la stratégie de valorisation d'une ressource très largement en excès par rapport aux besoins locaux. Reste que d'autres utilisations, mais aussi les modalités techniques, juridiques et économique de transport et d'usage sont à établir, dans un contexte où la préoccupation carbone est devenue dominante. La chaleur fatale n'est assurément plus une question autonome, elle est pleinement partie prenante de l'agenda de la décarbonation industrielle territoriale.

4 Rotterdam : une intrication métabolique régionale

Deuxième ville des Pays-Bas, Rotterdam est le premier port européen. La zone du Botlek, qui s'étend sur plus de 40 km, accueille une activité industrielle intense. Signataire de la « Clinton Climate Initiative» en 2006, la ville s'est donné l'objectif de réduire de 50 % ses émissions de CO_2 en 2025 par rapport à 1990. L'examen des projets de récupération de chaleur, point de départ de l'enquête, nous conduit à suivre des flux entremêlés autour des émissions de CO_2, et des projets et enjeux d'envergure régionale, dans un contexte national marqué par une transition énergétique majeure : celle de la sortie du gaz.

La chaleur de récupération, une ressource convoitée

L'installation du chauffage collectif à Rotterdam débute avec la reconstruction de la ville au sortir de la Seconde Guerre Mondiale, mais reste en retrait, tandis que l'équipement en chaudières individuelles au gaz se diffuse largement, favorisé par le contexte national d'exploitation de ressources gazières. Les conséquences de la crise pétrolière et l'introduction de nouvelles réglementations environnementales vont toutefois encourager le recours au chauffage collectif. Son expansion se poursuit donc dans les années 1970 et 1980, mais avec une contrainte majeure : l'obligation d'alignement de ses tarifs avec ceux du gaz. Par ailleurs, il s'avère que les règles d'urbanisme en termes de connexion au chauffage urbain sont assez instables. Par exemple, l'introduction en 2007 de « zones de concession » dans lesquelles les nouvelles constructions avaient obligation de se raccorder au chauffage urbain, est annulée en

2012. En revanche, l'obligation de raccordement s'impose aux opérateurs de chauffage qui doivent, sous plusieurs conditions, permettre le branchement des clients le désirant. Il existe actuellement deux réseaux de chauffage qui alimentent les parties Nord et Sud de la ville, respectivement exploitées par les sociétés Eneco et Nuon (cette dernière a été rachetée par Vattenfall en 2009). Ces réseaux sont alimentés par des chaudières à gaz et des centrales cogénération. Au début des années 2000, l'idée jusqu'alors latente de récupérer de la chaleur fatale se concrétise avec la création d'un nouvel intervenant et de nouvelles infrastructures dédiées au transport de chaleur de récupération.

L'idée d'utiliser la chaleur industrielle de la zone industrialo-portuaire du Botlek n'est pas nouvelle, elle remonte au choc pétrolier des années 1970. Mais l'intérêt s'était estompé avec l'éloignement de la crise énergétique, avant de revenir sur le devant de la scène au tournant des années 2000, à la faveur d'un changement politique à la municipalité[184]. En 2006, *Warmtebedrijf*[185] *Rotterdam* est créée conjointement par la municipalité de Rotterdam et la province du Sud de la Hollande. Son rôle est inédit : il est d'assurer le transport, l'achat et la vente de chaleur, en contractualisant avec les entreprises émettrices de chaleur d'une part et avec les opérateurs des réseaux de chauffage d'autre part. La source de chaleur alors principalement visée est la raffinerie Pernis appartenant à Shell. Mais cela ne se réalisera pas comme prévu car les décisions relatives aux infrastructures d'incinération des déchets d'une part, et la position de Shell d'autre part, vont contrarier les plans initiaux. Les différents acteurs impliqués évoquent des contraintes techniques et financières ayant conduit au renoncement à la récupération de la chaleur fatale de la raffinerie. L'implantation d'un double tuyau avec des boucles d'expansion, dans un sous-sol saturé de pipeline et de câbles, dans ce site industriel très contraint physiquement et réglementairement, rendait l'opération techniquement compliquée et coûteuse. Une autre raison est avancée par le responsable énergie-environnement de la raffinerie. Il explique que le fait d'être le seul fournisseur de chaleur était rédhibitoire pour l'entreprise qui aurait alors été engagée à une livraison constante de chaleur (Entretien, responsable énergie-environnement, raffinerie Shell de Pernis, 14/07/2021).

L'incinérateur en fonction au début des années 2000, localisé dans la zone de Maashaven, devait être reconstruit sur site, ce qui aurait permis d'alimenter

[184] La droite devient majoritaire à la municipalité, au détriment du parti travailliste.

[185] Littéralement "compagnie de chauffage".

en chaleur tout le Sud de la ville. Mais ce choix, s'il était cohérent du point de vue de la livraison de chaleur, s'avérait problématique et contesté du point de vue environnemental. Aussi, plutôt que sa rénovation, c'est sa fermeture et la transformation du site en parc, qui a été décidée en 2008. En conséquence, les déchets seront envoyés à l'incinérateur AVR situé à Rozenburg, dans la zone industrialo-portuaire, à 25 km du centre de Rotterdam. Le refus de Shell puis l'éloignement de l'incinération des déchets ont conduit à la décision de réaliser une infrastructure d'acheminement de la chaleur reliant l'incinérateur AVR et les réseaux de chauffage de Nuon-Vattenfall du Sud de Rotterdam.

Une autoroute de la chaleur

La *Nieuwe Warmteweg* (« nouvelle route de la chaleur ») est mise en service en 2013. Il s'agit d'un double tuyau de 26 km acheminant de l'eau à une centaine de degrés, pour une capacité thermique de 105 MWh, permettant d'alimenter en chauffage et eau chaude sanitaire l'équivalent de 50 000 foyers[186]. Une fois la *Nieuwe Warmteweg* en fonction, la captation de chaleur à Shell devient envisageable, et va se concrétiser en 2016. La raison est pour partie technique : le tuyau passe en limite de propriété de Shell, du bon côté de la parcelle. Mais c'est surtout la position de l'industriel dans l'économie générale du projet qui a changé, dans la mesure où, alors qu'il était réticent à se trouver dans une position de fournisseur principal de chaleur, il devient une source secondaire par rapport aux volumes livrés par l'incinérateur. La captation est financée et gérée par la Warmtebedrijf. Pour Shell, l'enjeu n'est ni financier ni même écologique, tant les volumes valorisés sont dérisoires à l'échelle du site. Il est d'ordre démonstratif et renvoie à son positionnement national et régional ; il s'agit de montrer l'exemple, alors que les études sur la récupération de chaleur fatale dans la zone de Botlek s'étaient multipliées sans jamais aboutir : « We assume that if we do it, others might follow. The demonstration aspect is crucial. For that reason, Shell was prepared to lower its usual investment criteria for this kind of projects. This has also to do with Shell's position in the Netherlands, as a big actor in absolute terms, and as a symbol for the evolution of the Dutch economy. » (Entretien, responsable énergie environnement, raffinerie Shell de Pernis, 14/07/2021). Cette vision est dans une certaine mesure partagée par les gestionnaires de Warmtebedrijf

---

[186] Cette même année 2013, Eneco a mis en place une connexion entre l'incinérateur AVR et son réseau de chauffage urbain au Nord de Rotterdam.

qui relatent un engouement de la part d'autres industriels, consécutif à la signature avec Shell. Pourtant, aucune autre connexion ne verra le jour, notamment parce que la demande de chauffage n'est pas au rendez-vous. Alors que Warmtebedrijf misait sur de nouvelles connections grâce à des projets de développement urbain au sud de la ville, à la suite de la crise de 2008, les constructions de nouveaux logements ont été quasi nulles (500 au lieu des 4000 escomptés). La clientèle pour l'usage de la chaleur n'étant pas assurée, le montage d'opérations pour financer ces infrastructures capitalistiques est problématique et l'opérateur de chaleur connaît un déficit, malgré une restructuration. Le fait est que la chaleur fatale de la zone du Botlek est très largement supérieure aux besoins de Rotterdam. Sans compter la multitude d'industries présentes, AVR et Shell génèrent à eux seuls assez de chaleur pour alimenter toute la province d'Hollande du Sud.

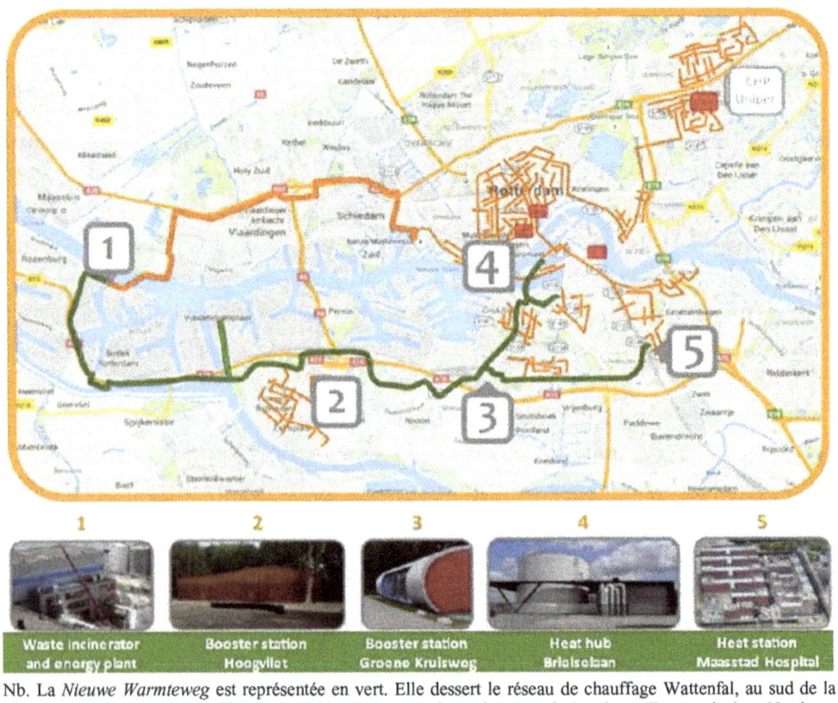

Nb. La *Nieuwe Warmteweg* est représentée en vert. Elle dessert le réseau de chauffage Wattenfal, au sud de la Meuse. La captation de la raffinerie Shell est située entre les points 1 et 2. Le réseau Eneco, situé au Nord, est raccordé à l'unité d'incinération (point 1), ainsi qu'à l'accumulateur de chaleur de Brielsehaan (point 4).

Carte 3: Livraison de chaleur à Rotterdam (Warmtebedrijf, source interne, 2021).

La région, une échelle adaptée aux volumes pléthoriques

Le déploiement d'une stratégie de récupération et d'utilisation de la chaleur fatale à l'échelle régionale débute avec la décennie 2010. Elle émane d'une volonté conjointe du gouvernement néerlandais[187] et de la Province Sud qui ont signé en 2011 un *Green Deal* stipulant que 14 % de la demande de chauffage soit couverte par des sources de récupération et de la géothermie d'ici 2020[188]. La Province Sud inscrit la réalisation d'un réseau de chaleur régional au titre de sa politique environnementale. Les images de *heat roundabout* ou de *heat hub* promeuvent l'échange de chaleur entre les industries de la zone portuaire comme pourvoyeurs, et les serres et les villes de la région (en particulier Rotterdam, Leiden et La Haye), comme utilisateurs. En 2017, la création de *Warmtealliantie* (Alliance pour la chaleur), qui associe Eneco, Gasunie, l'autorité portuaire de Rotterdam, la province Sud et la municipalité de Rotterdam, formalise le rapprochement d'acteurs d'ores et déjà impliqués dans plusieurs projets de transport de la chaleur. Il s'agit des projets WarmtelinQ et WarmtelinQ+ qui ont vocation à acheminer de la chaleur respectivement vers La Haye et Leiden.

---

187 Alors dirigé par une coalition de centre-droit.

188 « *At the national level, the ministry of economics and the province of South Holland realized the "Green Deal", an initiative to bring together 25 private and public organizations in the region of Rotterdam, the Hague, Leiden, Dordrecht (the province of South Holland), to reach an overarching, inter-city partnership. The objective is to create a central artery of district heating, a circular heating main that would exploit geothermal heat and the excess heat produced in the harbour area, delivering the energy to urban spaces and to green-houses, many of which are currently consuming heat and power from produced by small-scale, local cogeneration plants. This ambitious plan is being planned and developed to fulfil environmental and socio-economical objectives, an attempt to motivate companies to remain in the harbour area thanks to security of energy supply at predictable and affordable prices.* » (Celsius (2015), Rotterdam case study, 23 p.)

« Gasunie construit warmtelinq, une canalisation souterraine qui utilise principalement la chaleur résiduelle du port de Rotterdam pour chauffer durablement les habitations et les entreprises de la Hollande méridionale. »
aansluiting distributienetwerk : connexion au réseau de distribution
warmte-overdrachtstation station de transfert de chaleur
warmte/koude opslag : stockage de chaleur et de froid
aquathermie : aquathermie
aardwarmte : géothermie
« les projets sont fictifs, schématiques et non exhaustifs »
Source : Site Internet WarmtelinQ, 2021

Carte 4 : La livraison de chaleur à l'échelle régionale : le projet WarmtelinQ.

La première portion, WarmtelinQ, consiste en l'extension jusqu'à Vlaardingen puis La Haye (23 km) de la liaison construite par Eneco entre l'incinérateur AVR et le réseau Nord de Rotterdam. A l'initiative de Eneco et de l'opérateur national du gaz Gasunie, WarmtelinQ est en cours de développement technique, financier et commercial, et une extension vers les serres du Westland est à l'étude. Pour l'instant, l'incinérateur et la géothermie en sont les sources principales, même si les sources industrielles sont visées en premier lieu et qu'une négociation avec Shell est en cours en vue de l'extension vers Leiden. Le projet WarmtelinQ+ désigne la portion de Delft vers Leiden, soit une extension de 42 km venant se greffer sur WarmtelinQ. Cette extension, initialement portée par la Warmtebedrijf, s'est traduite par une participation accrue de la

Province Sud dans le capital de la société. Bien que des contrats de livraison de chaleur aux réseaux de Leiden ont été signés, le modèle économique du projet est décrit comme fragile du point de vue de la demande en chauffage. Aussi, la livraison de chaleur du tuyau de retour à la brasserie Heineken est envisagée comme un débouché supplémentaire apportant une sécurisation au projet[189]. Quelle qu'en soit l'issue, ces projets actent un changement d'échelle concernant la distribution de chaleur qui devient une affaire d'envergure provinciale… et nationale.

A la fin 2021, le ministère des Affaires économiques et du Climat impose que WarmtelinQ puis WarmtelinQ+ soient repris intégralement par Gasunie, l'opérateur de gaz, à qui l'Etat assure ainsi une reconversion. Le 8 novembre 2021, le ministère des Affaires économiques et du changement climatique et Gasunie annoncent la décision d'investissement dans le projet WarmtelinQ dont l'achèvement est prévu en 2025. Or, la régionalisation des flux de chaleur fatale via les réseaux WarmtelinQ et WarmtelinQ+ et l'implication de l'activité horticole interfèrent avec un flux d'une autre nature, directement lié à l'approvisionnement énergétique : il s'agit du CO_2, utilisé pour la croissance des plantes sous serre. La question de la valorisation de chaleur se trouve imbriquée dans l'économie du carbone, elle-même traversée par des technologies et des solutions en concurrence. En effet, les flux de CO_2 sont impliqués dans une autre politique industrielle : celle du captage et stockage – ou utilisation– du carbone.

Chaleur fatale et CO_2, des flux résiduels liés par l'horticulture

L'activité horticole sous serre repose sur une consommation massive de chauffage, généré principalement par des unités de cogénération (CHP-combined heat and power) alimentées au gaz. Les unités CHP sont utilisées pour chauffer les serres, mais aussi pour produire du CO_2 nécessaire à la croissance des plantes. Si les besoins en chaleur sont exclusivement hivernaux, ceux en CO_2 sont annuels, et particulièrement importants en été, ce qui nécessite de faire fonctionner les unités CHP toute l'année. La valorisation électrique permet de rentabiliser ce fonctionnement, notamment durant la période

[189] Cf. Reuse heat (2016)

estivale[190]. Or, la perspective de la sortie du gaz bouleverse profondément cette organisation métabolique associant chauffage et CO_2. Des solutions de captage et d'utilisation du carbone (CCU) industriel, fonctionnelles depuis une quinzaine d'années et complémentaires avec une utilisation de la chaleur de récupération, vont se trouver concurrencées par un mégaprojet de captage et stockage carbone (CCS).

La récupération de CO_2 depuis le site industrialo-portuaire de Rotterdam permet aux serres d'éviter le fonctionnement des unités CHP l'été. Cette solution de CCU se pratique moyennant deux types d'acheminement. Le transport en camion-citerne nécessite que le CO_2 soit liquéfié, puis re-gazéifié dans des stations qui alimentent des réseaux de distribution auxquelles les serres sont raccordées. Le transport par tuyau, qui nécessite des opérations de pressurisation et de dépressurisation mais pas de liquéfaction, est moins couteux et énergivore, mais il nécessite un investissement infrastructurel plus conséquent. Un pipeline reliant la zone industrielle du port de Rotterdam aux serres de la zone de Westland permet cet acheminement. En 2004 le consortium OCAP – *Organic CO_2 for Assimilation by Plants* – a acheté à l'Etat néerlandais l'oléoduc qui a servi au transport de pétrole brut entre le port d'Amsterdam et Rotterdam Botlek de 1965 à 1982. OCAP assure la construction du réseau (notamment des branches de livraison), sa maintenance, et la commercialisation du CO_2. Les industriels fournisseurs de CO_2 sont la raffinerie Shell depuis 2005, et à partir de 2011 l'usine de bioéthanol Abengoa (reprise en 2016 par Alco). Ces approvisionnements, jugés de meilleure qualité que le CO_2 obtenu par combustion de gaz naturel, sont néanmoins soumis aux aléas industriels[191]. Dans l'absolu, le recours combiné à du CO_2 industriel et à de la chaleur de récupération pourrait permettre de se passer des unités CHP. Mais pour l'heure, les horticulteurs connectés au réseau OCAP gardent une solution de secours avec des chaudières gaz et des unités CHP.

---

190 De ce fait les serres sont à la fois un gros consommateur énergétique – le secteur horticole représente 10 % de la consommation de gaz aux Pays-Bas –… et aussi un producteur d'électricité : 10 % de la production d'électricité des Pays-Bas provient des unités de cogénération des serres (Entretien, responsable association des serristes et horticulteurs, 13/07/21).

191 En 2019 par exemple, les horticulteurs ont subi un épisode d'arrêt de la livraison de CO_2 en raison de la survenue concomitante d'un incendie à Shell et d'un arrêt pour maintenance à Alco.

Plusieurs acteurs intéressés au CCU, dont le gouvernement régional de province d'Hollande du Sud, Gasunie, Glastuinbouw Nederland (l'association des maraîchers et horticulteurs sous serre) et OCAP, ont formé en 2007 la coalition *CO_2 Smart Grid*, devenue *CO_2 Smart Use* en 2014, dans le but d'encourager l'économie du CCU[192]. Selon Glastuinbouw Nederland l'approvisionnement actuel en CO_2 demeure insuffisant devant les besoins grandissants des serres[193]. OCAP se tourne dorénavant vers les usines d'incinération de déchets qui développent des systèmes de récupération du CO_2 (voir chapitre 3) : AVR à Rotterdam ainsi que deux incinérateurs de la région d'Amsterdam sont à l'étude. Mais un projet de captage et stockage du carbone (CCS) dans la zone portuaire vient contrarier l'utilisation plus massive du CO_2 en horticulture.

Stockage ou utilisation du carbone, des solutions en concurrence

Le projet Porthos – *Port Of Rotterdam CO_2 Transport Hub and Offshore Storage* –, qui consiste à capter le CO_2 des industries du port de Rotterdam et le transporter pour le stocker dans des champs de gaz vides en mer du Nord, est en phase conclusive. L'objectif annoncé est de stoker 2,5 millions de tonnes de CO_2 par an, soit un dixième des quantités émises sur le port, jusqu'à atteindre un total de 37 millions de tonnes sur une durée de 15 ans[194]. Il implique quatre énergéticiens (Air Liquid, Air Products, ExxonMobil et Shell) et bénéficie d'une subvention gouvernementale de 2,1 milliards d'euros octroyée en juin 2021. Ce financement est destiné à combler l'écart entre les taux actuels de quotas de CO_2 et le coût du CCS (estimé à 100 euros la tonne), afin de permettre aux entreprises de réduire leurs émissions de carbone sans affaiblir leurs positions concurrentielles respectives. Sous l'effet de l'augmentation

---

192 <https://co$_2$smartuse.com/ >

193 Les serres pourraient aujourd'hui utiliser 1,2 millions de tonnes de CO_2 chaque année. En 2020, 500 000 tonnes de CO_2 étaient livrées à environ 600 entreprises de serres dans l'Ouest des Pays-Bas, correspondant à 2 500 hectares de serres sur les 10 000 que représente Glastuinbouw Nederland.

194 Au moyen d'un pipeline traversant zone portuaire (20 km), d'une station de compression, puis d'un pipeline offshore (30 km) jusqu'à ancienne plateforme gazière <https://www.porthosco$_2$.nl/> Le fait d'utiliser les plateformes de forage et autres infrastructures gazières permet à leurs propriétaires de reporter les obligations de démantèlement et restauration des sites.

du prix de la tonne de CO_2, les demandes de stockage affluent, y compris en provenance d'entreprises extérieures à la zone portuaire.

L'intérêt des industriels pour le projet Porthos suscite l'inquiétude des serristes. En effet, selon les règles d'allocation des quotas carbone les entreprises émettrices ont davantage intérêt à recourir au stockage, car elles déduisent alors les tonnages de CO_2 de leur contingent d'émission, qu'à des solutions CCU, qui ne les libèrent pas de ces émissions. Pour autant, industriels émetteurs (via OCAP, dont Alco et Shell) et serristes (représentés par Glastuinbouw Nederland) revendiquent conjointement auprès du gouvernement des modalités d'allocation des quotas carbone qui soient davantage favorables au CCU en horticulture[195]. Le gouvernement a promis dans une lettre adressée à la Chambre à l'été 2020 de résoudre la question, sans résultat un an après. Selon Glastuinbouw Nederland, une solution intéressante consisterait à règlementer les permis d'émission de manière à ce que la part fossile du CO_2 (estimée à un tiers) soit séparée de la part biogénique (deux tiers). Cela permettrait de destiner la première au CCS et la seconde au CCU, et ainsi de dépasser les effets de concurrence en ayant recours conjointement aux deux solutions[196]. La combinaison du stockage et de l'utilisation en horticulture a d'ailleurs été promue dans un article cosigné par des porteurs du projets Road (projet démonstrateur CCS antérieur à Porthos) et de l'OCAP : il s'agirait d'un « CO_2 hub » qui permettrait de livrer le CO_2 aux serres en période estivale lorsque les besoins sont les plus importants, et de le stocker en hiver (Ros et al., 2014). Les informations recueillies lors que l'enquête de terrain réalisée en juillet 2021 et dans la presse ne semblent toutefois pas aller dans le sens d'une association entre CCS et CCU, mais plutôt d'une concurrence qui

---

195 « For 15 years, Shell has been supplying greenhouses with CO_2 that comes from a specific process where very pure CO_2 is produced. This represents 10 % of its total emission. The problem is that given the actual carbon allocation systems, these emissions are still counted in Shell's total emissions. With the CCS project in the port, there is a dilemma between storage or fuelling OCAP. A lot of discussion goes on with the government in order to allow Greenhouse use of CO_2 to be deduced from Shell's emissions. Shell stands together with the greenhouse sector on that point. » (Entretien, responsable énergie-environnement de la raffinerie Shell de Pernis, 14/07/2021).

196 Par ailleurs, les serristes s'inquiètent d'un éventuel abaissement du seuil (actuellement fixé à 20 MW) au-delà desquels une unité de combustion est soumise au EU ETS. Les chaudières, généralement d'une puissance de 10-11 MW, ne sont pour l'heure pas concernées par les quotas carbone.

mécontente les serristes (voir article ci-dessous). A noter qu'il est fait référence à la géothermie davantage qu'à la chaleur fatale d'origine industrielle, signe que cette dernière a décidément du mal à s'imposer.

Les difficultés de l'utilisation du CCU en horticulture

<https://www.ocap.nl/nl/nieuws/20210712-onzekere-beschikbaarheid-co_2-tuinders.html>, article extrait de la revue *Energeia* publié sur le site de OCAP, consulté le 10/02/2022, traduit par DeepL

Le CSC risque d'être plus lucratif que la réutilisation pour l'horticulture en serre. Schiedam, 12 juillet 2021

Le soutien du gouvernement au captage et au stockage du CO_2 dans la mer du Nord (CSC) a un effet secondaire amer. Le CSC menace de devenir plus lucratif que la réutilisation pour l'horticulture en *serre. Le CO_2 disparaîtrait sous la mer du Nord, tandis que les horticulteurs pourraient en faire bon usage. Sans CO_2, l'horticulture ne peut pas passer à l'énergie géothermique. Les horticulteurs des serres l'anticipent déjà. Ils reportent leurs plans d'investissement dans l'énergie géothermique et les entreprises qui utilisent déjà l'énergie géothermique reviennent à la cogénération au gaz.*

L'horticulture sous serre a pour ambition d'être neutre sur le plan climatique d'ici 2040. Un moyen important d'y parvenir est de remplacer les chaudières à gaz et les centrales de production combinée de chaleur et d'électricité (PCCE) par l'énergie géothermique. Outre la chaleur, une cogénération produit également de l'électricité et du CO_2. Par conséquent, si un horticulteur souhaite passer à l'énergie géothermique, l'approvisionnement en électricité et en CO_2 doit être garanti. C'est là que les choses risquent de mal tourner.

Cela s'est révélé douloureusement évident ces dernières semaines, lorsque presque toutes les régions horticoles des Pays-Bas ont été confrontées à des restrictions d'approvisionnement. C'est le résultat d'un malheureux concours de circonstances, explique Jacob Limbeek, directeur d'Ocap, la société qui fournit 0,5 Mton de CO_2 au secteur horticole grâce à son réseau de pipelines. Un entretien planifié à la bioraffinerie Alco Energy - l'une des deux sources de CO_2 d'Ocap - a coïncidé avec une panne chez Shell Pernis, l'autre source. Tout cela a également coïncidé avec des problèmes de livraison chez les fournisseurs de CO_2 liquide. 2019 a connu une coïncidence similaire.

L'offre de CO_2 stagne.

Mais sous ces problèmes temporaires se cache un problème plus important, selon M. Limbeek. Depuis des années, Ocap - comme les fournisseurs de CO_2 liquide - essaie d'augmenter l'offre de sources de CO_2. D'une part pour rendre l'approvisionnement moins dépendant des pannes ou de la maintenance. D'autre part, être en mesure de connecter davantage d'horticulteurs au réseau. Ces tentatives sont vaines. Les entreprises susceptibles de fournir du CO_2 anticipent le développement rapide de la capture et du stockage du CO_2 sous la mer du Nord. À l'heure actuelle, les Pays-Bas ne disposent pas encore d'une installation de stockage de CO_2 en état de marche ; le projet Porthos de Rotterdam ne devrait pas être opérationnel avant 2024 au plus tôt. Mais une fois que ce sera le cas, le CSC pourrait être plus intéressant pour les entreprises industrielles que la fourniture de CO_2 à l'horticulture.

L'identification de la présence massive de chaleur fatale industrielle dans la zone du Botlek a beau être ancienne, la récupération à des fins de chauffage urbain n'a été effective qu'à la faveur de l'éloignement de l'incinération des déchets, et de la réalisation d'une infrastructure de transport de la chaleur qui rappelle l'autoroute lilloise. La capacité à mettre en place une structure ad hoc assurant l'investissement et l'exploitation, n'a cependant pas entraîné pas la dynamique de connexion escomptée, en partie en raison d'un développement urbain ralenti par la récession économique. La présence de volumes importants de chaleur fatale dépassant largement la demande de chauffage, est comparable à la situation dunkerquoise. La régionalisation de la valorisation de la chaleur est toutefois davantage avancée à Rotterdam, avec la réalisation de nouvelles infrastructures de transport interurbaines, dont les derniers développements s'appuient sur une reconversion de l'opérateur gazier orchestrée par le gouvernement national. Le cas de Rotterdam, ou plutôt celui de la région du Sud de la Hollande, dévoile une formidable intrication métabolique où la fourniture d'énergie, dans un contexte de transition imposée par la sortie du gaz, s'avère indissociablement liée au carbone. Les flux de chaleur sont liés à ceux du CO_2 par le truchement des serres qui représentent une activité économique importante de cette région. A défaut de régulation, et sous l'effet de l'économie mouvante des marchés carbone, deux formes d'absorption du CO_2 émis par les industries – l'utilisation et le stockage – se trouvent en concurrence. Malgré l'investissement des acteurs locaux dans des projets ambitieux de valorisation des flux résiduels de chaleur et de carbone comme marqueurs d'une identité territoriale (qui rappellent les récents développements observés à Dunkerque), l'équation métabolique reste à ce jour irrésolue.

5 Déchets, énergie, CO_2 : des flux résiduels interdépendants

Quand la chaleur fatale déborde les échelles de la gouvernance énergétique

Dans chacun des quatre territoires, la prise en main des questions énergétiques au niveau métropolitain a été déterminante. Même s'il existe une nette antériorité à Dunkerque (à la fois en termes de positionnement volontaire sur les enjeux énergétiques et sur la gestion intercommunale des réseaux de chauffage), les compétences conférées aux Métropoles par la loi MAPTAM de 2014 sont décisives quant à l'affirmation des politiques énergétiques et l'importance que prennent les réseaux de chaleur dans la conduite de ces politiques à l'échelle intercommunale. L'effet de métropolisation est sans équivoque, même si le pilotage des réseaux et l'inflexion des mix énergétiques, fortement contraints par les contrats en vigueur qui lient les collectivités aux opérateurs privés, ne sont pas immédiats. L'offre de chauffage urbain est dorénavant pensée au niveau métropolitain par des collectivités compétentes en termes de planification et de gestion, en position d'organiser le développement de la desserte, l'interconnexion physique des réseaux et l'articulation des différentes sources. Le verdissement du mix énergétique, associé à la maîtrise de la tarification auprès des usagers, constitue le fil directeur des stratégies déployées. Dans ces contextes urbains, où les énergies renouvelables (solaire, éolien, biomasse) sont difficiles à développer en masse pour diverses raisons (disponibilité d'espace, questions esthétiques ou patrimoniales, qualité de l'air), l'énergie de récupération permet de remplir les objectifs de verdissement, et d'accéder aux avantages fiscaux. Cette prise en charge infrastructurelle et politique à l'échelle métropolitaine comporte d'autres effets d'échelle dès lors que l'on considère la portée spatiale des flux d'énergie véhiculés par ces réseaux, en particulier la chaleur de récupération.

La question de la provenance locale de l'énergie de récupération est évoquée par les acteurs locaux avec une certaine prudence. A Lille, il s'agit de se défaire du charbon importé sans recourir à du bois qui le serait aussi mais plutôt aux déchets, sans que la question de leur provenance soit explicitement posée. L'éventuelle valorisation de la chaleur générée par les industries locales se pose en d'autres termes, et avec d'autres occultations. Celle en particulier de l'origine généralement fossile, et importée, des combustibles utilisés dans les procédés industriels. Aussi, l'idée d'autonomie énergétique mise en avant par les collectivités promouvant les réseaux de chaleur est davantage entendue en termes de maîtrise locale de l'offre énergétique – par opposition aux systèmes électriques centralisés au niveau national – qu'en termes de prise en compte systémique des dépendances, géographiques et matérielles, propres aux flux d'énergie de récupération.

Une autre spatialité inhérente à l'énergie de récupération est apparue lors des enquêtes, en particulier à Dunkerque et à Rotterdam, où l'ampleur des gisements disponibles entraîne un changement d'échelle. Dans chacun de ces cas, face au constat que les besoins dans le périmètre métropolitain s'avèrent bien en deçà des volumes de chaleur fatale disponible, une réflexion s'engage à l'échelle régionale, c'est-à-dire à la mesure des flux réels. Bien que le niveau d'avancement des réflexions et des opérations soit très différent, ces deux situations indiquent que l'attention portée à la déperdition de chaleur – et de CO_2 – induit un re-échelonnage (au sens *de re-scaling*) des approches territoriales. La volumétrie de l'énergie perdue détermine une spatialité qui dépasse celle de l'organisation politique et infrastructurelle que l'on cherche à réinventer en conséquence.

La chaleur par autoroute : nouvelles infrastructures, vieilles questions

L'approvisionnement des réseaux de chauffage en chaleur fatale occasionne la construction d'infrastructures d'un nouveau genre appelées « autoroutes de chaleur ». En fonctionnement à Rotterdam et Lille, de telles solutions ont été évoquées à Dunkerque et à Lyon, afin de connecter les lieux de production aux espaces d'utilisation de chaleur, que les politiques d'aménagement ont précisément chercher à éloigner. En effet, la planification des sites de production industrielle d'après-guerre, comme la localisation des sites de traitement des déchets, ont privilégié l'éloignement des zones densément habitées. Or le choix de recourir à une infrastructure de transport est loin d'être anodin. Les cas de Lille et de Rotterdam, où des axes longs d'une vingtaine de kilomètres relient les sites d'incinération des déchets aux réseaux de chauffage des quartiers denses, sont très évocateurs de ce que ces infrastructures produisent, en plus de leur fonction première d'acheminer la chaleur d'un point à un autre. A Rotterdam, c'est la réalisation de cette autoroute et sa localisation qui rend opportune et possible la récupération tant souhaitée de la chaleur fatale de Shell, jouant ainsi un rôle d'attracteur de flux. Lille est la première réalisation en France d'une autoroute de la chaleur, dont le choix terminologique n'est en rien anodin puisqu'il signale à la fois l'importance du flux convoyé, et les possibilités de connexions. Les vannes en attentes sont autant de promesses de desserte, comparables à l'importance politique et spatiale qu'ont les échangeurs automobiles pour les territoires traversés. Si ces attentes peuvent susciter des impatiences voire des déceptions, elles confirment l'intention structurante de cette autoroute de la chaleur pensée pour susciter le développement du chauffage collectif.

L'acheminement de la chaleur, qui nécessite des montages contractuels, juridiques et financiers spécifiques, donne lieu à la création d'entités porteuses inédites. A Rotterdam, la Warmtebedrijf, initiée par des structures publiques, mais reposant sur des capitaux privés, a comme rôle d'investir pour construire le tuyau, puis d'acheter et de vendre la chaleur. Indépendante des entités livrant et utilisant la chaleur, cette structure peine toutefois à trouver un équilibre économique suffisamment solide pour perdurer. A Lille, le choix d'une délégation de service public commune incluant l'incinération des déchets et le transport de la chaleur a comme conséquence un rapport de force à l'avantage de ce délégataire unique contrariant les desseins de la collectivité. A Lyon, le montage technico-juridique d'un *feeder*, longuement étudiée avant d'être abandonné, montre que l'échange marchand de chaleur n'est pas parfaitement balisé, dans la mesure où il n'existe pas de modèle établi en terme juridico-financier, ni d'ailleurs infrastructurel.

Les déchets pour soutenir la chaleur fatale industrielle ?

Conformément à la situation nationale (voir chapitre 4), les études de cas confirment que la récupération de la chaleur issue de l'incinération des déchets est la plus communément pratiquée, celle issue de l'industrie peu répandue, et celle issue de la production électrique nucléaire très anecdotique. L'analyse des situations territoriales permet d'aller plus loin dans la compréhension des logiques selon lesquelles ces différentes sources sont valorisées, et surtout de la manière dont elles interagissent entre elles.

La récupération de la chaleur issue des déchets nous renvoie à la proximité institutionnelle et opérationnelle entre la gestion des déchets et le chauffage urbain déjà évoquée. Cette conjonction institutionnelle est renforcée avec la création des Métropoles, compétentes à la fois en matière de traitement des déchets et de chauffage urbain. Le pilotage métropolitain de la gestion des déchets et du chauffage est tangible à Lille et à Lyon. A Lille, le passage à la Métropole permet d'aligner les décisions de renouvellement de l'incinérateur (et la fin de la valorisation électrique de ce dernier), de la fin du charbon, et de la réalisation de l'autoroute de la chaleur. A Lyon, un ajustement métropolitain est recherché entre le renouvellement des unités d'incinération, la diminution des volumes de déchets incinérés, l'accueil de CSR, et le développement des réseaux de chauffage.

Si la chaleur d'origine industrielle intéresse les collectivités, la réalisation de sa récupération, contrairement à celle issue des déchets, ne suit pas des sentiers tracés. Elle renvoie à des jeux d'acteurs très différents mettant en rapport les acteurs publics et les industriels implantés sur le territoire parfois de longue date mais dont la collaboration sur des enjeux énergétiques est très nouvelle. Ces derniers, même dans le cas de Dunkerque où la coopération est ancienne, montrent généralement une réticence à s'engager à livrer de la chaleur de manière fiable et pérenne. Si le (faible) bénéfice financier n'apparaît pas comme un frein, l'interférence dans les procédés industriels peut s'avérer rédhibitoire, de même que celle de l'engagement à livrer de la chaleur de manière continue et sur le temps long. Les temporalités industrielles et celles des opérateurs de réseaux de chauffage (qui sont planifiés, financés et gérés sur le long terme) sont en effet très discordantes.

Des interactions de coopération sont en revanche très nettes entre valorisation de la chaleur issue du traitement des déchets et celle d'origine industrielle. Ces différentes sources de chaleur n'interagissent pas dans une logique de concurrence, ou d'indifférence, mais plutôt de complémentarité et même d'interdépendance recherchée. En effet, dans plusieurs cas le recours à la chaleur des déchets rend possible ou vient sécuriser une récupération industrielle. Cela est flagrant à Rotterdam, où Shell n'accepte un raccordement que lorsqu'il est en posture de fournisseur secondaire par rapport à l'incinérateur. Selon une chronologie inversée à Dunkerque, on connecte l'incinérateur pour limiter la dépendance à la chaleur d'ArcelorMittal et optimiser les synergies saisonnières. A noter que la position des industriels a beaucoup à voir avec leur rapport au territoire : selon qu'il s'agit de multinationales dont une délocalisation est toujours à l'horizon, ou une entreprise dont l'implantation locale n'est pas en cause, leur position est différente. Ainsi, que ce soit de la part de la collectivité ou des industriels, on cherche à éviter ou à atténuer la dépendance à une unique source industrielle, et les déchets viennent tempérer cette dépendance non souhaitée. A Lyon, alors que les négociations relatives à la récupération de la chaleur industrielle se sont enlisées, seul le projet d'une unité CSR est maintenu, le traitement des déchets étant mis au service de la décarbonation d'un industriel. In fine, la récupération énergétique des déchets autorise et sécurise la récupération industrielle pour chacune des parties prenantes.

Le CO_2 s'invite dans les métabolismes industriels locaux

A partir de 2021, sous l'effet de plusieurs facteurs, en particulier d'une augmentation sans précédent du prix à la tonne de carbone, le CO_2 devient un facteur décisif dans les choix des acteurs industriels. Du fait du flou concernant l'attribution des tonnes de CO_2 évité en cas de valorisation, la hausse des prix renforce la réticence des industriels à livrer de la chaleur à des entités extérieures. Au-delà des décisions des industriels pris individuellement, on constate des dynamiques territoriales très structurantes sur la question du CO_2, de nature à interférer avec les projets de récupération de chaleur fatale. Que ce soit dans une perspective de réduire les émissions par la transformation des procédés industriels, ou de les capter à des fins d'utilisation ou de stockage, la régulation des flux de CO_2 devient une priorité pour les acteurs publics et privés qui s'engagent dans des coopérations et alliances. Le cas de la Province Sud de la Hollande, où l'activité horticole lie les flux de chaleur et de CO_2 dans un contexte de sortie du gaz, est symptomatique de ces interdépendances métaboliques, et des enjeux politiques autour d'une réglementation mouvante. A Dunkerque où les projets sont moins avancés et ces intrications métaboliques moins palpables, l'agenda de la décarbonation semble fermement établi, porté par une dynamique territoriale convergente avec la politique nationale. L'effet CO_2 ne peut être réduit à la conjoncture, il s'annonce au contraire comme un élément structurel, laissant à penser que les futurs développements de récupération de chaleur fatale s'inscriront dans des économies métaboliques territoriales qui elles-mêmes se recomposent autour du carbone.

Conclusion

Du gouvernement des transitions

La circularité matérielle des économies contemporaines, qui peut se traduire par des efforts de bouclage des flux, ne peut s'envisager indépendamment d'une approche territoriale. Les territoires, urbains notamment, et plus encore ceux qui demeurent fortement industrialisés, génèrent un ensemble de rejets, qu'ils soient gazeux, liquides ou solides. C'est à l'échelle locale que se nouent des interdépendances, en particulier entre déchets, énergie et CO_2, et que prennent forme des opérations de valorisation et de récupération de ces flux en excès, au titre de l'économie circulaire. Bien que conditionnés par des infrastructures inscrites dans le long terme des tissus urbains, ces flux sont également très fortement déterminés par un ensemble de normes et de conventions, d'instruments de politiques publiques plus ou moins stables. Leur pilotage relève pour une large part de débats d'expert et de rapports de force qui se jouent dans le huis clos de l'action publique locale, nationale et internationale. Aussi, comprendre les ressorts de l'économie circulaire, et en déconstruire les promesses, nécessite d'investiguer à la fois des réalités territoriales et urbaines spécifiques, et les « arènes discrètes » d'une gouvernance en grande partie extra-locale. En somme, il est nécessaire de s'extraire du « moment urbain » pour mieux saisir les tenants et aboutissants des métabolismes territoriaux.

Les objets étudiés dans le cadre de cette enquête connaissent une mise à l'agenda, ainsi qu'une intensification normative et discursive à tous les niveaux, central comme local. La montée en puissance et en compétence des gouvernements locaux sur les questions énergétiques produit des effets tangibles quant à la prise en charge des flux résiduels, tout autant que leur mise en politique aux niveaux européen et national. Ce constat invite à dépasser une interprétation en termes de décentralisation/recentralisation, qui est souvent retenue pour analyser les mutations de la gouvernance énergétique. Le rapport central-local reste une grille de lecture utile, mais ne doit pas se réduire à une mécanique de transfert de pans de pouvoir ou de compétence d'un niveau vers l'autre. La prise de compétence des collectivités locales en matière d'énergie ne se traduit pas nécessairement par une décentralisation (Poupeau, 2020). Dans le même temps, des parts importantes de ces flux résiduels, en particulier la déperdition énergétique, échappe à toute forme de régulation, ou pâtit d'un pilotage incertain, comme en témoignent les défauts d'ajustement entre les mesures de régulation de CO_2 et les incitations à la valorisation de la chaleur fatale. Les effets de conjoncture, ajoutés au gouvernement erratique en matière d'énergie, dont les priorités sont sans cesse revisitées, empêchent les développements industriels comme les projections territoriales. Le problème n'est pas tant un défaut de transmission local-central, ou de contradictions entre niveaux, que celui de mesures qui se contredisent ou ne sont pas appliquées faute de moyens de contrôle, ou de la multiplication de dispositifs et des guichets de financement.

Alors que les transitions sont annoncées et scénarisées selon des temporalités et des horizons fixés à 2030 ou 2050, les mutations observées sont plus chaotiques, et jamais linéaires. L'idée-même de transition est trompeuse du point de vue de l'histoire de l'énergie, faite d'additions plutôt que de transitions (Fressoz, 2013). Afin de prendre de la distance avec ces temporalités artificialisées, Nadaï et Labussière proposent de raisonner en termes de « contemporanéités bas carbone », c'est-à-dire d'endosser une « approche multitemporelle » qui « interroge la façon dont nous sommes rendus contemporains au travers des processus actuels de transition de passés et de futurs, proches et lointains » (Labussière et Nadaï, 2020). L'enquête restituée dans cet ouvrage a mis en évidence l'intérêt d'une telle approche multitemporelle. Les temporalités des politiques publiques, en l'occurrence du cadrage climatique et énergétique des déchets, se déploient sur plusieurs décennies avec des moments de cristallisation ; celles des infrastructures relèvent de dépendances au sentier parfois de long cours. A ces dynamiques de long cours s'ajoutent des effets de conjoncture internationale (concernant par exemples les prix de l'énergie et du CO_2) avec des répercussions locales quasi immédiates. Aussi, il est nécessaire de resituer lesdites transitions dans ces temporalités multiples, parfois inattendues, propres aux réalités observées, et surtout de garder à l'esprit que, en dépit de leur arrimage à des horizons temporels déclaratifs, les transitions énergétiques à l'œuvre procèdent de temporalités non intentionnelles et non maîtrisées par les acteurs concernés.

Un cadrage énergétique qui ignore la matérialité et la spatialité des déchets

La volonté de faire des déchets une ressource énergétique est aussi ancienne que les techniques de traitement des résidus dont les villes se sont équipées à la fin du 19ème siècle. L'absorption des déchets par l'énergie, jamais assumée comme un objectif en soi, est pourtant une réalité matérielle et idéelle au fondement de l'invention des déchets (Barles 2005). L'association entre énergie et déchets, jamais démentie, a pris ces dernières décennies une tournure particulière. Considérée sous l'angle des instruments, conventions de comptabilisation, normes, mesures de nature technique et économiques, la prise en charge actuelle des déchets s'avère de plus en plus déterminée par des considérations énergétiques. Ce *cadrage énergétique* a comme soubassement un processus de *climatisation des déchets* qui, comme l'a observé Aykut dans d'autres secteurs, résulte de l'importance prise par les conventions de comptabilisation des émissions de gaz à effet de serre et d'établissement d'équivalent-carbone. A la mesure que ce cadrage s'autonomise, avec l'introduction de dispositions instrumentales issues de l'énergie, en particulier de la mise en marché des énergies renouvelables et de récupération, la frontière entre déchets et énergie tend à se brouiller. Par le truchement de mesures techniques et normatives non moins politiques, le déchet, en devenant combustible, connaît un déplacement ontologique significatif (Hawkins, 2006b), qui n'est pas sans frottements ni flottements.

Un point de frottement récurrent a trait à la matérialité des déchets, qui s'avère difficilement conciliable avec les qualités et qualifications énergétiques. Les politiques énergétiques déployées aux niveaux européen et national distinguent le monde du renouvelable de celui du non renouvelable. Appliqué aux déchets, ce cadrage dichotomique donne lieu à une série de conventions en partie issue des politiques climat : c'est la distinction entre les parts fossile et biogénique qui permettent aux déchets une qualification d'énergie renouvelable. Etant donné l'indétermination matérielle des masses de déchets, ces équivalences, nécessaires pour déterminer l'éligibilité aux différents dispositifs de soutien et l'accès aux marchés énergétiques, le cas échéant aux crédits carbone, comportent une large part d'arbitraire. Aussi, le cadrage énergétique des déchets repose sur un hiatus quant à la matérialité composite et dans une large part inconnue, des déchets.

Ce cadrage énergétique est porteur de multiples implications spatiales ou géographiques, souvent impensées, parfois pensées et normalisées a posteriori. L'échelle de référence pour les données énergétiques est nationale : ce sont les mix électrique et thermique nationaux qui sont utilisés pour le calcul de la part d'émissions équivalentes CO_2 évitées par la valorisation énergétique des déchets, avec un effet d'effacement des spécificités locales, en particulier en ce qui concerne les mix thermiques. A l'inverse, des indicateurs locaux – le critère de « condition climatique locale » – vont assouplir les exigences de valorisation thermique, suite au lobbying de l'industrie de l'incinération. Ainsi, les conventions de la valorisation énergétique des déchets comportent de fait des standards spatiaux, donnant parfois prise à des revendications visant à introduire des spécificités géographiques au gré des intérêts des acteurs concernés. En outre, la transformation des déchets en énergie n'est pas sans conséquence sur leur circulation, notamment parce que la normalisation énergétique va de pair avec une interprétation laxiste du principe de proximité. L'examen de la législation (chapitre 3) et des situations territoriales (chapitre 5) de même que les cas relatés dans la littérature (Behrsin et Rosa, 2020 ; Corvellec et al., 2013 ; Florentin, 2017), indiquent que la valorisation énergétique autorise une mobilité accrue des déchets, car les contraintes en matière de provenance géographique des déchets sont assouplies lorsqu'il y a valorisation énergétique. La philosophie qui semble se dessiner à travers ces récentes réorientations est celle d'une maîtrise capacitaire du parc infrastructurel de la valorisation énergétique des déchets, moyennant une libéralisation de la circulation.

La chaleur fatale : une ressource à récupérer, plutôt qu'un déchet à éviter

Les efforts normatifs et instrumentaux soutenus depuis une quinzaine d'années attestent de la construction d'une politique de la chaleur dite renouvelable, laquelle privilégie des dispositifs informatifs et incitatifs : il s'agit de rendre visible ces gisements latents, de les localiser, et d'accompagner économiquement leur captation et leur valorisation comme utilité collective à l'échelle d'un territoire. De manière similaire aux énergies renouvelables la démarche est celle de la construction d'une ressource qu'il s'agit de faire advenir, à partir d'entités « déjà là » (Nadaï et Labussière, 2018). Ce faisant, la chaleur perdue est problématisée comme une ressource à valoriser, et non comme une externalité à réguler, ou un gaspillage à éviter. L'approche promue par l'ADEME, acteur-clé dans la distribution des aides à la chaleur renouvelable, est bien de privilégier l'efficacité énergétique sur la récupération d'énergie fatale, qui ne doit intervenir qu'en dernier recours, mais cette hiérarchie reste indicative. De surcroît, les dispositions réglementaires obligeant à évaluer la déperdition énergétique et la faisabilité de la récupération, peu appliquées et non contrôlées, sont finalement peu effectives. Il s'agit d'une problématisation positiviste tournée vers l'incitation à la récupération, alors que la déperdition elle-même n'est que très marginalement contrainte ni même régulée. Finalement, la chaleur « fatale » porte bien son nom tant la déperdition apparaît comme une fatalité : les volumes perdus ne sont pas tant abordés comme un gaspillage à maîtriser que comme une opportunité énergétique.

Nexus déchets-énergie-CO_2 : interdépendances de flux

Les études de terrain corroborent les chiffres nationaux : l'énergie fatale effectivement valorisée est avant tout celle produite par les déchets, parfois par les industries, très marginalement celle émise par les centrales nucléaires. La connexion d'unités d'incinération des déchets à des réseaux de chaleur est une pratique bien balisée, facilitée par les périmètres de compétences de collectivités, notamment des métropoles, et récemment favorisée par la fin des tarifs d'achat garantis d'électricité. L'examen des projets et dynamiques territoriales apporte un éclairage supplémentaire à ce constat. Il montre que les déchets sont utilisés comme facteur sécurisant et au final un soutien à la réalisation de projets de captations industrielles qui sont souvent à la peine. A Dunkerque et à Rotterdam, le branchement des unités d'incinération aux réseaux de chauffage urbain vient atténuer ou éviter une dépendance à la chaleur industrielle, non souhaitée par les industriels eux-mêmes ou par la collectivité. A Lyon, la nouvelle unité CSR est la seule rémanence d'un projet territorial de valorisation de chaleur fatale industrielle longtemps dans les cartons. On constate ainsi une certaine rationalité de l'énergie fatale qui lie de fait déchets et industrie. Considérée à l'échelle de la gestion des déchets, la production d'énergie est envisagée comme un moyen d'absorption des déchets au titre de l'économie circulaire. Considérée à l'échelle des territoires, la valorisation énergétique des déchets est un soutien à l'absorption de l'énergie excédentaire d'origine industrielle, en même temps qu'un vecteur de limitation de la dépendance aux sources industrielles. Cela interpelle dans la mesure où le risque de dépendance aux déchets, exprimé en termes de *lock-in*, a été bien identifié et documenté (Behrsin et Rosa, 2020 ; Corvellec et al., 2013 ; Florentin, 2017). Or dans les situations étudiées ici, le recours à l'énergie des déchets vient temporiser ou atténuer la dépendance à l'énergie industrielle. Le déploiement des démarches de récupération dans les territoires donne à voir la formation de *nexus déchets-industrie* qui se nouent autour de flux d'énergie fatale.

La gestion des déchets comme la récupération de chaleur fatale industrielle se trouvent directement en prise avec l'économie du carbone. Ces effets d'interdépendance entre énergie et déchets ne peuvent plus se penser indépendamment des politiques et techniques de la décarbonation, finalement selon des *nexus énergie-déchets-carbone*. Dans les territoires très industrialisés tels que Rotterdam et Dunkerque, où se préfigurent des projets de capture et de stockage ou d'utilisation du CO_2, le facteur carbone devient déterminant dans les choix des industriels mais aussi des politiques territoriales. En outre, l'industrie de l'incinération des déchets investit fortement dans ces techniques de captage, présentées comme les dernières innovations développées au nom de l'économie circulaire. Ces différentes techniques et projets de décarbonation reflètent une *climatisation* qui n'est pas simplement abstraite (où le $C0_2$ intervient comme étalon de l'impact climatique de telle ou telle activité), mais comme un flux matériel dont il faut organiser l'évacuation.

Gérer les déchets, récupérer l'énergie fatale, et décarboner les systèmes industriels repose sur des solutions qui s'avèrent imbriquées lès lors qu'on les considère dans un contexte donné. Cela invite à être attentif aux interdépendances sous toutes leurs formes, et à ne pas réduire l'attention aux situations gagnant-gagnant où les synergies entre flux ou biens résiduels se manifestent par des gains partagés ou des doubles bénéfices pour les acteurs concernés. En effet, les interdépendances se traduisent aussi par des contradictions ou des effets de concurrences entre des solutions présupposées vertueuses. Il est en outre important de laisser place dans l'analyse à des entités, des acteurs et des flux inattendus par rapport au questionnement initial. En effet, les réalités métaboliques, parce qu'elles relèvent d'une multitude de facteurs normatifs, infrastructurels, économiques, sont traversées par des interférences multiples, parfois non anticipées, que les territoires révèlent.

Infrastructures en mutation

Alors que les infrastructures sont généralement considérées comme préexistantes et conditionnant à la fois la nature et les modalités de circulation des flux, plusieurs situations montrent que la mobilisation autour des flux résiduels produit des (re)configurations infrastructurelles spécifiques… qui en retour déterminent et conditionnent ces flux. Les « autoroutes de la chaleur », réalisées à Lille et à Rotterdam, en projet ailleurs, qui se présentent comme la solution la plus évidente pour capter et distribuer les volumes importants de chaleur, sont la forme la plus manifeste, et inédite, de ces infrastructures de la récupération. Or, cette réponse infrastructurelle est loin d'être neutre. Fortement capitalistiques, ces équipements nécessitent des montages opérationnels complexes, qui s'avèrent fragiles économiquement, le principal frein résidant dans l'engagement des fournisseurs à livrer de la chaleur. De plus, la connexion des usagers est difficile à maîtriser. A Rotterdam, le développement urbain escompté pour la consommation de chauffage n'est pas au rendez-vous. A Lille au contraire, les attentes suscitées par le passage de l'autoroute, entraînent des impatiences politiques. Parallèlement à ces formes infrastructurelles lourdes, pensées pour ancrer économiquement, politiquement et spatialement l'utilisation de la chaleur fatale sur un territoire, des projets voient le jour qui font justement le pari inverse, celui de la souplesse et de la non-emprise spatiale. Alors qu'il n'existe pas de modèle infrastructurel établi et encore moins de dépendance au sentier technologique concernant la distribution de chaleur fatale, ces quelques exemples font état de formes infrastructurelles radicalement opposées. Dans un cas on mise sur la fonction structurante afin d'ancrer dans l'espace et dans le temps des circuits de récupération (en particulier pour la chaleur issue des déchets), dans l'autre (en particulier lorsqu'il s'agit de chaleur industrielle) on mise sur la modularité de techniques qui puissent s'adapter à des émissions et des usages évolutifs, ainsi qu'à des prix énergétiques très fluctuants.

La valorisation de flux résiduels ne relève pas nécessairement de nouvelles techniques de transport et de distribution, mais au contraire du réinvestissement d'infrastructures existantes. La captation et l'utilisation du CO_2 telle qu'elle est pratiquée ou projetée aux Pays-Bas s'appuie sur des récupérations infrastructurelles : d'anciens pipelines pétroliers sont utilisés pour transporter le CO_2 vers les serres, tandis que les infrastructures gazières (transport terrestre et sous-marin, plateformes off-shore, ainsi que les poches de gaz sous-marines elles-mêmes) sont réinvesties pour le stockage du CO_2. Dans le cadre de la sortie du gaz à l'échelle nationale, ce sont non seulement les infrastructures qui sont l'objet d'une réutilisation – osons dire d'un recyclage – pour véhiculer les flux résiduels, mais aussi les opérateurs énergétiques eux-mêmes. Ainsi, l'opérateur gazier historique est-il reconverti par l'Etat en opérateur de chaleur. L'attention portée aux flux résiduels ne relègue pas la question infrastructurelle au plan de l'acquis, bien au contraire. La mise en circulation de ces flux à des fins de valorisation implique à la fois des formes infrastructurelles inédites et très significatives, et le réinvestissement d'infrastructures existantes dans le cadre transitions énergétiques orchestrées à grande échelle. Les infrastructures comptent assurément, et les grilles de lecture maintenant classiques des réseaux urbains – les spatialités qu'ils dessinent, les économies sur lesquelles ils reposent, et les choix politiques desquels ils découlent – demeurent pertinentes pour opérer le « tournant métabolique » (Coutard et Florentin, 2022).

Economies et spatialités de l'excès

Déchets, chaleur fatale et CO_2 représentent chacun à leur manière des flux excédentaires des économies contemporaines. Les études de cas ont montré qu'il existe des interférences, souvent non anticipées, entre ces flux, et que leur avenir n'est pas stabilisé, ni du point de vue des instruments de régulation nationale ou internationale, ni du point de vue des solutions locales. Dans des territoires très industrialisés où ces flux résiduels sont massifs et les interdépendances nombreuses, les circuits de valorisation à la mesure des excédents générés (de chaleur, mais aussi de CO_2) sont complexes à organiser. L'importance des volumes conduit à changer d'échelle, les démarches régionales venant prendre le relais d'approches métropolitaines. Le constat qui s'impose est toutefois celui d'une incapacité généralisée à réguler une économie de l'excès, y compris pour des territoires qui initient des démarches prospectives et partenariales, au titre de l'économie circulaire et de la décarbonation. Ce sont autant de tentatives d'organisations de *territoires de l'excédent*, c'est à dire dont les activités économiques et urbaines puissent utiliser des flux dès lors qu'ils représentent des ressources d'énergie, de nutriments, ainsi que de différents matériaux. Elles signalent un besoin de repenser les espaces exutoires contemporains (Tarr, 1984) en intégrant cette question cruciale des échelles de l'excédent.

Le caractère massif des flux étudiés est précisément ce qui fait problème, rappelant que l'économie circulaire est avant tout une question de taille et de focale (Arnsperger et Bourg, 2016). Les interdépendances entre ces flux, mais aussi les volumes en jeu, rendent les promesses d'absorption d'autant plus lointaines, spatialement et temporellement. L'assurance d'un approvisionnement continu en déchets alimentant les réseaux énergétiques et agissant comme moteur de la valorisation de la chaleur fatale dans les territoires… fait entrevoir le risque d'un cycle infernal des flux résiduels. La réduction des déchets, comme la réduction des consommations énergétiques, tout en étant placées au sommet des hiérarchies, peinent à s'imposer, tandis que les efforts de récupération, de valorisation et de recyclage des résidus en tout genre, s'ils permettent ponctuellement des circuits vertueux, ne parviennent pas à boucler les flux des économies qui demeurent globalement linéaires.

En quoi ces analyses, qui ont permis de mettre en évidence les interdépendances entre les flux résiduels et leur prise avec des économies territorialisées excédentaires, aident-elles à appréhender les tenants et aboutissants territoriaux de l'économie circulaire ? Les approches qui contribuent à la conceptualisation de l'économie circulaire semblent traversées par deux écueils quant à la prise en compte de la dimension spatiale et territoriale. Celles qui assument une entrée territoriale, en particulier celles qui relèvent de l'écologie industrielle, en mettant l'accent sur les pratiques de synergies industrielles à l'échelle d'un site, tendent à ignorer les facteurs extraterritoriaux, pourtant déterminants dans le gouvernement des flux. Les approches a-territoriales au contraire, représentées en particulier par les *transition studies*, surestiment les capacités de transformation technologique ou de pilotage par les politiques publiques, laissant dans l'ombre les jeux territoriaux qui président à la circulation – et à la circularité – des flux. Or, tout en dépendant de déterminants techniques, normatifs et instrumentaux, la prise en charge des flux résiduels est fondamentalement spatiale et territoriale. La valeur circulaire d'un bien, d'un flux, d'une activité, est toujours relative, contingente, ramenée à un ordre spatial. La nature et l'intensité des activités agricoles et industrielles, la densité urbaine, conditionnent la génération de ces flux résiduels en même temps que la capacité d'un territoire à les accueillir, que ce soit à des fins d'utilisation, de stockage ou de dispersion. Aussi, il est nécessaire de se donner les moyens d'analyser et d'anticiper la spatialité et la territorialité propres aux initiatives et aux pratiques de l'économie circulaire.

Les analyses métaboliques associant une compréhension quantitative et sociopolitique ont sans aucun doute beaucoup à apporter (Bahers et al., 2022). Elles sont de plus en plus mobilisées dans le cadre de l'action territoriale par des collectivités ou des organismes qui développent des démarches d'économie circulaire, selon un abord multithématique ou autour de matériaux stratégiques (Bastin, 2022). Alors que les multiples facteurs qui concourent à la circulation des flux échappent pour partie aux territoires et aux acteurs locaux, l'approche située est, paradoxalement, plus que jamais indispensable, tant en termes de recherche que d'action, pour appréhender l'entremêlement des enjeux et des flux eux-mêmes. Les désirs d'autonomie (énergétique, ou alimentaire), de bouclage des économies et d'encouragement des circuits courts, abondamment mis en avant, ne doivent pas faire perdre de vue les masses métaboliques mobilisées dans les économies actuelles et leurs manifestations urbaines, en particulier leur part détritique. Finalement, pour comprendre la gouvernance de ces flux résiduels, les échelles et les modalités de leur circulation, l'entrée par les territoires urbains est à la fois insuffisante et indispensable.

Rapports et références techniques

ADEME (2009), *Bilans Carbone® et déchets*, 11 p.

ADEME (2009), *Les déchets et l'effet de serre. Eléments de réflexion et d'éclairage*, 16 p.

ADEME (2012), *Etat de l'art de la production et de l'utilisation de combustibles solides de récupération*, Angers, ADEME Editions, 177 p.

ADEME (2016), *Déchets. Chiffres clés Edition 2016*, Angers, ADEME Editions, 96 p.

ADEME (2016), *Méthodes et protocoles pour caractériser les combustibles issus de déchets : mesure de la fraction renouvelable, vérification que les composants ne sont pas valorisables sous forme de matière. Etude réalisée pour le compte de l'ADEME par INDDIGO/INERIS/Bio by Deloitte*, 87 p.

ADEME (2017), *Quel avenir pour le traitement des ordures ménagères résiduelles ?* Mars 2017, 11 p.

ADEME (2021), *Conditions d'éligibilité et de financement : Récupération de chaleur fatale*, 19 p.

ADEME/FEREST 2017

AMORCE/ADEME (2016), *Performances, recettes et coûts des unités de traitement thermique des déchets*, 46 p.

AMORCE/ADEME (2017), *Evolution des dispositifs de soutien à l'électricité renouvelable. Le point par filière*, 58 p.

ANCRE (2018), *Les combustibles solides de récupération : les verrous techniques, réglementaires, économiques et sociétaux de la filière en France*, Angers, ADEME Editions, 171p.

Assises Nationales des Déchets (2007), *1993-2005 Les actes des Assises Nationales des Déchets*, 307 p. <http://www.assises-dechets.org/IMG/pdf/Actes_1993_2005.pdf> [consulté le 01/09/2021]

ASTEE (2019), *Eaux, déchets et changement climatique*, 269 p.

Bourg Dominique, Buclet Nicolas, Gilotte Laurent (2003), *Impact du risque technologique sur la stabilité institutionnelle d'un système organisationnel : le rôle de l'incinération dans la gestion des déchets ménagers et assimilés.* Rapport final pour le ministère de l'Écologie et du Développement Durable, Programme « Évaluation et prise en compte des risques naturels et technologiques », 117 p.

CEWEP (2006), *CEWEP Energy Report (status 2001-2004). Results of specific data for energy, efficiency rates and coefficients, plant efficiency factors and NCV of 97 European WtE plants and determination of the main energy results*, Bamberg (Germany) 43 p.

CEWEP (2006), *Explanatory note. CEWEP Energy Report (status 2001-2004). Results of specific data for energy, efficiency rates and coefficients, plant efficiency factors and NCV of 97 European WtE plants and determination of the main energy results*, Bamberg (Germany), 2 p.

CEWEP (2012), *CEWEP Energy Report (status 2007-2010). Results of specific data for energy, R1 plant efficiency factor and NCV of 314 European Waste-to-energy plants*, Bamberg (Germany), 35 p.

CEWEP (2016), *Energising waste, a win-win situation*, 6 p.

CEWEP/FFact (2008), *Waste-to-energy and the revision of the waste framework directive. Waste –to-energy's contribution to climate protection*, 27 p.

CGE/CGEDD (2018), *Mission portant sur la transformation des aides à l'investissement du Fonds chaleur en aides à la production de chaleur renouvelable*, 127 p.

Chambre régionale des comptes Auvergne-Rhône-Alpes (2021), *Métropole de Lyon Exercices 2015 et suivants. Rapport d'observations définitives*, 87 p.

Circle Economy (2020), *The Circularity Gap Report 2020*, 69 p.

CITEPA (2021), *Organisation et méthodes des inventaires nationaux des émissions atmosphériques en France*. OMINEA 18ème édition, mars 2021, 1044 p.

Delbosc Anaïs, de Perthuis Christian (2009), *Les marchés du carbone expliqués*. The global compact/Caisse des Dépôts/Paris Dauphine Université, Caring for climate series, 40 p.

EEA-European Environmental Agency (2008), *Better management of municipal waste will reduce greenhouse gas emissions*, EEA Briefing No

1/2008, European Environment Agency (<http://www.eea.europa.eu/publications/briefing_2008_1>), accessed 8 July 2011.

EEA-European Environmental Agency (2011), *Waste opportunities. Past and future climate benefits from better municipal waste management in Europe*, EEA Report, n°3, 16 p.

EPE Entreprises pour l'environnement (2013), *Protocol for the quantification of greenhouse gas emissions from waste management activities. Version 5.0*, October 2013, 79 p.

European Commission (2001), *Waste Management Options and Climate Change. Final report to the European Commission*, DG Environment, July 2001, 224 p.

European Commission (2017) *Communication from the Commission to the European Parliament, the Council, the European Economic and Social Committee and the Committee of the Regions. The role of waste-to-energy in the circular economy*

European Commission. 2016. "An EU Strategy on Heating and Cooling." <https://ec.europa.eu/energy/sites/ener/files/documents/1_EN_ACT_part1_v14.pdf>

European Commission-Directorate General Environment (2011), *Guidelines on the interpretation of the R1 energy efficiency formula for incineration facilities dedicated to the processing of municipal solid waste according to Annex II of Directive 2008/98/EC on Waste*, 33 p.

Eurostat (2011) *Generation and treatment of municipal waste*, Statistics in focus, 31/2011

FEDENE/SCNU (2020) Les réseaux de chaleur et de froid. Résultats de l'enquête annuelle. Edition 2020, 68 p.

FEDEREC et COMPTE-R (2015), *Combustibles solides de récupération (CSR) - Caractérisation et évaluation de leurs performances en combustion*. Rapport réalisé pour l'ADEME, 91 p.

Fiche Clémentine (2020), *Combustible solide de récupération. Entre déchet et combustible durable, un objet à la croisée des territoires*, Mémoire de Master 2 Géographie Aménagement Environnement Développement, Université de Angers, 73 p.

FNCCR (2020), Réseaux de chaleur & de froid. CEE : un nouveau levier pour les réseaux de chaleur.

GAIA (2019), *Discarded. Communities on the frontlines of the global plastic crisis*, 24 p.

Grand Lyon la Métropole (2022), *Schéma directeur déchets 2030 de la Métropole de Lyon. Trajectoire métropolitaine pour la réduction des déchets et la valorisation des ressources*, juin 2022, 48 p.

Hogg Dominic (2006), *A changing climate for Energy from waste? Final report for Friends of the Earth*, Eunomia Research & Consulting, Bristol, UK, 87 p.

Hogg Dominic, Ballinger Ann (2015), *La contribution potentielle de la gestion des déchets à une économie bas carbone*, Eunomia Research & Consulting/Zero Waste Europe, 69 p.

IPCC (1997), *Revised 1996 IPCC Guidelines for National Greenhouse Inventories* [Houghton, J.T., Meira Filho, L.G., Lim, B., Tréanton, K., Mamaty, I., Bonduki, Y., Griggs, D.J. and Callander, B.A. (Eds)], IPCC/OECD/IEA, Paris, France.

IPCC (2000), *Good Practice Guidance and Uncertainty Management in National Greenhouse Gas Inventories*. Chapter 5: Waste [Penman, J., Kruger, D., Galbally, I., Hiraishi, T., Nyenzi, B., Enmanuel, S., Buendia, L., Hoppaus, R., Martinsen, T., Meijer, J., Miwa, K. and Tanabe, K. (Eds)], IPCC/OECD/IEA/IGES, Hayama, Japan.

IPCC (2006), *Guidelines for National Greenhouse Gas Inventories, Prepared by the National Greenhouse Gas Inventories Programme* [Eggleston H.S., Buendia L., Miwa K., Ngara T. and Tanabe K. (eds)], Published: IGES, Japan.

IPCC (2007), *Waste Management*, In *Climate Change 2007: Mitigation. Contribution of Working Group III to the Fourth Assessment Report of the Intergovernmental Panel on Climate Change* [Bogner, J., M. Abdelrafie Ahmed, C. Diaz, A. Faaij, Q. Gao, S. Hashimoto, K. Mareckova, R. Pipatti, T. Zhang (eds)], Cambridge University Press, Cambridge, United Kingdom and New York, NY, USA.

IPCC (2014), *Industry. In: Climate Change 2014: Mitigation of Climate Change. Contribution of Working Group III to the Fifth Assessment Report of the Intergovernmental Panel on Climate Change* [Fischedick M., J. Roy, A. Abdel-Aziz, A. Acquaye, J. M. Allwood, J.-P. Ceron, Y. Geng, H. Kheshgi, A. Lanza, D. Perczyk, L. Price, E. Santalla, C. Sheinbaum, and

K. Tanaka], Cambridge University Press, Cambridge, United Kingdom and New York, NY, USA.

IPCC (2019), *2019 Refinement to the 2006 IPCC Guidelines for National Greenhouse Gas Inventories* [Calvo Buendia, E., Tanabe, K., Kranjc, A., Baasansuren, J., Fukuda, M., Ngarize S., Osako, A., Pyrozhenko, Y., Shermanau, P. and Federici, S. (eds)], Published: IPCC, Switzerland.

ISWA-International Solid Waste Association (2009), *Waste and Climate Change. ISWA White Paper*, 40 p.

ISWA-International Solid Waste Association (2019), *Climate benefits due to dumpsite closure. Three case studies*, 31 p.

Labouze, E., Beton, A., Michaud, J.C., et al. (2008), *Bilan Carbone des activités de gestion des déchets* – Bio Intelligence Service.

MEEDDAT (2008) Rapport en application de l'article 50 de la loi de programme du 13 juillet 2005 fixant les orientations de la politique énergétique, Programmation pluriannuelle des investissements de production de chaleur, Période 2009 – 2020

Métropole Européenne de Lille (2018), Délibération du Conseil, séance du vendredi 14 décembre 2018, Schéma directeur des réseaux de chaleur sur le territoire de la MEL-Conclusions de l'étude : état des lieux des réseaux, potentiels de création et de développement sur le territoire-Stratégie 2030, 7 p.

Ministère de la transition écologique et solidaire (2019), Réseaux de chaleur et de froid. Une filière d'avenir. Dossier de presse, 22 p. <https://www.ecologie.gouv.fr/sites/default/files/2019.10.07_eb_ew_dp_reseauxchaleurfroid.pdf>

Ministère de la transition écologique/statistique publique (2021) Chiffres clés de l'énergie. Edition 2021

Neuwahl Frederik, Cusano Gianluca, Gómez Benavides Jorge, Holbrook Simon, Roudier Serge (2019) *Best Available Techniques (BAT) Reference Document for Waste Incineration. JCR science for policy report*, 764 p.

OECD-Working Group on Waste Prevention and Recycling (2012), *Greenhouse gas emissions and the potential for mitigation from materials management within OECD countries*, 113 p.

Préfecture du Nord (2018), Enquête publique portant sur la demande d'autorisation environnementale supplétive pour la construction et l'exploitation d'un réseau de transport d'énergie thermique issue de la valorisation des déchets présentée par la société SAS COVALYS. Avis et conclusions, 10 p.

Profu (2004), *Evaluating waste incineration as treatment and energy recovery method from an environmental point of view*, 81 p.

Record (2008), *Application de la méthode Bilan Carbone® aux activités de gestion des déchets. Rapport n°07-10117/1A*, 133 p.

Schéma Directeur Energies Grand Lyon (2017), *Diagnostic du système et des acteurs énergétiques métropolitains lyonnais*, mars 2017, 92 p.

Sénat (2006) Rapport d'information sur les énergies locales fait au nom de la délégation à l'aménagement et au développement durable du territoire, 244 p.

UNEP (2010), *Waste and climate change. Global trends and strategy framework*, 79 p.

Ville de Lille-Conseil Communal de Concertation (2012), *Le réseau de chaleur urbain lillois la recherche d'économies et d'énergies renouvelées*. Avis n°12.09 présenté par la Commission Equipements et Infrastructures élargie à l'Assemblée Plénière du 24 novembre 2012, 15 p.

World Bank (2018), *What a waste 2.0. A global Snapshot of Solid Waste Management to 2050* [Silpa Kaza, Lisa Yao, Perinaz Bhada-Tata, and Frank Van Woerden], World Bank Group, 296 p.

Zero Waste Europe (2019), *The impact of Waste-to-Energy incineration on climate. Policy Briefing*, September 2019, 7 p.

Zero Waste Europe (2020), *Climate Bonds Initiative criteria for waste management. Policy paper*, January 2020, 7 p.

Zero Waste Europe (2020), *Landfill emission reductions only tell half the story as GHG emissions from Waste-to-Energy incineration double. Policy briefing*, November 2020, 8 p.

Bibliographie

Arnsperger C and Bourg D (2016) Vers une économie authentiquement circulaire. *Revue de l'OFCE* (145): 91–125.

Aykut SC (2020) *Climatiser Le Monde*. Editions Quae. Versailles.

Bahers J-B and Durand M (2017) Le retour de la proximité ! Quelles implications pour les services urbains en réseau ? *Flux* N° 109-110(3): 1–8.

Bahers J-B, Athanassiadis A, Perrotti D, et al. (2022) The place of space in urban metabolism research: Towards a spatial turn? A review and future agenda. *Landscape and Urban Planning* 221: 104376.

Barles S (2005) *L'invention Des Déchets Urbain. France, 1790-1970*. Cham Vallon. Seyssel.

Barles S (2010) Society, energy and materials: the contribution of urban metabolism studies to sustainable urban development issues. *Journal of Environmental Planning and Management* 53(4): 439–455.

Barles S (2014) L'écologie territoriale et les enjeux de la dématérialisation des sociétés : l'apport de l'analyse des flux de matières. *Développement durable et territoires. Économie, géographie, politique, droit, sociologie* (vol. 5, n°1).

Barles S and Bahers J-B (2019) Transition ou consolidation du régime dominant : le métabolisme urbain en question. *Flux* N° 116-117(2): 1–5.

Barles S and Dumont M (2021) *Métabolisme et Métropole. La Métropole Lilloise, Entre Mondialisation et Interterritorialité*. Autrement. Les cahiers Popsu.

Béal V and Pinson G (2014) From the Governance of Sustainability to the Management of Climate Change: Reshaping Urban Policies and Central–local Relations in France. *Journal of Environmental Policy & Planning* 0(0): 1–18.

Beaurain C and Varlet D (2014) Quelques pistes de réflexion pour une approche pragmatiste de l'écologie industrielle : l'exemple de l'agglomération dunkerquoise. *Développement durable et territoires. Économie, géographie, politique, droit, sociologie* (Vol. 5, n°1).

Beaurain C, Maillefert M and Varlet DL (2017) La proximité au cœur des synergies éco-industrielles dunkerquoises. *Flux* (109–110): 23–35.

Beaurain C, Frère S and Flanquart H (2017) Un territoire industriel confronté aux enjeux environnementaux. In: *La Ville et Ses Risques. Habiter Dunkerque*. Presses universitaires du Septentrion. Villeneuve d'Ascq: Frère Séverine et Flanquart Hervé, p. 256.

Behrsin I (2019) Rendering Renewable: Technoscience and the Political Economy of Waste-to-Energy Regulation in the European Union. *Annals of the American Association of Geographers* 109(5): 1362–1378.

Behrsin I and Rosa SPD (2020) Contaminant, Commodity and Fuel: A Multi-sited Study of Waste's roles in Urban Transformations from Italy to Austria. *International Journal of Urban and Regional Research* 44(1): 90–107.

Betsill M and Bulkeley H (2007) Looking Back and Thinking Ahead: A Decade of Cities and Climate Change Research. *Local Environment* 12(5): 447–456.

Bobbio L, Melé P and Ugalde V (2016) *Entre conflit et concertation : gérer les déchets en France, en Italie et au Mexique*. ENS éditions. Available at: <https://halshs.archives-ouvertes.fr/halshs-01706474> (accessed 7 November 2020).

Bogner J, Pipatti R, Hashimoto S, et al. (2008) Mitigation of global greenhouse gas emissions from waste: conclusions and strategies from the Intergovernmental Panel on Climate Change (IPCC) Fourth Assessment Report. Working Group III (Mitigation). *Waste Management & Research* 26(1): 11–32.

Bridge G, Bouzarovski S, Bradshaw M, et al. (2013) Geographies of energy transition: Space, place and the low-carbon economy. *Energy Policy* 53: 331–340.

Brunet Y (2021) Gestion des ordures ménagères et fabrique du territoire lyonnais au cours des années 1950-1960. *Histoire Politique. Revue du Centre d'histoire de Sciences Po* (43). Epub ahead of print 1 February 2021.

Brunner PH and Rechberger H (2015) Waste to energy – key element for sustainable waste management. *Waste Management* 37. Special Thematic Issue: Waste-to-Energy Processes and Technologies: 3–12.

Buclet N and Godard O (2001) The evolution of municipal waste management in Europe: how different are national regimes? *Journal of Environmental Policy and Planning* 3(4): 303–317.

Bufoni AL, Oliveira LB and Rosa LP (2015) The financial attractiveness assessment of large waste management projects registered as clean development mechanism. *Waste Management* 43: 497–508.

Bulkeley H (2013) *Cities and Climate Change*. London: Routledge.

Bulkeley H and Betsill MM (2013) Revisiting the urban politics of climate change. *Environmental Politics* 22(1): 136–154.

Bulkeley H, Watson M and Hudson R (2007) Modes of governing municipal waste. *Environment and Planning A* 39(11): 2733–2753.

Bulkeley H, Castán Broto V and Maassen A (2014) Low-carbon Transitions and the Reconfiguration of Urban Infrastructure. *Urban Studies* 51(7): 1471–1486.

Bumpus AG (2011) The Matter of Carbon: Understanding the Materiality of tCO2e in Carbon Offsets. *Antipode* 43(3): 612–638.

Callon M (2009) Civilizing markets: Carbon trading between in vitro and in vivo experiments. *Accounting, Organizations and Society* 34(3–4): 535–548.

Charvolin F (2003) *L'invention de l'environnement En France*. La Découverte. Paris.

Connolly D, Lund H, Mathiesen BV, et al. (2014) Heat Roadmap Europe: Combining district heating with heat savings to decarbonise the EU energy system. *Energy Policy* 65: 475–489.

Cooper MH (2015) Measure for measure? Commensuration, commodification, and metrology in emissions markets and beyond. *Environment and Planning A*. Epub ahead of print 1 January 2015.

Corvellec H and Hultman J (2012) From "less landfilling" to "wasting less": Societal narratives, socio-materiality, and organizations. *Journal of Organizational Change Management* 25(2): 297–314.

Corvellec H, Zapata Campos MJ and Zapata P (2013) Infrastructures, lock-in, and sustainable urban development: the case of waste incineration in the Göteborg Metropolitan Area. *Journal of Cleaner Production* 50. Special Issue: Advancing sustainable urban transformation: 32–39.

Coutard O and Florentin D (2022) Resource Ecologies, Urban Metabolisms, and the Provision of Essential Services. *Journal of Urban Technology* 29(1): 49–58.

Coutard O and Rutherford J (2009a) Les réseaux transformés par leurs marges : développement et ambivalence des techniques « décentralisées ». *Flux* (76–77): 6–13.

Coutard O and Rutherford J (2009b) Urbanising energy transitions : decentralized energies and the rise of the post-networked city in Europe. In: *'Cities and energy transitions : past, present.' Proceedings of the Future International Roundtable Conference*, 2009.

Coutard O and Rutherford J (2011) The rise of post-networked cities in Europe? Recombining infrastructural, ecological and urban transformations in low carbon transitions. *Cities and Low Carbon Transitions*: 107–125.

Coutard O and Rutherford J (2015) *Beyond the Networked City: Infrastructure Reconfigurations and Urban Change in the North and South.* Routledge.

Davies A (2003) Waste wars- public attitudes and the politics of place in waste management strategies. *Irish Geography* 36(1): 77–92.

Davies AR (2008) *The Geographies of Garbage Governance. Interventions, Interactions and Outcomes.* Ashgate.

Davoudi S (2009) Scalar tensions in the governance of waste: the resilience of state spatial Keynesianism. *Journal of Environmental Planning and Management* 52 (2): 137-156

de Bercegol R and Gowda S (2018) A new waste and energy nexus? Rethinking the modernisation of waste services in Delhi. *Urban Studies*: 0042098018770592.

Debout L (2012) « Réseau mou » et intégration urbaine. Particularités du service de gestion des déchets ménagers. *Flux* n° 87(1): 7–17.

Demaria F and Schindler S (2016) Contesting Urban Metabolism: Struggles Over Waste-to-Energy in Delhi, India. *Antipode* 48(2): 293–313.

Desvaux P (2017) Économie circulaire acritique et condition post-politique : analyse de la valorisation des déchets en France. *Flux* (108): 36–50.

Dodman D (2009) Blaming cities for climate change? An analysis of urban greenhouse gas emissions inventories. *Environment and Urbanization* 21(1): 185–201.

Douglas M (2005) *De La Souillure. Essai Sur Les Notions de Pollution et de Tabou*. La Découverte. Paris.

Dupuy G (1984) Villes, systèmes et réseaux : le rôle historique des techniques urbaines. *Réseaux* 2(4): 3–23.

Emelianoff C (2014) Local Energy Transition and Multilevel Climate Governance: The Contrasted Experiences of Two Pioneer Cities (Hanover, Germany, and Växjö, Sweden). *Urban Studies* 51(7): 1378–1393.

Ernstson H and Swyngedouw E (2018) Wasting CO_2: The Remarkable Success of a Climate Failure. In: 2018.

Florentin D (2017) Juxtaposer efficacité énergétique et proximité : contradictions des systèmes de chauffage urbain dans l'Est de l'Allemagne. *Flux* (109–110): 48–60.

Florentin D (2019) Vers la ville sobre des réseaux ? L'urbanisme des réseaux face aux transitions. *L'Information geographique* Vol. 83(2): 58–71.

Fontaine A (2021) Heating France with nuclear power: Alternative heat politics and competing nuclear regimes during the 1970s. *Journal of Historical Geography* 73: 1–10.

Fontaine A and Rocher L (2020) Energy recovery on the agenda. Waste heat: a matter of public policy and social science concern. *Journal of Environmental Planning and Management* 0(0): 1–16.

Fressoz J-B (2013) Pour une histoire désorientée de l'énergie. *Entropia* 15: 173–187.

Fressoz J-B (2021) Pour une histoire des symbioses énergétiques et matérielles. *Responsabilité & Environnement* (101).

Frioux S (2013) Le problème des déchets ménagers de la fin du XIXe siècle aux années 1970. *Pour mémoire. Revue du comité d'histoire du Ministère de l'écologie, du développement durable et de l'énergie* (12): 9–16.

Fruergaard T, Astrup T and Ekvall T (2009) Energy use and recovery in waste management and implications for accounting of greenhouse gases and global warming contributions. *Waste Management & Research* 27(8): 724–737.

Gallo E (2003) Skyscrapers and District Heating, an inter-related History 1876-1933. *Construction History* 19: 87–106.

Garcier R, Martinais E and Rocher L (2017) Désigner, mesurer, réguler : la mise en politique des flux et circulations. *Géocarrefour* 91(91/3).

Garcier R, Rocher L and Verdeil É (2017) Introduction : circulation des matières, économies de la circularité. *Flux* (108): 1–7.

Genot B and Manson C (2019) Régime juridique et territorialisation du principe de proximité : une obsolescence programmée? In: *Territoire Des Déchets. Agir En Régime de Proximité, Cirelli Claudia et Maccaglia Fabrizio (Dir.)*. Presses universitaires François Rabelais. Villes et territoires. Tours, pp. 43–63.

Gentil E, Clavreul J and Christensen TH (2009) Global warming factor of municipal solid waste management in Europe. *Waste Management & Research* 27(9): 850–860.

Gentil E, Christensen TH and Aoustin E (2009) Greenhouse gas accounting and waste management. *Waste Management & Research* 27(8): 696–706.

Gilbert C and Henry E (2012) La définition des problèmes publics : entre publicité et discrétion. *Revue française de sociologie* Vol. 53(1): 35–59.

Gille Z (2010) Actor Networks, Modes of Production, and Waste Regimes: Reassembling the Macro-Social. *Environment and Planning A* 42(5): 1049–1064.

Gille Z (2013) Is there an emancipatory ontology of matter? A response to Myra Hird, Zsuzsa Gille. *Social Epistemology Review and Reply Collective* 2(4): 1–6.

Gille Z and Lepawsky J (ed.) (2022) *The Routledge Handbook of Waste Studies*, London and New York : Routledge

Graham S (2000) Constructing premium network spaces: reflections on infrastructure networks and contemporary urban development. *International Journal of Urban and Regional Research* 24(1): 183–200.

Graham S and Marvin S (2001) *Splintering Urbanism. Networked Infrastructures, Technological Mobilities and the Urban Condition*. New York: Routledge.

Graham S and Marvin S (2022) Splintering Urbanism at 20 and the "Infrastructural Turn". *Journal of Urban Technology* 29(1): 169–175.

Gregson N, Crang M, Fuller S, et al. (2015) Interrogating the circular economy: the moral economy of resource recovery in the EU. *Economy and Society* 44(2): 218–243.

Haas W, Krausmann F, Wiedenhofer D, et al. (2015) How Circular is the Global Economy?: An Assessment of Material Flows, Waste Production, and Recycling in the European Union and the World in 2005. *Journal of Industrial Ecology* 19(5): 765–777.

Hajek I (2013) Traitement des déchets et santé environnementale : la science, un facteur d'acceptabilité locale ? L'exemple de l'incinérateur à Fos-sur-Mer. *Développement durable et territoires. Économie, géographie, politique, droit, sociologie* (Vol. 4, n°2).

Halpern C and Le Galès P (2011) Pas d'action publique autonome sans instruments propres. *Revue française de science politique* 61(1): 51–78.

Hampikian Z (2017a) Distribuer la chaleur fatale des entreprises : la construction dynamique d'un réseau d'énergie décarbonée, entre flux et infrastructure. *Développement durable et territoires. Économie, géographie, politique, droit, sociologie* (Vol. 8, n°2). Epub ahead of print 28 July 2017. DOI: 10.4000/developpementdurable.11736.

Hampikian Z (2017b) Structuration urbaine d'un réseau de chaleur et énergie fatale : la proximité comme variable dynamique. *Flux* (109–110): 9–22.

Harjanne A and Korhonen JM (2019) Abandoning the concept of renewable energy. *Energy Policy* 127: 330–340.

Harpet C (1999) *Du Déchet : Philosophie Des Immondices. Corps, Ville, Industrie*. Paris: L'Harmattan.

Hawkins G (2006a) *The Ethics of Waste: How We Relate to Rubbish*. Rowman & Littlefield.

Hird MJ (2012a) Knowing Waste: Towards an Inhuman Epistemology. *Social Epistemology* 26(3–4): 453–469.

Hird MJ, Lougheed S, Rowe RK, et al. (2014) Making waste management public (or falling back to sleep). *Social Studies of Science* 44(3): 441–465.

Hodson M and Marvin S (2010a) Can cities shape socio-technical transitions and how would we know if they were? *Research Policy* 39(4): 477–485.

Hodson M and Marvin S (2010b) *World Cities and Climate Change : Producing Urban Ecological Security*. Maidenhead: Open University Press.

Hodson M, Marvin S, Robinson B, et al. (2012) Reshaping Urban Infrastructure.*Journal of Industrial Ecology* 16(6): 789–800.

Hultman J and Corvellec H (2012) The European Waste Hierarchy: From the Sociomateriality of Waste to a Politics of Consumption. *Environment and Planning A* 44(10): 2413–2427.

Jacquot S and Halpern C (2015) *Chapitre 2 / Aux frontières de l'action publique*. Presses de Sciences Po.

Jarrige F and Roux TL (2020) L'invention du gaspillage : métabolisme, déchets et histoire. *Ecologie politique* N° 60(1): 31–45.

Jarrige F, Le Courant S and Paloque-Bergès C (2018) Infrastructures, techniques et politiques. *Tracés. Revue de Sciences humaines* (35): 7–26.

Joel A. Tarr and Dupuy G (1988) *Technology and the Rise of the Networked City in Europe and America*. Temple University Press. Philadelphia.

Labussière O and Nadaï A (2018) How to Inquire About Energy Transition Processes? In: Labussière O and Nadaï A (eds) *Energy Transitions: A Socio-Technical Inquiry*. Energy, Climate and the Environment. Cham: Springer International Publishing, pp. 1–48.

Labussière O and Nadaï A (2020) Les temporalités entremêlées des processus de transition énergétique. *Socio-anthropologie* (42): 93–106.

Lacroix V and Zaccaï E (2010) Quarante ans de politique environnementale en France : évolutions, avancées, constante. *Revue française d'administration publique* 134(2): 205–232.

Lascoumes P and Simard L (2011) L'action publique au prisme de ses instruments. *Revue française de science politique* 61(1): 5–22.

Lascoumes, Pierre and Le Galès, Patrick (2004) *Gouverner Par Les Instruments*. Presses de Science Po. Paris.

Letté M and Le Roux T (eds) (2019) *Débordements industriels : Environnement, territoire et conflit (XVIIIe-XXIe siècle)*. Histoire. Rennes: Presses universitaires de Rennes.

Leurent M (2019) Stimulating niche nurturing process for heat production with nuclear plants in France: A multi-level perspective. *EPJ Nuclear Sciences & Technologies* 5: 5.

Leurent M, Jasserand F, Locatelli G, et al. (2017) Driving forces and obstacles to nuclear cogeneration in Europe: Lessons learnt from Finland. *Energy Policy* 107: 138–150.

Leurent M, Da Costa P, Sylvestre S, et al. (2018) Feasibility assessment of the use of steam sourced from nuclear plants for French factories considering spatial configuration. *Journal of Cleaner Production* 189: 529–538.

Liboiron M and Lepawsky J (2022) *Discard Studies: Wasting, Systems and Power*, The MIT Press

Lorrain D, Halpern C and Chevauché C (2018) *Villes Sobres. Nouveaux Modèles de Gestion Des Ressources*. Paris: Presses de la Fondation nationale des sciences politiques.

MacKenzie D (2009) Making things the same: Gases, emission rights and the politics of carbon markets. *Accounting, Organizations and Society* 34(3–4): 440–455.

Martinez CA and Bowen JD (2012) The Clean Development Mechanism in the Solid Waste Management Sector: Sustainable for Whom? *Ecological Economics* 82: 123–125.

Melosi MV (2016) Fresh Kills: The Making and Unmaking of a Wastescape. *RCC Perspectives* (1): 59–66.

Melosi MV and Loyer B (1984) Le 'destructor' britanique. Transfer des techniques et destruction des déchets. *Les Annales de la recherche urbaine* 23(1): 103–113.

Millington N and Lawhon M (2019) Geographies of waste: Conceptual vectors from the Global South. *Progress in Human Geography* 43(6): 1044–1063.

Monstadt J (2009) Conceptualizing the political ecology of urban infrastructures: insights from technology and urban studies. *Environment and Planning A* 41: 1924–1942.

Moss T (2019) The Rise, Fall and Resurrection of Waste-to-energy Technologies in Berlin's Infrastructure History. In: *Urban Sustainability Transitions*. Routledge. New York, pp. 159–171.

Moss T (2020) *Remaking Berlin. A History of the City through Infrastructure, 1920-2020*. The MIT Press.

Nadaï A and Labussière O (2018) New Energy Resources in the Making. In: Labussière O and Nadaï A (eds) *Energy Transitions: A Socio-Technical Inquiry*. Energy, Climate and the Environment. Cham: Springer International Publishing, pp. 49–100.

Newell JP and Cousins JJ (2015) The boundaries of urban metabolism. *Progress in Human Geography* 39(6): 702–728.

Pacheco Cruz N (2021) A critical analysis of CDM implementation in landfills in Rio de Janeiro after 2012: reflections on its socio-environmental contribution capacity in the Brazilian solid waste treatment sector. *International Journal of Environmental Studies* 0(0): 1–14.

Persson U and Münster M (2016) Current and future prospects for heat recovery from waste in European district heating systems: A literature and data review. *Energy* 110. Special issue on Smart Energy Systems and 4th Generation District Heating: 116–128.

Poupeau F-M (2014) Central-Local Relations in French Energy Policy-Making: Towards a New Pattern of Territorial Governance. *Environmental Policy and Governance* 24(3): 155–168.

Poupeau F-M (2020) Everything must change in order to stay as it is. The impossible decentralization of the electricity sector in France. *Renewable and Sustainable Energy Reviews* 120: 109597.

Poupeau F-M (2023) *L'Etat en quête d'une stratégie énergie-climat*. Presses des Mines. Paris.

Raman S (2013) Fossilizing Renewable Energies. *Science as Culture* 22(2): 172–180.

Rocher L (2013a) La gestion des déchets ménagers : histoire d'une politique publique. *Pour mémoire. Revue du comité d'histoire du Ministère de l'écologie, du développement durable et de l'énergie* (12): 17–26.

Rocher L (2013b) Le chauffage urbain dans la transition énergétique : des reconfigurations entre flux et réseau. *Flux* (92): 23–35.

Rocher L (2014) Climate-Energy Policies, Heat Provision, and Urban Planning: A Renewal of Interest in District Heating in France: Insights from National and Local Levels. *Journal of Urban Technology* 21(3): 3–19.

Rocher L (2015) Entre secteur et territoires, la gestion des déchets au prisme de la planification. *Politiques et management public* 32(4): 311–327.

Rocher L (2020) Waste, A Matter of Energy. A Diachronic Analysis (1992-2017) of Waste-to-Energy Rationales. In: *Perspectives on Waste from the Social Sciences and the Humanities. Opening the Bin*. Cambridge Scholars Publishing. Ek Richard and Johansson Nils, pp. 94–112.

Ros M, Read A, Uilenreef J, et al. (2014) Start of a CO_2 Hub in Rotterdam: Connecting CCS and CCU. *Energy Procedia* 63. 12th International Conference on Greenhouse Gas Control Technologies, GHGT-12: 2691–2701.

Rutherford J and Coutard O (2014) Urban Energy Transitions: Places, Processes and Politics of Socio-technical Change. *Urban Studies* 51(7): 1353–1377.

Satterthwaite D (2008) Cities' contribution to global warming: notes on the allocation of greenhouse gas emissions. *Environment and Urbanization* 20(2): 539–549.

Scherrer F (1992) *L'égout, Patrimoine Urbain : L'évolution Dans La Longue Durée Du Réseau d'assainissement de Lyon. Thèse de Doctorat En Urbanisme.*

Scheutz C, Kjeldsen P and Gentil E (2009) Greenhouse gases, radiative forcing, global warming potential and waste management — an introduction. *Waste Management & Research* 27(8): 716–723.

Siebel MA, Rotter VS, Nabende A, et al. (2013) Clean development mechanism: a way to sustainable waste management in developing countries? *Österreichische Wasser- und Abfallwirtschaft* 65(1): 42–46.

Silver J (2017) The climate crisis, carbon capital and urbanisation: An urban political ecology of low-carbon restructuring in Mbale. *Environment and Planning A: Economy and Space* 49(7): 1477–1499.

Swyngedouw E (2006) Circulations and metabolisms: (Hybrid) Natures and (Cyborg) cities. *Science as Culture* 15(2): 105–121.

Tarr JA (1984) The Search for the Ultimate Sink: Urban Air, Land, and Water Pollution in Historical Perspective. *Records of the Columbia Historical Society, Washington, D.C.* 51: 1–29.

Unruh GC (2000) Understanding carbon lock-in. *Energy Policy* 28(12): 817–830.

Unruh GC (2002) Escaping carbon lock-in. *Energy Policy* 30(4): 317–325.

Watson M and Bulkeley H (2005) Just waste? municipal waste management and the politics of environmental justice. *Local Environment* 10(4): 411–426.

ÉcoPolis

Collection fondée par Marc Mormont

Depuis sa création en 2002, la collection EcoPolis analyse les changements qui se produisent simultanément dans la société et dans l'environnement, quand celui-ci fait l'objet d'une préoccupation majeure. Au fil des volumes, la collection suit l'évolution des problématiques environnementales, en interrogeant la manière dont ces dernières sont devenues consubstantielles des questions économiques, sociales et politiques.

L'environnement a longtemps été défini comme extérieur à la société, comme un monde où la nature et les écosystèmes constituent le soubassement matériel de la vie sociale. Les politiques d'environnement avaient alors pour but de « préserver », « protéger », voire « gérer » ce qui était pensé comme une sorte d'infrastructure de nos sociétés. Après quelques décennies de politiques d'environnement, la nature et l'environnement sont devenus des objets de l'action publique et il apparaît que c'est dans un même mouvement que chaque société modèle son environnement et se construit elle-même. Cette dialectique prend une importance accrue quand les sociétés se trouvent confrontées, du fait de la montée en puissance des changements globaux, aux transformations irréversibles de l'environnement (changement climatique, perte de biodiversité, etc.). C'est le rapport entre la dialectique sociétés / environnement et ces transformations que la collection entend explorer.

Directeurs de collection :
Xavier Arnauld de Sartre et Olivier Petit

Comité scientifique

Claeys Cecilia, sociologie de l'environnement, Centre de Recherches sur les Sociétés et Environnements en Méditerranées, Université de Perpignan, France.

Ghiotti Stéphane, géographe, centre de recherches Acteurs, Ressources et Territoires dans le Développement (ART-Dev), CNRS, Montpellier, France.

Hamman Philippe, sociologue, centre de recherches Sociétés, Acteurs et Gouvernement en Europe (SAGE), Université de Strasbourg, France.

Kull Christian, géographe, Institut de géographie et durabilité, Université de Lausanne, Suisse.

Lewis Nathalie, sociologue, Groupe de recherche interdisciplinaire sur le développement régional, de l'Est du Québec (GRIDEQ), Université du Québec à Rimouski, Canada.

Mormont Marc, sociologue, unité de Socio-Économie, Environnement et Développement (SEED), Université de Liège, Belgique.

Nahrath Stéphane, politiste, Institut de hautes études en administration publique (IDHEAP), Université de Lausanne, Suisse.

Petit Olivier, économiste, Centre Lillois d'Études et Recherches Sociologiques et Économiques (CLERSE), Université d'Artois, Arras, France.

Puerta Silva Claudia, anthropologue, Facultad de Ciencias Sociales y Humanas e Instituto de Estudios Regionales, Universidad de Antioquia, Medellin, Colombie.

Rey Valette Hélène, économiste, Center for Environmental Economics, Université de Montpellier, France.

Titres parus

N° 42 – Laurence Rocher, *Circularités urbaines. Déchets, énergie, CO_2 : enquête sur le bouclage des flux résiduels*, 2025, 250 p.

N° 41 – Thomas Debril, *Une nature comptée. Quantification et régulation de l'environnement en France*, 2023, 300 p.

N° 40 – Hamman, Philippe, *Sustainable Urban Mobilities. French Fieldworks in European Perspective*, 2023, 258 p.

N° 39 – Elodie Charrière, *Les immersions de munitions dans les lacs suisses et français (1919-aujourd'hui), de l'oubli à un statu quo évolutif*, 2023, 350 p.

N° 38 – Sébastien Chailleux, Sylvain Le Berre, Yann Gunzburger (coord.), *Ressources minérales et transitions. Trajectoires politiques du sous-sol français au 21ème siècle*, 2022, 350 p.

N° 37 – Claire Lamine, Danièle Magda, Marta Rivera-Ferre, Terry Marsden (dir.), *Agroecological transitions, between determinist and open-ended visions*, 2021, 318 p.

N° 36 – Victor Bailly, Rémi Barbier, François-Joseph Daniel, *La prévention des déchets. Innovations sociales, action publique et transition sociotechnique*, 2022, 348 p.

N° 35 – Rhoda Fofack-Garcia, *La société des eaux cachées du Saïss. Ethnographie d'un basculement hydro-technique*, 2021, 252 p.

N° 34 – Valérie Deldrève, Jacqueline Candau, Camille Noûs (dir.), *Effort environnemental et équité. Les politiques publiques de l'eau et de la biodiversité en France,* 2021, 534 p.

N° 33 – Christine Bouisset et Sandrine Vaucelle (dir.), *Transition et reconfigurations des spatialités*, 2020, 348 p.

N° 32 – Jochen Sohnle (ed./dir.), *Environmental Constitutionalism: What Impact on Legal Systems?*, 2020, 244 p.

N° 31 – Cécilia Claeys (ed.), *Mosquitoes management. Between environmental and health issues*, 2019, 208 p.

N° 30 – Sylvain Guyot, La nature, l'autre frontière. *Fronts écologiques au Sud (Afrique du Sud, Argentine, Chili)*, 2017, 310 p.

N° 29 – Divya Leducq, Helga-Jane Scarwell et Patrizia Ingallina (dir.), *Modèles de la ville durable en Asie. Utopies, circulation des pratiques, gouvernance*, 2017, 424 p.

N° 28 – Ludovic Ginelli, *Jeux de nature, natures en jeu. Des loisirs aux prises avec l'écologisation des sociétés*, 2016, 240 pages.

N° 27 – Xavier Arnauld de Sartre, *Agriculture et changements globaux. Expertises globales et situations locales,* 2016, 204 pages.

N° 26 – Bernard Hubert et Nicole Mathieu (dir.), *Interdisciplinarités entre Natures et Sociétés. Colloque de Cerisy*, 2016, 396 pages.

N° 25 – Arnaud Buchs, *La pénurie en eau est-elle inéluctable ? Une approche institutionnaliste de l'évolution du mode d'usage de l'eau en Espagne et au Maroc*, 2016, 331 pages.

N° 24 – Valérie Deldrève, *Pour une sociologie des inégalités environnementales*, 2015, 243 pages.

N° 23 – Zhour Bouzidi, *Se coordonner dans un périmètre irrigué public au Maroc. Contradictio in terminis ?*, 2015, 373 pages.

N° 22 – Laura Silva-Castaúeda, Étienne Verhaegen, Sophie Charlier, An Ansoms (dir.), *Au-delà de l'accaparement. Ruptures et continuités dans l'accès aux ressources naturelles*, 2014, 244 p.

N° 21 – Xavier Arnauld de Sartre, Monica Castro, Simon Dufour, Johan Oszwald (dir.), *Political ecology des services écosystémiques*, 2014, 288 pages.

N° 20 – Céline Granjou, *Micropolitiques de la biodiversité. Experts et professionnels de la nature*, 2013, 202 pages.

N° 19 – Corinne Larrue (dir.), *Le régime institutionnel d'une nouvelle ruralité. Analyses à partir des cas de la France, des Pays-Bas et de la Suisse*, 2013, 214 pages.

N° 18 – François Bertrand et Laurence Rocher (dir.), *Les territoires face aux changements climatiques. Une première génération d'initiatives locales*, 2013, 269 pages.

N° 17 – Véronique Ancey, Isabelle Avelange, Benoît Dedieu (dir.), *Agir en situation d'incertitude en agriculture. Regards pluridisciplinaires au Nord et au Sud*, 2013, 419 pages.

N° 16 – Cécilia Claeys and Marie Jacqué (eds.), *Environmental Democracy Facing Uncertainty*, 2012, 185 pages.

N° 15 – Josiane Stoessel-Ritz, Maurice Blanc, Nicole Mathieu (dir.), *Développement durable, communautés et sociétés. Dynamiques socio-anthropologiques*, 2012, 230 pages.

N° 14 – Philippe Hamman, Christine Blanc et Cécile Frank, *La négociation dans les projets urbains de tramway. Éléments pour une sociologie de la « ville durable »*, 2011, 246 pages.

N° 13 – Denise Van Dam, Michel Streith et Jean Nizet (dir.), *L'agriculture bio en devenir. Le cas alsacien*, 2011, 140 pages.

N° 12 – Philippe Hamman et Jean-Yves Causer (dir.), *Ville, environnement et transactions démocratiques. Hommage au Professeur Maurice Blanc*, 2011, 291 pages.

N° 11 – Géraldine Froger (dir.), *Tourisme durable dans les Suds ?*, 2010, 316 pages.

N° 10 – Muriel MAILLEFERT, Olivier PETIT et Sandrine ROUSSEAU (dir.), *Ressources, patrimoine, territoires et développement durable*, 2010, 283 pages.

N° 9 – Philippe HAMMAN et Christine BLANC, *Sociologie du développement durable urbain. Projets et stratégies métropolitaines françaises*, 2009, 260 pages.

N° 8 – François MÉLARD (dir.), *Écologisation. Objets et concepts intermédiaires*, 2008, 214 pages.

N° 7 – David AUBIN, *L'eau en partage. L'activation des règles dans les rivalités d'usages en Belgique et en Suisse*, 2007, 247 pages.

N° 6 – Géraldine FROGER (dir.), *La mondialisation contre le développement durable ?*, 2006, 315 pages.

N° 5 – Laurent MERMET (dir.), *Étudier des écologies futures. Un chantier ouvert pour les recherches prospectives environnementales*, 2005, 411 pages.

N° 4 – Jean-Baptiste NARCY, *Pour une gestion spatiale de l'eau. Comment sortir du tuyau ?*, 2004, 342 pages.

N° 3 – Pierre STASSART, *Produits fermiers : entre qualification et identité*, 2003, 424 pages.

N° 2 – Cécilia CLAEYS-MEKDADE, *Le lien politique à l'épreuve de l'environnement. Expériences camarguaises*, 2003, 245 pages.

N° 1 – Edwin ZACCAÏ, L*e développement durable. Dynamique et constitution d'un projet*, 2002 (2e tirage 2003), 358 pages.

www.peterlang.com

www.ingramcontent.com/pod-product-compliance
Ingram Content Group UK Ltd.
Pitfield, Milton Keynes, MK11 3LW, UK
UKHW020710041026
15590UKWH00002B/585

9 783034 348560